세상을 보여주는
포토 영단어,
어원 이야기

보카
콘서트

세상을 보여주는 포토 영단어, 어원 이야기

보카 콘서트

1판 1쇄 발행 2014년 4월 7일
1판 2쇄 발행 2014년 6월 9일

지은이 김정균

발행인 양원석
편집장 오수민
디자인/전산편집 디자인클립
해외저작권 황지현, 지소연
제작 문태일, 김수진
영업마케팅 김경만, 정재만, 곽희은, 임충진, 김민수, 장현기, 송기현, 우지연, 임우열, 정미진, 윤선미, 이선미, 최경민
도움 주신 분 정아름, 이종수, 김신정, 탁재승, 최민호, 정해우, 이소영

펴낸 곳 ㈜알에이치코리아
주소 서울시 금천구 가산디지털2로 53, 20층 (가산동, 한라시그마밸리)
편집문의 02.6443.8800(편집) 02.6443.8838(구입)
홈페이지 www.dobedobe.com
등록 2004년 1월 15일 제2-3726호

ⓒ 김정균, 2014

ISBN 978-89-255-5258-3 (13740)

- 두앤비컨텐츠는 ㈜알에이치코리아의 어학 전문 브랜드입니다.
- 이 책은 ㈜알에이치코리아가 저작권자와의 계약에 따라 발행한 것이므로 본사의 서면 허락 없이는 어떠한 형태나 수단으로도 이 책의 내용을 이용하지 못합니다.
- 잘못된 책은 구입하신 서점에서 바꾸어 드립니다.
- 책값은 뒤표지에 있습니다.

RHK 는 랜덤하우스코리아의 새 이름입니다.

세상을 보여주는
포토 영단어,
어원 이야기

보카 콘서트

김정균 지음

두앤비컨텐츠

머리말

'1만 시간의 법칙'이란 어떤 분야에서든 최고 전문가로 인정받으려면 1만 시간은 쏟아 부어야 한다는 이론입니다. 1만 시간은 매일매일 하루도 빼놓지 않고 3시간씩 연습한다고 했을 때, 10년을 채워야 하는 어마어마한 시간입니다. 1만 시간의 법칙은 말콤 글래드웰의 베스트셀러 '아웃라이어(outlier)'의 부제로 유명해진 법칙입니다. '아웃라이어'는 '본체(本體)를 떠난 물건, 분리물'이란 뜻인데, '보통 사람들의 범주를 뛰어넘어 한 분야에서 탁월한 경지에 이른 뛰어난 인재'를 뜻하기도 합니다. '모차르트와 비틀스 그리고 빌 게이츠'가 대표적인 아웃라이어라고 할 수 있는데, 이들이 정상에 올라설 수 있었던 저력은 무엇일까요? 저자는 세계 수준의 전문가가 되기 위해서는 '매직넘버' 1만 시간의 연습이 필요하다는 연구결과를 이야기하고 있습니다. 천재성과 타고난 재능보다도 부단한 노력만이 성공할 수 있었던 결정적 요인이라고 설명합니다.

2014년 소치올림픽 스피드 스케이팅 여자 500m에서 금메달을 딴 이상화 선수의 발이 공개되어 화제가 된 적이 있습니다. 굳은살로 가득한 발바닥은 그녀가 살면서 꿈을 성취하기 위해 쏟아 부은 노력과 열정을 소리 없이 웅변하고 있습니다. 박지성 선수와 발레리나 강수진의 발도 '세상에서 가장 아름다운 발'이라는 표현으로 자주 소개되고 있습니다. 발가락 마디마다 변형이 올 정도로 열정을 가지고 고된 훈련을 견뎌낸 모습에 저절로 숙연해지곤 합니다.

영어를 가르쳐 주는 비법이라고 하면서 "10분에 수백 단어를 외운다"든가, "1초 만에 무엇이 된다"든가 하는 광고 문구를 자주 접하게 됩니다. 영어라는 괴물 때문에 어려움을 겪어온 우리에게 정말 환상적일 정도로 유혹적인

문구입니다. 이런 속도라면 하루 만에도 초등단어 전부를, 적어도 일주일이면 중등단어나 고등단어를 다 외울 수 있을 것입니다. 하지만 1000조각 짜리 퍼즐을 10초 만에 완성할 수 있다고 주장하는 사람이 있다면 그것은 마술에서나 가능한 일일 것입니다. 마술은 재빠른 손놀림이나 속임수를 써서 불가능한 일이 마치 되는 것처럼 보이게 하는 구경거리일 뿐입니다. 마술은 진짜같이 보이지만 사실은 속임수이며 가짜입니다. 사람들은 누구나 현실적으로 실현 불가능한 속임수에 한순간을 혹할 수 있습니다. 하지만 속임수에 자기 자신을 내맡겨두면 나중에는 '역시 나는 해도 안 되는구나!' 하는 자괴감만 느끼게 됩니다.

'새로운 지식을 가진다'는 것, '무엇을 안다'라는 것은 어떤 의미일까요?

우리가 어떤 대상을 지각하거나 경험한다는 것은 감각에 나타난 것을 날 것 그대로 감지하는 데 그치는 것이 아닙니다. 새롭게 입력되는 감각적 지각을 이미 자신이 가진 과거의 경험이라는 매트릭스(matrix)에 비추어서 대상을 이해하며 해석하게 됩니다. 새로운 지식을 갖는다든가 무엇을 안다는 것은 그 무엇이 이미 자기가 가지고 있는 지식과 판단의 체계로 설명할 수 있게 됨을 의미합니다. 아무것도 없는 백지 상태로부터 독창적인 사고를 이끌어 내는 사람은 아무도 없습니다. 그것은 이미 과거로부터 존재했던 사고나 타자와의 대화들의 조합에 의해 창조된 것입니다. 사실 발명이란 것도 핵심은 그때까지 따로 떨어져 있던 아이디어를 결합시키는 것이라고 볼 수 있습니다. 아무런 연관성이 없이 보이던 것들을 분석하고, 새롭게 종합함으로써 지금까지 예상하지 못했던 새로운 이론들을 만들어 낼 수 있게 됩니다.

퍼즐 조각을 많이 쌓아둔다고 해서 그림이 완성되지 않습니다. 조각조각 나 있는 퍼즐의 조각을 맞추어 내는 과정을 통해서만 한 폭의 그림을 완성해 낼 수 있습니다. '10분에 수백 단어'식의 학습은 애초에 불가능하기도 하지만, 단편적으로 떼어져 있는 지식이 되어 큰 의미가 없습니다. 서로 다른 지식들과 어우러졌을 때에만 비로소 조금씩 의미가 찾아지게 되고 점점 더 많은 지식들과 페어 맞추어질수록 더욱 많은 의미를 지니게 됩니다.

단어 하나를 안다는 것은 세상에 대한 관점이 하나 생기는 것입니다. 동시대를 살아가는 많은 사람들이 함께 참여해서 단어 하나에 어떤 의미를 담아냅니다. 또 그 단어는 우리의 선배들이 경험했던 지식이나 느꼈던 감정이 켜켜이 쌓여서 만들어진 결정체이기도 합니다. 하나의 단어는 역사적, 사회적, 문화적 배경을 가지고 있기에 단순히 사전적 의미만을 외운다고 알 수 있는 것이 아닙니다. 더군다나 영어 단어는 우리의 것이 아니라 외국 사람의 것이기 때문에 더욱더 어려운 것입니다. 단어학습은 단순하게 주입식으로 암기하는 것이 아니라 이해와 납득, 그리고 공감이라는 과정을 통해 느끼는 방식으로 해야 합니다. 조각 하나하나를 맞추어가듯이 새로운 지식을 스스로 깨우쳐가는 재미를 절대로 놓치지 마시기 바랍니다.

저는 공과대학을 입학한 시점부터 따져서 햇수로 24년을 IT업계에 몸담았던 사람입니다. 제 아들을 제대로 가르쳐 주고 싶다는 생각에서 IT 업계의 경력을 마감하고, 교육사업을 시작하게 되었습니다. 제가 몸담고 있는 주식회사 지식에서는 리도보카(www.leedovoca.com)라는 영단어 학습 서비스를 제공하고 있습니다. 이 책도 출간을 목적으로 시작했던 것이 아니라, 리도보카 서비스의 일부분이었습니다. 물론 제 아들에게 들려주고 싶은 이야기를 하나둘 적어간다는 생각으로 만들어지게 되었습니다. '리도보카'라는 이름은 세종 대왕의 본명인 이도에서 따왔습니다. 세종대왕께서 세상에서 가장 아름다운 발명품 한글을 창제하셨듯이, 저도 나중에 외국인들에게 우리 한글을 가르쳐주는 시스템을 만들겠다는 포부로 이름을 지었습니다.

여러분, '10분에 수백 단어'를 버리시고 '1만 시간의 법칙'을 믿으셔야 합니다. 물론 영어 단어를 공부하는데 꼭 1만 시간이 필요한 것은 아니므로 걱정하시지 마시기 바랍니다. 현란한 광고문구에 혹하지 마시고 자신을 믿으면서 조금씩 자기 내부에 지식을 쌓아간다면 어느 순간에 달라져 있는 모습을 느낄 수 있으실 겁니다. 제가 미력하나마 제가 살아왔던 경험과 노하우를 여러분과 함께 나누면서 길잡이가 되어드리겠습니다.

제가 사업을 할 수 있도록 길을 열어준 NXC 김정주 회장, 김종현 본부장과 YJM 엔터테인먼트 민용재 대표, 박홍서 이사에게 감사를 드립니다. 항상 용기와 위안을 주시는 이창호 대표님, 이동진 대표님, 이광세 국장님, 김성윤 대표, 신준호 대표에게 감사를 드립니다.

세상에서 저라는 존재를 만들어주신 부모님과 저에게 무한한 영감과 감동을 주고 있는 제 가족 남혜란, 김서준, 김서진에게 이 글을 통해 감사의 마음을 전합니다.

목차

SECTION 1

01 김태희는 왜 아름다운가? • 14
02 혈액형을 바꿀 수 있을까요? • 18
03 '공이 울렸습니다.'의 '공'은 무슨 뜻? • 22
04 exciting과 excited를 구별하는 방법 • 25
05 전쟁의 영웅 아킬레스의 치명적인 약점은? • 29
06 '트로이 전쟁'은 신화(myth)일까? 역사(history)일까? • 31
07 적도(equator)라는 뜻이 있는 나라는? • 34
08 equal에서 나온 quality와 quantity • 37
09 '공부하다'는 study일까? learn일까? • 40
10 사탄의 꼬임에 빠져버린 원죄 • 44
11 파이프 오르간과 신체기관 • 47
12 대서양과 지도책은 왜 Atlas일까? • 51
13 알코올(alcohol)은 아랍에서 온 말 • 54
14 파일, 필라멘트, 필름, 프로파일의 원뜻은 '실' • 57
15 보스턴 차 사건(The Boston Tea Party) • 60
16 티(tea)는 중국에서 온 말 • 63
17 '스위트 룸'이 sweet room이 아니라고? • 66
18 FBI와 CIA의 차이점 • 70
19 스타벅스의 텀블러는 잘 넘어지는 것 • 73
20 아마추어(amateur)는 사랑하는 사람 • 75
21 서양사람들이 꼭두각시 인형극을 좋아하는 이유 • 78
22 Murphy의 법칙(Murphy's Law) • 82
23 drip, drop 그리고 dribble • 85
24 부르주아(bourgeois)와 빈집털이(burglar) • 87
25 뉴욕이 빅 애플이 된 사연 • 90
26 뉴욕! 뉴욕! 뉴욕! • 93
27 암살자(assassin)는 아랍에서 온 말 • 96
28 별다방과 콩다방 • 98
29 프시케(psyche)와 싸이코(psycho) • 102
30 sore, sorry, sorrow 그리고 sour • 105

2 SECTION

01 reel과 roll 그리고 role • 110
02 유대교, 이슬람교 그리고 기독교 • 114
03 햄버거에 햄이 들어 있을까요? • 118
04 clean과 clear • 121
05 리프트는 올려주는 것 • 124
06 인생은 짧고, 예술은 길다 • 126
07 prize와 award • 130
08 affect와 effect • 132
09 오전과 오후 • 135
10 미터법(metric system) • 137
11 account for가 '설명하다, 책임지다, 차지하다'로 해석되는 이유 • 141
12 '이해하다'와 '감옥' • 145
13 희생양을 만들어 내라, 마녀사냥 • 148
14 희생양은 양이 아니라 염소? • 151
15 가십, 루머 그리고 스캔들 • 154
16 핫도그(hot dog)는 개고기로 만들었나? • 157
17 창살에서 시작된 취소 • 160
18 정의(正義)와 정의(定義) • 162
19 홍명보 선수의 포지션은 청소부? • 164
20 몬스터와 데모 • 168
21 대부(代父)는 '대신하는 아버지'라는 뜻 • 171
22 침례식과 김치 • 173
23 과학과 양심 • 175
24 엑스게임 • 178
25 미궁과 실마리 • 180
26 뉴턴의 사과 • 183
27 쇼바는 자동차 바퀴 충격장치 • 186
28 브랜드와 브랜디 • 189
29 물체와 목적과 반대 • 192
30 주관과 주어 • 194

3 SECTION

01 간빠이를 영어로 하면? · 198
02 컬렉트콜과 컬렉션 · 201
03 태클과 어택 · 204
04 eye contact이란? · 206
05 태그와 탱고 · 209
06 above와 over · 212
07 헷갈리는 attribute의 뜻 · 214
08 카메라의 어원은 어두운 방 · 216
09 원인과 이유 · 219
10 스크램블 에그란? · 220
11 분위기와 기분 · 223
12 오컴의 면도날 법칙(Ockham's Razor) · 225
13 develop은 envelop의 반대말 · 228
14 성 패트릭의 날(St. Patrick's day)과 아이리시 그린(Irish Green) · 231
15 아일랜드 출신들이 푸대접을 받는 이유 · 233
16 매운 음식이 땡기는 이유 · 236
17 '갈라(gala)쇼'가 뭐죠? · 238
18 이태리 타올은 이태리에서 만들었나요? · 242
19 화장실에 관한 이야기 · 245
20 노티카와 네이버 · 248
21 프롤로그와 에필로그 · 251
22 기분 좋은 말, serendipity · 253
23 생맥주와 병맥주의 차이점 · 256
24 바리케이드와 엠바고 · 259
25 쵸코바와 바텐더 · 262
26 팰리스, 포럼 그리고 백악관 · 264
27 '앉다'와 situation · 266
28 메두사(Medusa)와 이지스(Aegis)함 · 268
29 가스레인지는 미국사람에게 안 통한다? · 270
30 얼룩말을 길들일 수 있나요? · 273

01 바나나가 냉장고를 싫어하는 이유 • 278
02 팜므파탈과 옴므파탈 • 280
03 스타디움과 실내체육관 • 282
04 글래디에이터와 아레나 • 285
05 백조의 호수와 발레파킹 • 288
06 이성적인 인간의 부조리 • 291
07 희극과 비극 • 293
08 아나운서와 기자 • 296
09 메시아, 그리스도, 크라이스트, 기독 그리고 예수와 지저스 • 298
10 England와 뉴스 앵커 • 301
11 감정노동(emotional labor)이란? • 304
12 미국은 '21세기 로마제국'? • 306
13 시니컬한 디오게네스 • 309
14 학사, 석사, 박사, 의사 그리고 철학 • 311
15 학사학위와 총각 • 314
16 실을 잣다(spin)와 피륙을 짜다(weave) • 317
17 '차이다'와 덤프트럭 • 320
18 비밀과 비서 그리고 장관 • 322
19 36계 줄행랑과 블루오션 전략 • 324
20 염소와 콩팥 • 326
21 멸종과 소화기 • 329
22 '영화'는 cinema일까? movie일까? • 331
23 Korea는 고려에서 생겨난 말 • 334
24 카리스마 • 336
25 쪽발이와 양키 • 339
26 collapse와 catastrophe • 343
27 레콘키스타와 무적함대 • 345
28 칠성사이다와 코카콜라 • 347
29 남자(male)가 철(fe)이 들면 여자(female)가 된다 • 351
30 시리얼(cereal)과 sincere • 353

INDEX • 356

ROPE PHRASE

Liverpool
Cardiff
Celtic Sea
Celtic Shelf
English Channel
CHANNEL IS. (to UK)
Biscay Plain
Rennes
Nantes
Bay of Biscay
A Coruña
Bordeaux
Bilbao
Porto
Cordillera Cantábrica
Duero
Garonne
Tou...
UGAL
Iberian
Zaragoza
Pyrenees
ANDO...
Tagus
MADRID
Ebro
SPAIN
Barcel...
Peninsula
Guadalquivir
Valencia
...lle
Málaga
Palma
Ceuta (to Spain)
Balearic Islands
Melilla (to Spain)
Me...

SECTION 1

01 김태희는 왜 아름다운가?
02 혈액형을 바꿀 수 있을까요?
03 '공이 울렸습니다.'의 '공'은 무슨 뜻?
04 exciting과 excited를 구별하는 방법
05 전쟁의 영웅 아킬레스의 치명적인 약점은?
06 '트로이 전쟁'은 신화(myth)일까? 역사(history)일까?
07 적도(equator)라는 뜻이 있는 나라는?
08 equal에서 나온 quality와 quantity
09 '공부하다'는 study일까? learn일까?
10 사탄의 꼬임에 빠져버린 원죄
11 파이프 오르간과 신체기관
12 대서양과 지도책은 왜 Atlas일까?
13 알코올(alcohol)은 아랍에서 온 말
14 파일, 필라멘트, 필름, 프로파일의 원뜻은 '실'
15 보스턴 차 사건(The Boston Tea Party)
16 티(tea)는 중국에서 온 말
17 '스위트 룸'이 sweet room이 아니라고?
18 FBI와 CIA의 차이점
19 스타벅스의 텀블러는 잘 넘어지는 것
20 아마추어(amateur)는 사랑하는 사람
21 서양사람들이 꼭두각시 인형극을 좋아하는 이유
22 Murphy의 법칙(Murphy's Law)
23 drip, drop 그리고 dribble
24 부르주아(bourgeois)와 빈집털이(burglar)
25 뉴욕이 빅 애플이 된 사연
26 뉴욕! 뉴욕! 뉴욕!
27 암살자(assassin)는 아랍에서 온 말
28 별다방과 콩다방
29 프시케(psyche)와 싸이코(psycho)
30 sore, sorry, sorrow 그리고 sour

01 김태희는 왜 아름다운가?

'인간은 이성(理性)적 동물이다.'라는 명제는 인간에 대한 아리스토텔레스(Aristotle)의 정의입니다. 그는 이성이 인간을 인간답게 하고 동물과 구분되게 하는 특성이라고 이야기합니다. 이성은 사물을 옳게 판단하는 기준으로, 진위와 선악을 식별하는 능력을 가리킵니다. 간혹 미추(美醜)를 식별하는 기능까지 이성에 귀속시키는 경우도 있습니다.

'이성, 사고력'이라는 뜻의 reason은 '평가하다, 가치를 부여하다'의 뜻인 라틴어 rate에서 유래한 말입니다. rate가 프랑스로 건너가 '이성'이란 뜻의 '레종(raison)'이 되었고, 이것이 다시 영어로 reason이 되었습니다. rate는 '평가하다'라는 뜻과 함께 '비율'의 뜻도 있습니다.

- the **rate** of discount 할인율
- the birth **rate** 출생률

'비율'이란 뜻의 ratio는 '이성(reason)'으로도 사용되는데, reason은 '라틴어의 ration에서 변화된 것입니다. reason은 '비율을 생각하기'라는 기본 의미에서 '이유, 조리, 이성, 추론하다, 논하다'라는 뜻을 가집니다. rational은 '이성적인'의 뜻으로, '분별력이 있는, 이치에 맞는'을 뜻하는 reasonable과 비슷한 의미로 사용됩니다.

수학에서 유리수(有理數, rational number)는 '두 정수의 나눗셈으로 표시할 수 있는 수'라고 정의합니다. 즉 p와 q가 서로 나누어 떨어지는 수가 아닌 정수이고 q가 0이 아닐 때 p/q의 꼴로 나타낼 수 있는 수를 말합니다. 그래서 일부 수학자 중에는 '유리수'를 '비율(rate)이 있는 수'라는

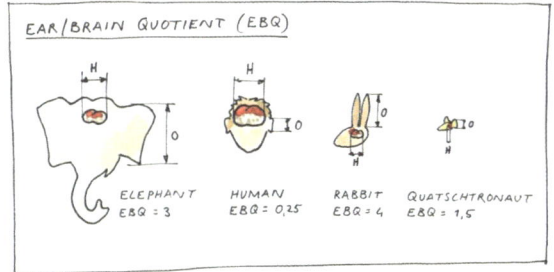

뜻에서 유비수(有比數)'로 해야 한다고 주장하시는 분들이 있습니다. 하지만 '유리수(有理數)'의 리(理)는 이성(理性)이라는 뜻과 함께 이미 비율(比率)이라는 뜻도 가지고 있는 말입니다.

고대 이집트인들은 자연에 내재한 아름다움을 칭송하면서 아름다움의 근원이 무엇인지 밝히기 위해 노력했습니다. 이를테면 누가 설명해주지 않아도 김태희나 송혜교의 얼굴을 보면 본능적으로 아름답다고 느끼는데, 왜 그런 것인지 의문을 가졌던 것입니다. 결국, 답을 찾아냈는데, 아름다운 얼굴은 눈, 코, 입의 위치나 크기, 비율이 아주 적절하다는 결론이 나왔습니다.

직관적으로 인간이 아름답게 느끼는 것들을 분석한 결과 황금비(黃金比, golden ratio)라는 것을 찾아낸 것입니다. 인간은 꽃을 보면 아름답다고 느끼는데, 단순히 주관적인 느낌이 아니라 꽃에는 아름다움을 느낄 수 있는 황금비가 숨어 있습니다.

'황금비'라는 말은 19세기 초 독일의 수학자 '옴(Georg Simon Ohm)'에 의해 생겨났습니다. 황금비는 하나의 선분을 가장 아름답게 나누는 비율을 의미합니다. 대략 직사각형의 경우 가로와 세로의 비율이 약 5대 8 정도일 때 시각적으로 편한 느낌을 받게 됩니다. 서양에서는 황금비를 세상의 원리이자 우주의 본성이라고 믿었으며, '신의 비례', '성스러운 비율'로 존중 받았습니다.

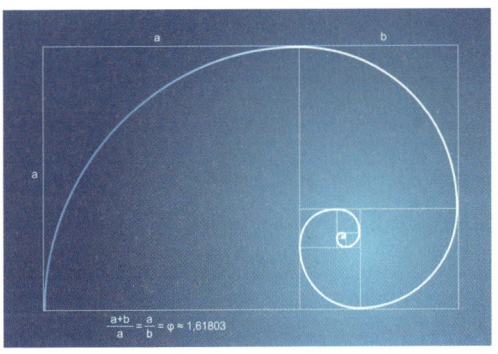

신기한 것은 황금비가 임의로 인간이 정한 것이 아니라 자연에 존재하는 만물에 내재되어 있는 비율이라는 것입니다. 황금비는 소라의 나선구조, 초식동물의 뿔, 세포, 꽃잎 등 생명체가 성장하는 모습에도 있습니다. 사람의 몸 안에서도 황금비를 찾을 수 있는데, 배꼽을 기준으로 상체와 하체, 목을 기준으로 머리와 상체의 비율도 황금비입니다.

황금비를 패션에서 적용하면 다리가 길어 보이고 아름다움을 느끼게 됩니다. 예를 들어 원피스의 총 길이를 8이라 할 때, 위에서부터 3이 되는 위치에 벨트나 옷의 장식을 달아 위아래가 구분되도록 입으면 늘씬해 보입니다.

황금비는 훌륭한 건축과 회화, 조각을 가능하게 해주는 마술적인 비율입니다. 고대 그리스와 이집트의 사람들은 예술작품을 만들 때 이 비율을 사용했습니다. 피라미드, 파르테논 신전, 솔로몬 신전, 석굴암, 파리의 개선문 등은 황금비를 사용하여 아름답기로 유명한 건축물입니다. 서양의 조각, 회화, 건축은 조화(harmony), 대칭(symmetry), 균형(balance) 등의 기하학적 아름다움을 추구하였는데, 가장 근본이 되었던 것이 황금비입니다. 교과서, 엽서, 성냥갑, 신용카드 등 우리가 사용하는 물건 대부분도 황금비가 적용된 것입니다.

인간이 아름다움을 느끼는 방식에 있어 객관주의(objectivism)와 주관주의(subjectivism)의 2가지 기준이 있습니다. 미(美)의 기준을 감상자 밖에 있는 외적 사물의 모습에서 찾게 되는 방식을 객관주의(objectivism)라고 합니다. 반면에 감상자가 사물을 인식하는 구조에서 아름다움을 방식을 주관주의(subjectivism)라고 합니다.

서양에서는 아름다움의 객관적인 비율을 찾으려 했던 그리스인의 전통을 이어받아 객관주의를 고수하였습니다. 그리스인들은 아름다움은 이상적인 관념이라고 생각했습니다. 고대 그리스 시대 밀로의 비너스상이나 르네상스 시대 미켈란젤로의 다비드상을 보면 가장 이상적인 비율을 가진 예술품을 감상할 수 있습니다. 반면 동양의 미적 기준은 객관적인 수치적 아름다움보다 개인적 감상에 초점을 맞춘 주관주의에 입각해 있습니다. 동양 고대 벽화에서 이상적인 비율, 즉 황금비를 찾는 것은 어려운 일입니다.

한편 서양에서도 근대에 들어 원근법과 황금비로 대표되는 객관주의적 전통이 변화하기 시작합니다. 19세기를 거쳐 20세기에 이르면서 미에 대한 다양한 관점들이 나타나면서 주관주의의 기류가 나타난 것입니다. 19세기 후반에 프랑스를 중심으로 일어난 미술사조인 인상파(Impressionism)를 예로 들 수 있습니다. 인상파는 작가가 대상을 보고 느끼는 순간적인 인상을 작품에 표현하는 유파로, 작가의 주관적인 감상(impression)이 작품의 핵심이 됩니다.

WORDS

reason 이유, 이성, 추론하다 rate 평가하다, 속도, 요금 ratio 비율 rational 이성적인, 합리적인 reasonable 합리적인, 분별력 있는, 이치에 맞는 rational number 유리수 golden ratio 황금비 harmony 조화 symmetry 대칭, 균형 balance 균형, 균형을 맞추다 objectivism 객관주의 subjectivism 주관주의 Impressionism 인상파, 인상주의적 표현

02 혈액형을 바꿀 수 있을까요?

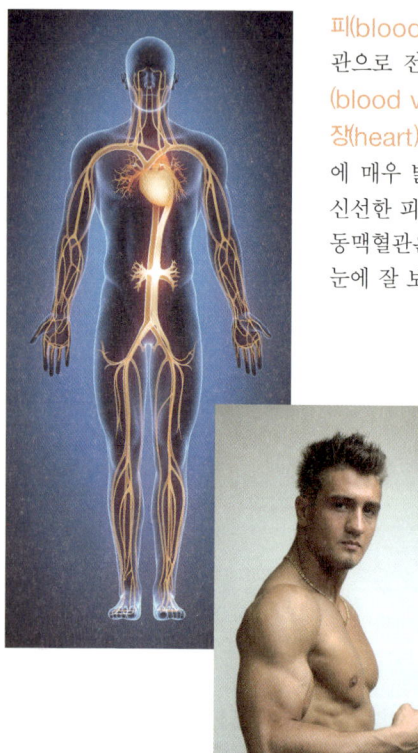

피(blood)는 사람의 몸 안에서 산소와 영양분을 각 신체기관으로 전달해주는 역할을 합니다. 피가 흐르는 통로인 혈관(blood vessel)은 동맥, 정맥 및 모세혈관으로 나뉩니다. 심장(heart)에서 처음 분출되는 피는 산소를 싣고 나오기 때문에 매우 밝은 선홍색입니다. 동맥(artery)은 심장에서 나오는 신선한 피를 몸의 구석구석까지 운반하는 핏줄입니다. 이러한 동맥혈관은 피부로부터 멀리 떨어진 깊숙한 곳에 있기 때문에 눈에 잘 보이지 않습니다.

고함치는 사람의 목에 불끈 솟는 핏줄이나, 손등, 손목, 팔뚝 등에 보이는 크고 작은 핏줄들은 푸른 색을 띱니다. 이렇게 우리가 쉽게 볼 수 있는 피부 가까이에 위치한 굵은 핏줄이 정맥(vein)입니다. 온몸을 돌며 산소를 소진하고 심장으로 되돌아가는 정맥혈은 이산화탄소와 노폐물이 섞인 검붉은색입니다. 검붉은 빛은 혈관 주위를 덮고 있는 혈관벽과 피부 때문에 더 어두워져서 우리 눈에는 다소 푸르게 보이는 것입니다.

입술이 유난히 붉은 이유는 피부 바로 밑에 미세한 혈관이 집중되어 있기 때문입니다. 모세혈관 내에 있는 혈액은 극단으로 산소와 결합되어 있기 때문에 붉게 보입니다. 건강할 때는 산소가 많아 붉은색을 띠지만, 피를 많이 흘리거나 빈혈인 사람은 산소가 모자라 입술이 창백해집니다. 추운 날에 입술이 파랗게 되는 것은 모세혈관이 냉기로 인해 수축하여 피가 산소를 잃고 검은색으로 변하기 때문입니다.

피의 색깔이 붉은 것은 적혈구(red blood cell)에 산소를 운반하는 헤모글로빈(hemoglobin)이라는 성분이 들어있기 때문입니다. 헤모글로빈은 허파(lung)에서 이산화탄소를 버리고, 신선한 산소를 받아들여 체내 곳곳의 조직에 나눠주는 역할을 합니다. hemoglobin의 hemo-는 '피(血)'를, globin은 '구(球)'를 뜻하는 말인데, 금속성분 철이 포함되어 있습니다.

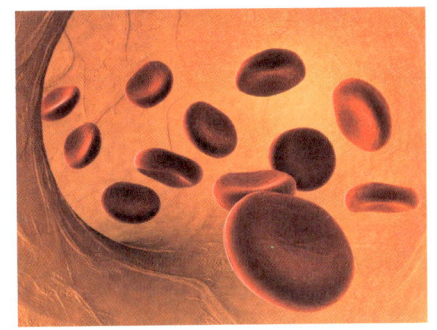

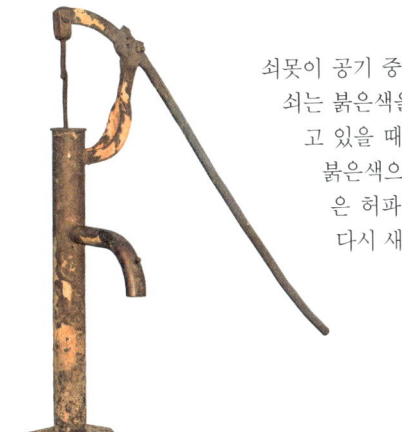

쇠못이 공기 중의 산소와 결합하게 되면 녹이 슬게 되는데, 이때 쇠는 붉은색을 띠게 됩니다. 헤모글로빈이 산소를 많이 포함하고 있을 때는 선명한 붉은색을 띠지만, 산소를 잃게 되면 검붉은색으로 변합니다. 이산화탄소를 포함한 검붉은 정맥혈은 허파에서 신선한 공기와 접촉해서 산소를 받아들이고 다시 새빨간 동맥혈로 변하게 됩니다.

빈혈(anemia)은 적혈구 수와 헤모글로빈(hemoglobin)양이 정상치보다 적은 상태를 말하는데, 빈혈이 일어나면 얼굴이 창백해지고 숨이 차며, 몸이 피로하고 무기력해지며 맥박이 빨라집니다. 빈혈을 예방하려면 간, 달걀노른자, 조개, 견과류, 시금치 등 철이 많은 음식과 육류, 어패류 등의 동물성 단백질이 많은 음식을 충분히 섭취해야 합니다. 카레, 홍차 등 타닌(tannin) 성분이 들어있는 음식은 피해야 합니다.

이발소(barbershop)의 상징은 뭐니뭐니해도 빙글빙글 돌아가는 삼색 원통이라고 할 수 있습니다. 삼색 원통의 빨강, 파랑, 흰색은 무엇을 뜻할까요?

중세 유럽에서는 이발소가 이발뿐만 아니라 외과 병원까지 겸하고 있었다고 합니다. 이발사와 외과의사의 공통점은 둘 다 칼을 능숙하게 사용하는 사람들입니다. 18세기 중반까지 이발사는 머리도 깎고 외과 수술과 골절의 치료까지 의사의 역할을 톡톡히 해냈다고 합니다. 중세에는 이발사가 뇌졸중, 건망증 등을 치료한다며 정맥을 절단해 피를 뽑았습니다. 긴급한 환자들을 위해 눈에 잘 띄도록 세 가지 색을 가진 간판을 내걸었는데 이것이 이발소 삼색 원통의 시초라고 합니다. 빨간색과 파란색, 흰색의 나선형 줄무늬는 각각 동맥과 정맥을 그리고 붕대(bandage)를 상징합니다.

사람에게 고유한 혈액형이 있다는 사실을 처음으로 밝혀낸 사람은 오스트리아 면역학자 란트슈타이너(Karl Landsteiner)입니다. 그는 혈액형이 A, B, AB, O형으로 나누어져 있다는 사실을 밝혀냈는데, 그 공로로 1930년 노벨 생리의학상을 받습니다. 혈액형의 구별 기준은 적혈구 표면의 단백질, 즉 항원인데 이것은 사람마다 차이가 있습니다. A와 B항원 중 어느 것을 가지고 있느냐에 따라 A형, B형, AB형이 되고 둘 다 없으면 O형이 되는 것입니다.

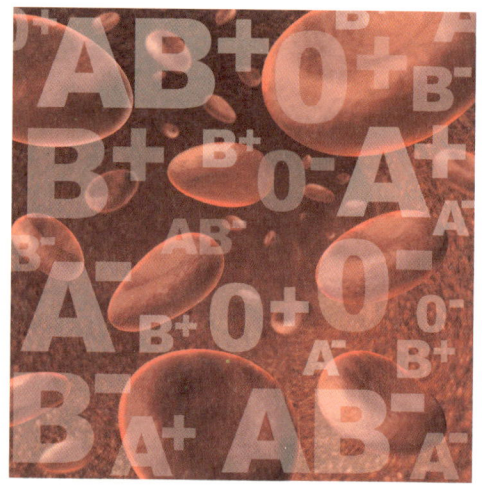

유전에 의해 결정된 사람의 혈액형도 골수(marrow) 이식을 통해 변할 수 있습니다. 백혈병(leukemia) 환자는 혈액을 만드는 골수가 제 기능을 하지 못하기 때문에 골수 이식을 통해 골수의 기능을 되살려야 합니다.

골수 이식(bone-marrow transplant)은 방사선 치료로 기존의 골수를 완전히 무너뜨리고 새로운 골수로 바꾸는 시술입니다. 시술을 통해 다른 사람의 골수가 몸에 들어오게 되면 심한 백혈구 감소와 면역억제로 인한 감염과 거부반응을 겪게 됩니다. 이 과정을 극복하고 이식된 골수가 정상적으로 혈액을 만들기 시작하면서 회복하게 됩니다. 이때, 환자의 혈액형은 골수를 제공한 사람의 혈액형으로 바뀌게 되는 것입니다. 골수 이식 시술을 받으면 몸 안의 면역이 완전히 없어집니다. 이식 성공 후에 환자는 신생아가 맞아야 하는 예방주사를 모두 다시 맞아야 합니다.

WORDS

blood 피, 혈액, 생혈 blood vessel 혈관 heart 심장 artery 동맥 vein 정맥, 기질, 혈관 hemoglobin 헤모글로빈, 혈색소 lung 폐, 허파 barbershop(barber's shop) 이발소 bandage 붕대, 감는 것 marrow 골수, 정수, 뼈골 leukemia 백혈병 transplant 이식, 이식하다, 이주시키다, 이식에 견디다

03 '공이 울렸습니다.'의 '공'은 무슨 뜻?

ring은 '둥근 것(circle)'과 '종소리(chime)'라는 2가지 어원을 가지고 있습니다. 종소리가 퍼져 나가는 모습을 둥그런 모양으로 연결해 보면 2가지 어원이 서로 연관되어 보이나 그 근거는 없습니다. 먼저 ring은 '반지, 고리'와 같이 둥근 모양의 것을 뜻하는 말입니다.

860년경 교황 니콜라스 1세는 남편이 되기 위해서는 경제적 희생 같은 반지를 선물해야 한다고 명령을 내렸습니다. 다소 무리가 되더라도 약간 비싼 반지를 약혼녀에게 주는 전통은 이렇게 시작되었습니다. 은이나 백금으로 만든 반지 안쪽에 두 사람의 성명 머리글자와 결혼 날짜 등을 새기기도 합니다.

다이아몬드가 결혼반지(marriage ring)로 널리 쓰이게 된 계기는 1477년 오스트리아의 막시밀리안 대공이 프랑스 버건디 왕국의 공주에게 청혼의 의미로 다이아몬드 반지를 선물하면서부터라고 합니다. 왼손 넷째 손가락에 결혼반지를 착용하는 것은 고대 이집트에서 시작되었는데, 사랑의 혈관이 심장에서 바로 왼손 약지로 연결되어 있다고 믿었기 때문입니다. 다이아몬드는 '철보다 단단하고 불에 타지 않는 영원한 사랑'의 상징으로 주목을 받았습니다. 그 당시 기술로는 다이아몬드의 연마가 불가능했고 불에 강하면서 쇠로도 상처를 낼 수 없는 점, 즉 영원성으로 보호받는다 생각하여 전시(戰時)에도 착용하였습니다.

다이아몬드는 그리스어의 'adamant'에서 유래된 말로 '정복할 수 없다'는 뜻입니다. adamant에서 'a'가 탈락하고 'i'가 추가되고 't'가 'd'로 변화되어 'diamond'가 만들어졌습니다. adamant는 '길들여(dam)지지 않은(a=not)'이라는 의미에서 '요지부동의, 단호한, 완강한(insistent), 불굴의'이라는 뜻으로 쓰입니다.

권투(boxing) 경기가 벌어지는 경기장을 ring이라고 하는데, 현재는 4각형이지만, 과거에는 서커스 공연장과 같이 '둥근 곳'에서 했음을 유추할 수 있습니다. 스케이트장을 skating rink 또는 ice rink라고 하는데, rink는 ring와 같은 어원입니다.

- Kim Yu-na is the only one dominating the ice **rink** recently.
  김연아는 최근 아이스링크를 지배하고 있는 유일한 사람이다.

농구 골대를 보통 '링'이라고 부르죠. 실제로는 ring이 아니라 rim이 맞습니다. rim은 '테두리, 가장자리'을 가리키며, 금테 안경은 a pair of glasses with gold rims라고 합니다. 우리나라 말로 표현하면서 영어 철자를 오해할 수 있는 단어 몇 개를 더 소개해 드립니다. 호텔의 스위트 룸은 sweet room이 아니라 suite room입니다. 야구에서 정규 9회 이전에 경기를 종료시키는 콜드 게임은 cold game이 아니라 called game입니다. 중국 요리 중 샥스핀은 중국어가 아니라 상어의 지느러미라는 뜻의 shark's fin입니다.

ring은 의성어로 '울리다, 소리가 나다, 벨이 울리다' 등의 뜻으로 ringer는 '종 울리는 사람, 자명종'이라는 뜻입니다. 휴대전화 벨소리를 ring tone이라고 합니다.

- You can set different **ring tones** for different person.
  당신은 (전화를 거는) 사람마다 벨소리를 다르게 저장할 수 있다.

ring a bell은 '전화가 오다'라는 표현으로 쓰이지만, '~을 연상시키다, 상기시키다, 문득 생각나다'라는 뜻으로도 사용됩니다.

- Does that **ring a bell**? 감이 잡히니? 생각나는 게 있니?

권투 경기 때 '공이 울렸습니다'고 하는데, 공은 '라운드 시작과 끝을 알리는 종'을 가리키는 말입니다. 공(gong)은 한국말도 아니고, 영어도 아니며, 인도네시아에서 온 말인데, 우리말의 '땡'과 같은 의성어입니다. 공(gong)은 우리 전통 악기인 꽹과리, 징과 같이 얇은 구리 합금으로 만든 타악기를 가리킵니다.

WORDS

ring 고리, 반지, 종소리, 울리다   marriage 결혼(식), 혼인, 결혼 생활, 부부 관계   diamond 다이아몬드, 금강석, 다이아몬드 모양   adamant 단단한 돌, 매우 견고한, 단호한, 확고한   rink 스케이트장(링크)   rim 가장자리, 테두리, 변두리, 언저리   ring a bell 종을 울리다, 들어본 적이 있는 것 같다

exciting과 excited를 구별하는 방법

cite는 '옮기다, 움직이다, 말하다' 등의 뜻인 라틴어가 영어에 와서 어떤 문장이나 보기를 옮겨 '인용하다, 예증하다, 보기를 들다'라는 뜻이 되었습니다. 윈스턴 처칠(Winston Churchill)은 '피, 땀, 눈물'이라는 유명한 말을 남겼습니다. 아마도 바이런(Baron Byron)의 시 〈Blood, sweat and tear wrung millions〉에서 인용한 듯합니다.

누군가에게 희망을 주고 싶을 때 가장 많이 인용되는 말이 무엇일까요?

여기 흥미로운 이야기가 있습니다. 21세기의 위대한 정치가 윈스턴 처칠(Winston Churchill)은 상원의원에 낙선하여 모든 일에 의욕을 잃고 창가에 기댄 채 멍하니 밖을 바라보고 있었습니다. 그때 이웃집에서는 담장을 수리하고 있었는데 벽돌을 쌓는 과정이 한 장을 올리고 콘크리트를 바르고 또 올리고 바르고 하는 고된 과정이었습니다. 그러던 중 벽돌공이 실수로 한 장을 잘못 놓게 되자 아무렇지 않다는 듯 벽돌을 쓱쓱 닦고서는 다시 올려놓았습니다. 이 모습을 본 처칠은 인생은 마치 벽돌을 쌓는 것 같은 과정이고, 단지 하나가 안 된다고 벽을 통째로 포기할 수는 없다는 것을 깨닫게 되었습니다. 그리고 이듬해 상원의원에 도전해 당선되었습니다.

처칠이 말년에 옥스퍼드 졸업식 연설자로 초청되어 강단에 올라갔습니다. 한동안 멍하니 있다가 다음과 같이 말했습니다. "Never, Never, Never Give Up! 절대, 절대, 절대로 포기하지 마세요!" 그리고 모자를 쓰고 내려왔다고 합니다. 큰 박수가 이어졌고 몇몇 여학생들은 울기도 했습니다.
인생을 살다가 안 될 때도 있지만 중요한 것은 포기하지 않는 것입니다.

recite는 '다시(re) 말하다, 움직이게 하다(cite)'라는 의미에서 '암송하다, 낭송하다, (열거하듯) 죽 말하다, 나열하다'라는 뜻입니다. '가수가 리사이틀 recital을 하다'라는 표현에서는 '독창, 독창회' 등의 뜻입니다. 연습하여 외워 놓은 것을 '다시' 청중 앞에서 보지 않고 말하는 것이 '암송'인데, 그 뜻이 발전하여 '독창, 독창회' 등의 뜻으로 사용되는 것입니다.

- Would you like to go to a violin **recital** tomorrow?
  내일 바이올린 연주회에 가시겠어요?

incite는 '안(in)에다 대고 말하다, 움직이게 하다(cite)'라는 의미에서 '선동하다, 부추기다, 자극하다' 등의 뜻을 가집니다.

- **incite** children to mischief 장난을 치도록 아이들을 부추기다

excite는 '밖으로(ex) 말하다, 움직이게 하다(cite)'라는 의미에서 '마음을 움직여서 밖으로 표출시키다, 흥분시키다, 선동하다, 불러일으키다'라는 뜻이 됩니다.

- Annie was jumping up and down with **excitement**. Annie는 흥분하여 날뛰었다.

exciting은 현재분사형으로 능동, 진행의 뜻을 가지고, excited는 과거분사형으로 수동, 완료의 뜻을 가집니다.

exciting은 다른 사람을 '흥분시키는, 자극시키는, 들뜨게 하는'의 뜻입니다. '다른 사람들을 흥분시키지 마라'는 'Don't excite the people.'이라고 합니다.

- The home run **excited** the fans.
  그 홈런은 팬들을 흥분시켰다.

excited는 본인이 다른 것으로 인해 '흥분되어진, 들뜬 상태가 되어버린'의 뜻입니다. 자기가 '흥분되다'는 수동형 be excited 또는 become(get) excited로 표현하며, '흥분하지 마라'는 'Don't get excited.'라고 합니다.

- He was too **excited** to eat.
  그는 너무 흥분해서 먹을 수 없었다.

solicit는 '다른 사람의 마음의 전부(sol)를 움직이게 하다(cite=cit)'의 의미에서 '애원하다, 간청하다, 유혹하다, 구걸하다, 졸라대다' 등의 뜻으로 쓰입니다. solicitor는 '간청하는 사람'이란 뜻인데, '구혼자'와 '변호사'라는 뜻이 있습니다.

- **Soliciting** customer feedback is an effective strategy for customer satisfaction.
  고객에게 피드백을 요청하는 것은 고객 만족을 위한 효과적인 전략이다.

미국의 사무실 입구에 가면 'No soliciting'이라는 문구를 볼 수 있는데, '외판원 사절, 잡상인 금지'라는 뜻입니다. 물론 'No solicitation', 'No solicitors allowed', 'No solicitors, please.'도 표현이 조금씩 다르지만 같은 뜻입니다. 보통 외판원들이 사무실에 들어오면 물건에 대해 구구절절이 설명하면서 사달라고 조르기 마련입니다. 사무실에 들어와서 시끄럽게 소란을 피우지 말아달라는 표시(sign)입니다.

애원하다(solicit)와 앙상블(ensemble)이 결합하여 만들어진 음악 장르 '쏠리시트 앙상블(solicit ensemble)'은 '애원하듯 부르는 노래'라는 뜻입니다. ensemble은 '같게(semble=same) 만들다(en=make)'라는 의미에서 '함께, 조화, 총체, 종합적 효과'등의 뜻을 가집니다. 불어에서 온 외래어인 앙상블(ensemble)은 합주나 군무와 같이 출연자 전원의 협력에 의하여 통일적 효과를 연출해 냄을 의미합니다. '앙상블이 좋다'라는 표현은 연주의 밸런스나 통일성이 완벽하여 전체적으로 하나가 되는 느낌을 전달합니다. 성악이나 기악에서는 두 사람 이상의 중창 또는 중주를 말하며, 조화로운 의상 한 벌을 표현할 경우에도 사용합니다.

WORDS

cite 인용하다, 열거하다, 언급하다, 들다   recite 읊다, 암송하다, 낭독하다, ~관해 질문에 답하다   recital 리사이틀, 연주회, 독주회, 낭송, 낭독   incite 자극하다, 격려하다, 고무하다, 선동하다, 일으키게 하다   excite 흥분시키다, 일으키다, 자극하다   solicit (~해 달라고) 간청하다, 청구하다, 졸라대다, 탄원하다   solicitor 간청자, 권유자, 구혼자   solicitation 간청, 귀찮게 졸라댐, 애걸복걸, 권유   ensemble 전체, 앙상블, 합주곡

05 전쟁의 영웅 아킬레스의 치명적인 약점은?

아킬레스 건(Achilles heel)은 발뒤꿈치 바로 위에서 장딴지로 이어지는 힘줄로 인체에서 가장 크고 가장 강한 힘줄입니다. 이것은 보행운동에 중요한 역할을 하는데, 갑자기 뛰거나 심한 충격을 받으면 끊어질 수도 있습니다. '건(腱)'은 '힘줄(tendon)'이란 뜻이며, '아킬레스 힘줄'이라고도 합니다.

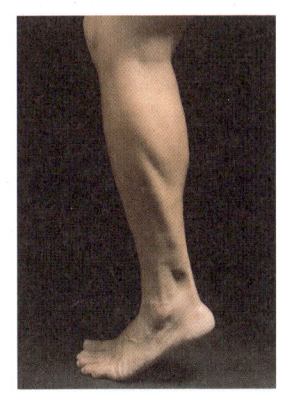

호메로스의 서사시 〈일리아드〉의 중심인물 아킬레스는 펠레우스 왕과 바다의 여신 테티스의 아들입니다. 테티스는 갓 태어난 아들을 불멸의 존재로 만들기 위해 이승과 저승의 경계를 흐르는 스틱스(Styx)의 검은 물에 아킬레스의 몸을 담갔습니다. 아기를 거꾸로 집어넣고 있는 동안 발꿈치를 잡고 있었던 지라 그 부분만은 물에 젖지 않았습니다. 아킬레스는 어떤 창칼이나 화살도 뚫지 못하는 불사의 몸을 갖게 되었지만, 어머니가 붙잡은 발뒤꿈치만큼은 치명적인 급소가 되고 맙니다.

트로이 전쟁에서 아킬레스는 트로이군의 영웅인 헥토르를 무참히 쓰러뜨리면서 그리스군의 결정적인 승리를 이끌어냅니다. 하지만 아킬레스는 트로이의 왕자 파리스가 쏜 화살에 바로 그 발꿈치를 맞아서 어처구니없이 전사하고 맙니다.

이러한 신화를 바탕으로 '아킬레스건'은 어떤 사람이 가진 치명적인 약점이나 다치기 쉬운 급소란 뜻이 되었습니다. 다른 과목의 성적은 우수한데 유독 수학을 못 하는 학생에게 수학은 아킬레스건이라고 표현합니다.

굽이 높은 여성 신발 하이힐은 high-heeled shoes 라고 표현합니다. Beverley Hills와 같이 언덕을 뜻하는 hill은 뒤꿈치를 뜻하는 heel과 철자가 다릅니다. 하이힐은 성숙한 여성의 매력을 뽐내기 위한 필수품이지만, 중세시대에는 외출할 때 남성과 여성 모두 신었다고 합니다. 하이힐이 나오게 된 배경은 어이없게도 지저분한 면이 큽니다. 프랑스 파리의 베르사유 궁전에는 화장실이 없어서 모두 야외에서 배변했는데, 이를 자연스러운 것으로 생각했습니다. 집안에서는 요강을 사용했는데, 요강을 비울 때는 창밖으로 오물을 그냥 쏟아버렸습니다. 사람들은 거리에 흘러다니는 오물을 피하려고 구두 굽이 높은 하이힐을 신기 시작했다고 합니다.

WORDS

Achilles heel 아킬레스 건, 약점   tendon 힘줄   hill 언덕, 낮은 산, 쌓아 올린 흙더미   heel 뒤꿈치, 뒷발굽, 뒷발

'트로이 전쟁'은 신화(myth)일까? 역사(history)일까?

흥겨운 잔치 마당에 던져진 한 개의 사과가 10년에 걸친 '**트로이 전쟁**(Trojan War)'을 몰고 왔습니다. 영웅 아킬레스의 아버지 페레우스는 제우스의 중매로 바다의 여신 테티스와 결혼을 하게 되었습니다. 결혼식에 수많은 신들을 초대했는데, 다만 불화의 여신 에리스만은 부르지 않았습니다. 약이 오른 에리스는 축하연을 망쳐놓으려는 생각으로 '가장 아름다운 여신에게'라는 글이 적힌 황금 사과를 잔칫상 위에 던져 넣습니다.

'헤라, 아프로디테, 아테나' 세 여신이 서로 자기가 가장 아름다운 여신이라고 주장하면서 사과를 서로 가지려고 싸움이 벌어집니다. 골치가 아파진 제우스는 양을 치고 있던 파리스(Paris)에게 누가 가장 아름다운지 판결을 의뢰합니다. 파리스는 원래 트로이 왕자였으나 장차 나라의 화근이 되리라는 신탁으로 신분을 감추고 그리스에서 자랐습니다. 아테나는 지혜를, 헤라는 세계의 주권을, 아프로디테는 세계 제일의 미인을 아내로 삼아 주겠다고 파리스에게 약속합니다.

파리스는 아프로디테를 미의 여신으로 선택했고, 아프로디테에게 승리의 상징으로 황금의 사과를 바쳤습니다. 아프로디테는 그 대가로 파리스에게 세상에서 가장 아름다운 여인을 아내로 맞게 해 주는데 바로 스파르타의 왕비 헬레네였습니다. 파리스는 헬레네와 사랑에 빠져 그녀와 함께 자기 나라인 트로이로 도망칩니다.

아내를 빼앗긴 스파르타의 왕 메넬라오스는 형인 미케네의 왕 아가멤논을 설득하여 트로이 원정길에 나섭니다. 이리하여 아가멤논을 총사령관으로 하고 아킬레우스, 오디세우스, 아이아스, 디오메데스 등 당시 그리스의 영웅들을 총망라한 대규모 원정군이 편성되고 그리스와 트로이는 양측 모두 신들의 지원과 간섭을 받으면서 10년에 걸쳐 혈투를 벌이게 됩니다.

트로이 성은 좀처럼 함락되지 않았는데, 그리스군의 승리에 결정적으로 기여한 것이 바로 목마였습니다. 그리스군은 커다란 목마를 만들어 트로이 성 앞에 놔두고 철수하는 위장 전술을 폅니다. 트로이군은 그리스군이 퇴각했다고 생각하여 그 목마를 성 안에 들여놓고 승리의 기쁨에 취합니다. 새벽이 되자 목마 안에 숨어있던 그리스 병사들이 목마에서 나와 성문을 열어 놓습니다. 물밀 듯 쳐들어오는 그리스군에 의하여 트로이는 함락되고 맙니다.

외부에서 들어온 요인에 내부가 무너짐을 가리켜 흔히 '트로이의 목마(Trojan horse)'라고 합니다.

컴퓨터 바이러스를 상대방의 PC에 심어놓고 원격에서 상대방의 PC를 조종하는 악성프로그램을 마찬가지로 '트로이의 목마(Trojan horse)'라고 부릅니다. 바이러스에 감염됐지만 스스로 인지하지 못한 채 원격 조종을 당하는 PC를 좀비(zombie) PC라고 합니다. 좀비 PC가 되면 스팸메일을 발송하기도 하고, 심지어 은행계좌 정보까지 노출될 수 있으므로 주의해야 합니다.

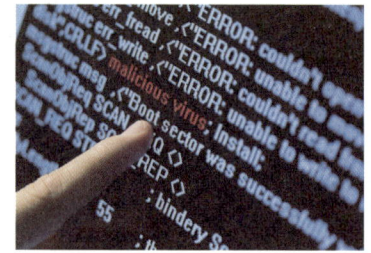

트로이 전쟁은 신화(myth)일까요? 역사(history)일까요?
신화는 신들의 이야기로 꾸며진 이야기이고, 역사는 실제 있었던 사실을 기록한 것입니다. 트로이는 1870년부터 트로이 유적지가 발견되기까지 무려 3,000년 이상이나 전설의 도시로 남아 있었습니다.

그 전설을 실제 역사로 만든 사람은 19세기 독일의 기업가인 하인리히 슐리만입니다. 사업에 성공하며 돈을 번 그는 독학으로 고고학 지식을 습득합니다. 호메로스의 서사시에 나오는 전쟁 장면을 토대로 추적을 거듭한 끝에 1870년 터키의 서북부 해안에서 트로이의 유적을 발굴했습니다. 트로이는 지금의 터키 서쪽에 실재했었던 도시였고, 트로이 전쟁은 신화와 역사의 이중적인 측면을 지니게 되었습니다.

WORDS

Trojan horse 트로이의 목마(적을 속이기 위한 사람이나 물건) myth 신화, 가공의 인물, 신화적 인물, 이야기, 사회적 통념
history 역사, 역사책, 경력, 사학

07 적도(equator)라는 뜻이 있는 나라는?

equalize는 '같게 하다, 동등하게 하다, 동점 골을 넣다'라는 뜻을 가집니다. 음성 신호(소리, sound)를 주파수(frequency)별로 적당하게 조절하는 장치를 '이퀄라이저(equalizer)'라고 합니다. 이퀄라이저를 이용하면 고음과 저음 등 영역 대별로 키우거나(boost) 줄여서(cut) 자기 취향대로 음색을 조절할 수 있습니다.

'~에 어울리는, 적당한, 충분한'이란 뜻의 단어 adequate에 equ가 숨어있습니다. adequate는 '같은(equ) 쪽으로(ad)'라는 의미에서 '(어떤 목적에) 어울리는, 충분한, (직무를 다할) 능력이 있는, 적당한, 적임의'라는 뜻이 됩니다.

- It is important to have **adequate** lighting when studying.
  공부할 때는 적절한 조명에서 하는 것이 중요하다.
- This salary is **adequate** to support a family six.
  이 급여는 6인 가족을 부양하기에 충분하다.

수학이나 물리에서 방정식 equation은 '좌변과 우변이 서로 같은(equal)식'을 말합니다.

- **equation** of motion   운동 방정식
- A statement of **equality** between two quantities, as shown by the equal sign(=).   두 수 사이의 같음은 등호(=)를 통해 증명된다.

적도(equator)는 북극(北極, Arctic)과 남극(南極, Antarctic)으로부터 같은 거리에 있는 지점(至點)을 연결한 선입니다. 한자로는 '붉은 길'이란 뜻으로 '赤道'라고 쓰는데, 예전에 천구 그림에서 적도를 표현할 때 빨간 선을 이용한 것에서 유래했기 때문입니다.

- **equator**: an imaginary circle around the earth, equally distant at all points from both the North Pole and the South Pole

적도는 위도(latitude)의 기준이며, 위도 0°의 선에 해당합니다. 지구는 적도를 중심으로 북반구와 남반구가 위아래로 나누어지는데, 적도의 전체 원둘레는 약 40,075km에 달합니다.

- The **equator** divides the earth's surface into the Northern Hemisphere and the Southern Hemisphere. 적도는 지구의 표면을 북반구와 남반구로 나눈다.

개수대나 변기에서 물이 빠져나갈 때 지구의 자전 때문에 원심력에 의해 소용돌이가 생기는데, 이때 발생하는 힘을 전향력(Coriolis force)이라고 합니다. 북반구에서는 반시계방향으로, 남반구에서는 시계 방향으로 물이 도는 것을 볼 수가 있습니다. 달걀을 똑바로 세우려고 해도 쓰러지는 이유도 전향력 때문입니다. 북반구와 남반구의 중간인 적도에서는 전향력이 작용하지 않아서 달걀도 똑바로 세울 수 있습니다.

스페인어로 적도(赤道)는 Ecuador인데, 적도(赤道)선 상에 있는 국가 에콰도르의 국명은 여기서 유래하는 것입니다. 지구 상엔 많은 나라들이 적도에 걸쳐 있지만, 적도라는 이름을 국명으로 사용하는 나라는 에콰도르가 유일합니다. 에콰도르는 한반도의 1.5배 정도 되는 작은 나라이지만 안데스 산맥과 정글과 바다가 있습니다. 특히 찰스 다윈 때문에 유명해진 태평양 상의 갈라파고스 군도가 속해있기도 합니다.

에콰도르는 다른 열대의 나라와 마찬가지로 과일의 천국입니다. 망고, 리치 등 많은 열대 과일 중에 에콰도르의 대표적인 열대과일을 꼽으라면 바로 '바나나'입니다. 바나나의 세계 제1의 수출국은 인도네시아도, 브라질도 아닌 바로 남미의 소국 에콰도르입니다. 우리에게 익숙한 패션 브랜드인 '바나나 리퍼블릭(Banana Republic)'은 바로 에콰도르를 가리키는 말입니다.

'밤'의 의미인 night의 어원은 nocturn으로, '야상곡(夜想曲)'을 nocturne이라고 합니다. 그리스 신화의 '밤의 여신'인 Nox에서 유래한 말들입니다. 야상곡은 쇼팽 등 낭만파 작곡가들이 작곡한 피아노 소곡인데, 밤의 느낌이 들도록 몽상적이고 약간 권태로운 느낌을 줍니다. 춘분이나 추분을 'equinox'라고 하는데 '밤(nox)과 낮의 길이가 같다(equal)'란 뜻에서 나온 말입니다.

WORDS

equalize 같게 하다, 평등하게 하다, 동점이 되다   frequency 빈번, 자주 일어남, 주파수, 진동수   adequate 충분한, 알맞은, 어울리는, 적당한, 적임의   equation 동등하게 함, 균등화, 방정식, 등식   equator 적도   Ecuador 에콰도르   equinox 추분, 춘분

equal에서 나온 quality와 quantity

equal은 '같은, 동등한'이고, equality는 '같음, 동등, 평등'이란 뜻입니다. 수학 시간에 보게 되는 등호(equal sign)는 '좌변과 우변이 서로 같음'을 나타냅니다. 등식이란 좌변과 우변을 등호로 연결된 식, 그러니까 '좌변과 우변이 서로 같은(equal) 식'을 말합니다. 등식 중에서 미지수가 포함된 등식을 방정식(equation)이라고 합니다. 그 미지수가 어떤 값을 갖느냐에 따라 그 식이 참도 되고 거짓도 됩니다. 참을 만족시키는 미지수의 집합을 '해(解, value)'라고 하고, 해를 구하는 작업을 '방정식을 푼다'고 표현합니다.

- **equation** of motion 운동 방정식
- chemical **equation** 화학 방정식

quality는 '품질, 지위, 자격' 등의 뜻이고, qualify는 '적격이다, 자격이 있다/주다'라는 뜻을 가집니다. '동등한, 대등한' 등의 뜻인 equal에서 두음 'e'가 생략되어 생긴 말입니다. '해야 할 일과 같은 수준의 능력이 있다'는 의미에서 '역량이 있는, 감당할 수 있는, 자격이 있는, 자질이 우수한'이라는 뜻이 되었습니다.

- **Quality** of life does not correlate exactly with his wealth.
  삶의 질이 꼭 그 사람의 재산과 연관되지는 않는다.

야구에서 퀄리티 스타트(quality start)는 선발 투수가 순조로운 출발을 하여 투수로의 역할을 잘 했다는 뜻입니다. 구체적으로 선발투수가 6이닝 이상을 던지면서 3실점 이하로 막아내는 것을 가리킵니다. 팀 승리와 밀접한 상관관계를 가지며 불펜 투수들의 부담을 줄여준다는 의미에서 팀 공헌도가 높으므로 선발의 중요한 척도로 꼽힙니다.

qualifier는 대회의 본선에 오르기 위해서 치르는 '예선전, 예선 경기' 또는 '예선을 통과하여 본선에 오른 팀이나 선수'를 말합니다.

- a World Cup **qualifier** 월드컵 예선 경기
- **qualify** for the World Cup finals 월드컵 본선 진출 자격을 얻다
- **quarter**-finals 8강 경기
- semi-finals 4강 경기
- final 결승 경기

quality는 '질'이라는 뜻이고 quantity는 '양'이란 뜻입니다. quantity에서 나온 quantum은 '양(量)'이란 뜻이고, quanta는 quantum의 복수형입니다.

- **Quality** matters more than **quantity**.
  양보다는 질이 중요하다.

양자론(量子論, quantum theory)은 종전의 고전 물리학으로 설명할 수 없는 미시적인 대상을 연구하는 물리학 이론체계를 말합니다. 원자와 그 구성 요소들은 '양자(quantum)'의 형태로 나타나는데, 양자는 '물질량의 최소단위'를 말합니다. 양자개념의 도입은 현대물리학에서 미시적 세계를 설명하는 데 획기적인 공헌을 하였습니다.

'몫, 할당, 할당액, 할당량' 등의 뜻인 quota는 '양'을 뜻하는 quanta와 quantity에서 파생되었습니다. 무역거래에서 쿼터제 (quota system)는 수출과 수입의 총량 또는 총액을 분할해 배급 하는 것을 의미합니다. 스크린 쿼터제(screen quota)는 할리우드 영화에 대해 자국 영화를 보호하는 차원에서 국내영화의 의무상 영일수를 보장한 제도입니다.

- Will we be able to meet the **quota**?
  우리가 할당량을 채울 수 있을까?

미국 대학에서 비슷한 점수라면 백인보다는 흑인 또는 라틴계 Hispanic가, 또 그들보다 인디언 Native American 계가 더 유리합니다. 연방정부에서 기금을 받는 학교는 할당제도 quota system이라고 해서 일정비율의 소수민족 학생들을 입학시켜야 합니다. 미국은 '소수계 우대정책 (Affirmative Action)'을 시행하면서 소수민족(minority) 에 더 쉬운 입학 기회를 제공하고 있습니다.

'소수계 우대정책'은 불공평하고 역차별(reverse discrimination)을 조장한다는 주장도 있지만, 실 제로는 합리적인 제도입니다. 현실적으로 미국의 주요 요직이나 명문대의 구성 비율은 백인이 대 다수를 차지하고 있습니다. '훌륭한 시설과 교육 환경에서 공부한 백인 학생과 열악한 교육을 받 은 흑인 학생이 입시에서 똑같이 경쟁하는 것은 현실적으로 공평하지 않다'는 논리입니다.

WORDS

equal 같은, 동등한, 감당하는, 필적하다　**equality** 같음, 평등, 대등, 동등　**quality** 질, 우량질, 우수성, 고급　**qualify** ~ 의 자격을 얻다, ~에게 권한(자격)을 주다, 적임으로 하다　**qualifier** 예선 통과자, 예선경기　**quantity** 양, 분량, 수량, 다량(수)　**quantum** 양, 특정량, 몫, 다량(수)　**quantum theory** 양자론　**quota** 몫, 분담액, 상품 할당량, 쿼터　**quota system** 할당제도, 쿼터제

'공부하다'는 study일까? learn일까?

〈논어(論語)〉는 4대 성인 중의 한 명으로 일컬어지는 공자(Confucius)가 쓴 유명한 책입니다. 고전 중의 고전 〈논어(論語)〉에서 가장 먼저 나오는 문장이 있습니다.
學而時習之不亦說乎 (학이시습지불역열호)
'배우고 때에 맞추어 익히면 또한 기쁘지 아니한가?'라는 뜻입니다.
공자님의 말씀을 기록한 것 중에서 배우고(學) 익히는(習) 기쁨을 가장 먼저 가르쳐주고 있습니다

학습(學習)에서 '배우다(學)'와 '익히다(習)'는 어떻게 다른 것일까요? 도올 김용옥 교수님의 해설을 인용해보겠습니다.

"공자에게 있어서의 學(학)이란 '무지로부터의 탈출'이며 '미지의 새로움에 대한 끊임없는 동경'이다. 習(습)은 學과 병치되는 독립된 개념이다. 習(익힌다)이라는 것은, 學이 미지의 세계로의 던짐이라고 말한다면, 그것은 실천의 세계를 의미하는 것이다. 그런데 이 실천은 반드시 '때(時)'를 갖는다는 것이다. 說(열=悅)은 나의 실존적 내면에서 우러나오는 '기쁨'의 뜻이다."

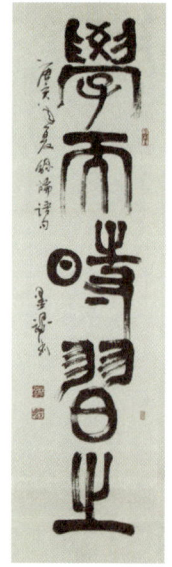

학(學)은 아이들이 양손에 책을 잡고 글을 읽는 모습을 표현한 글자입니다. 학(學)은 다른 사람이 쓴 책을 읽으며 가르침을 본받아 깨우치는 과정입니다. 모름의 세계에서 앎의 세계로 배워가는 과정이고, 나중에 깨닫는 사람이 먼저 깨달은 사람의 행위를 본받는 것입니다.

습(習)은 '알에서 깨어난 어린 새가 날개(羽)짓을 하며 나는 것을 익힌다'는 뜻입니다. 책으로부터 배우는 학(學)에 그치지 않고, 자기 스스로 배운 것이 익숙해지도록 하는 과정이 습(習)입니다. '배우고(學)' 난 후에 '익힘(習)'이 뒤따르면 학문이 진보하여 마음 깊이 젖어드는 기쁨을 누릴 수 있습니다.

배움에는 세 가지 단계가 있다고 합니다.
선생님에서 들었거나 책에서 무언가를 배웠을 때 '아 이런 것이네'라고 느끼면, 이는 아는(understanding) 단계, 그것을 현실에서 겪어서 인식하는 것을 깨닫고 자각하는 (realizing) 단계, 자각을 통해 당신과 완전히 하나가 되는 것이 체화하는(internalizing) 단계, 한자로 표현한다고 하면 '학-습-사-각-행(學-習-思-覺-行)의 과정'입니다. 학습이 선행되고 스스로 생각을 거듭하여 깨달음에 이르고 난 뒤에 비로소 행할 수 있습니다.

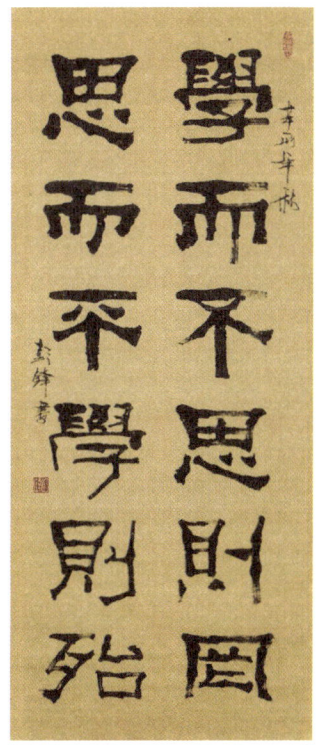
〈논어(論語)〉의 爲政篇(위정편)에는 다음과 같은 글이 나옵니다.
學而不思則罔 思而不學則殆 (학이불사즉망 사이불학즉태)
'배우기만 하고 스스로 생각하지 않으면 헛되고, 스스로 생각만 하고 배우지 않으면 위태롭다.'라는 뜻입니다.
배운다는 것은 옛것의 자기화 과정인데 생각하지 않으면 껍데기 지식에 불과하며, 실천의 과정이 더해져야 비로소 지식은 자신의 것이 됩니다. 지식은 배움이라는 '보편적 지식의 수용 과정'과 생각이라는 '자기 견해의 형성 과정'이 어우러져야 건강하고 생산적인 것이 됩니다. 학원에 다니면서 많은 지식을 머릿속에 넣기만(學) 하고, 그것을 익히거나(習) 스스로 생각하지(思) 않으면 아무런 소용이 없습니다.

그렇다면 study와 learn은 어떻게 다를까요?
study는 교실에서 수업을 듣는다거나 책을 읽는다든지, 더 나아가 전문적이고 학술적인 것을 체계적으로 연구하는 과정입니다. learn은 학문적인 것만이 아니라 이미 배운 기술 등을 반복적인 연습과 경험을 통해 익히는 것을 말합니다. learn은 그 지식이나 기술을 내 것으로 숙달(mastery)시키는 과정에 포커스가 맞추어져 있습니다.

- **study** the map 지도를 검토하다

쉽게 정리하면 책과 노트로 배우는 거면 study, 활동과 경험을 통해서 배우는 거면 learn을 말합니다. '수영을 배우다'를 영어로 말하면, 아무래도 실제적인 동작을 익힌다는 의미이니까 'learn how to swim'이라고 해야 합니다. 'study how to swim'이라고 하면 책과 그림을 보면서 배우는 과정으로 해석되고, 수영과 study는 어울리지 않습니다.

- **learn** the poem by heart 시를 암송하다

영어는 study하는 대상일까요? learn을 하는 대상일까요?

'study English'는 시험을 위한 영어공부, 문법과 단어를 암기하는 식의 영어공부입니다. 'learn English'는 경험과 연습을 통해 영어를 이해하고 사용할 수 있게 배우는 것이라고 할 수 있으니 둘 다 가능합니다. study만 하고 learn을 하지 않으면, 學만 하고 習은 하지 않은 것으로 올바른 배움이 되지 못하는 것입니다.

work는 일반적으로 시간과 노력을 들여 뭔가를 한다는 뜻합니다. 특히 시험에 통과하기 위해 책을 보거나 문제를 풀면서 학과 공부를 하는 것으로 표현하기도 합니다.

- She's **working** hard to catch up with the class.
  그녀는 동급생을 따라 잡으려고 열심히 공부하고 있다.

WORDS

Confucius 공자 understanding 이해하다, 알다, 알아듣다 realizing 실감하다, 이해하다, 실현하다, 깨닫다, 분명히 파악하다 internalizing 자기 것으로 하다, 내면화하다, 흡수하다, 습득하다 study 공부, 연구, 서재, 연구하다 learn 배우다, 익히다, 알다, 듣다 work 일, 작품, 일하다, 움직이다

사탄의 꼬임에 빠져버린 원죄

천지 만물을 창조한 하나님은 마지막으로 자신의 모양을 본떠서 인간을 만들기로 하였습니다. 흙으로 사람을 만들고 코에다 생기를 불어놓으니 산 사람이 되었으며 하나님은 그를 '아담(Adam)' 즉 흙에서 난 자라고 불렀습니다. 히브리어로 Adam은 human처럼 '흙으로 만든'의 뜻입니다.

다시 하나님은 "사람이 혼자 있는 것은 좋지 않다. 그를 도울 배필을 만들어 주자"라고 결심을 합니다. 하나님은 깊이 잠든 '아담'의 갈빗대 하나를 꺼내어 그것으로 여자를 만들었습니다. '아담'은 여자를 보더니 "이것이야말로 내 뼈 중의 뼈, 살 중의 살"이라 반기며 '이브'라고 이름 지었습니다.

하나님은 '아담'과 '이브'를 에덴동산에 살도록 합니다. 하나님은 열매를 따 먹을 수 있는 갖가지 나무를 나게 했으며 에덴동산 한가운데는 생명의 나무를 심었습니다. 다른 나무의 열매는 따 먹어도 좋으나 '생명의 나무'의 열매만은 따 먹지 말도록 단단히 주의를 시켰습니다. 그 열매가 바로 '금단의 열매'인데, 그 열매를 먹으면 선악을 분간하게 됩니다.

원래 사람이란 보지 말라면 보고 싶고 먹지 말라면 더욱 먹고 싶어지는 법입니다. 인류의 조상인 '아담'과 '이브'도 예외는 아니었습니다. 사탄(Satan)이 뱀의 모습을 하고 나타나서 이브를 유혹합니다. "저 나무의 열매를 따 먹어도 절대로 죽지 않습니다. 오히려 그 열매를 먹으면 하나님처럼 선악을 분간할 수 있는 지혜를 얻게 됩니다." 마음이 약한 '이브'는 그 유혹에 넘어가서 열매를 따 먹었을뿐더러 '아담'에게도 권했습니다.

그 결과 '아담과 이브'는 비로소 자기들이 알몸임을 깨닫고 부끄럽게 여긴 나머지 무화과나무로 앞을 가리게 됩니다. 하나님의 명을 거역한 죄로 낙원에서 쫓겨납니다. 인류의 조상 '아담'과 '이브'의 자손인 인간은 세상에 태어나면서 그 죄과를 짊어지고 나오는 것입니다. 이를 '원죄'라 하는데, 인간은 괴로움과 죽음을 면할 수 없게 되었습니다.

기독교에서 인간은 하나님이 인류의 조상에게 베푼 혜택을 상실하고 하나님에게서 버림받은 존재로 태어난다고 설명합니다. 그러나 '그리스도'가 속죄를 한 결과 사람은 신앙에 의하여 원죄를 그 본질에 있어 용서받게 되었다고 합니다.

'금단의 열매'를 따먹도록 유혹한 사탄(Satan)은 성경에서는 물론 동화, 시, 연극 등에서 악역의 대표주자입니다. 인간을 유혹하여 죄를 저지르게 하고 끝내는 지옥에 빠뜨리는 등 갖은 못된 짓을 다 합니다.

성경에 의하면 본래는 천사였으나 타락하여 이승으로 떨어진 후 암흑세계를 지배하게 되었다고 합니다. 그 모양도 뱀이나 용으로, 박쥐의 날개를 가진 흉측한 괴물로 표현되기도 합니다. 동양에서의 용은 매우 상서로운 신화 속의 동물이지만, 서양에서는 대체로 나쁜 이미지로 남아있습니다.

WORDS

Adam 아담   Satan 사탄, 마왕, 악마

파이프 오르간과 신체기관

물리학에서는 에너지(energy)는 '일(work)을 할 수 있는 능력'이라고 정의합니다. 에너지를 나타내는 단위에 '에르그(erg)'라는 것이 있습니다. 'erg, org'라는 어근이 들어간 단어는 일(work)이라는 개념을 나타내는 단어들입니다. energy는 '일(erg)을 하게(en) 하다'라는 의미에서 '정력, 원기, 활기, 기운, 동력'이라는 뜻을 가집니다.

- Coal, oil, and natural gas are sources of **energy**. 석탄, 석유, 천연가스는 에너지 자원이다.

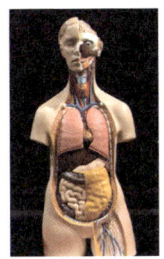
organ은 인간에게는 생명에 관계된 중요한 작용을 하는 '신체기관, 장기' 등의 뜻으로 erg에서 변화된 말입니다. 입으로 들어간 음식물은 소화기관을 거쳐 가는 동안에 소화 흡수라는 과정을 통해 여러 가지 영양소가 체내로 흡수됩니다. 몸의 구석구석까지 혈액을 전신으로 운반하는 기관을 순환기관(circulatory organ)이라고 하는데, 심장이 대표적인 순환기관입니다. 공기 중의 산소를 흡입하여 체내로 전달하는 기관을 호흡기관(respiratory organ)이라고 하는데, 허파(폐)가 대표적인 호흡기관입니다.

- **organ** transplant 장기 이식
- Childhood is the period of maturation of the various **organ** systems in the body. 유년기는 몸 안의 다양한 장기들이 성숙해지는 시기이다.

organ은 그리스 시대부터 '사람의 장기, 기구, 단체나 조직의 기관'이라는 뜻으로 여러 분야에서 두루 사용했습니다. 오르간은 건반을 통해 바람을 제어해 파이프를 울려 소리를 내기까지 마치 살아있는 유기체처럼 매우 조직적으로 움직이고 작동하는 악기입니다. 유럽의 성당이나 교회 벽면을 위엄 있는 모습으로 차지하고 있는 파이프 오르간(pipe organ)은 그 생김새에 걸맞은 웅장한 울림으로 청중들과 다른 악기들을 압도합니다.

화학비료와 농약으로 농사를 지으면 해충이나 잡초를 제거하고, 원하는 농작물 재배를 촉진할 수 있습니다. 이 과정에서 과다하게 사용된 농약과 비료는 반대로 수질 오염과 폐기물 등 환경문제를 야기시키고, 생태학적인 종(種)의 다양성을 감소시킵니다. 화학비료와 농약에 의존하는 농법은 단기간에 최대의 수확을 올리게 해주지만, 자연환경 및 생태계를 파괴하기도 합니다.

화학비료나 농약을 거의 사용치 않고 자연 본래의 생산력을 통해 채소나 과일을 기르는 농법을 유기(organic) 농법이라고 합니다. organic은 '유기체의' 등의 뜻인데, 유기체는 '자연상태의 생물체, 유기적 조직체'라는 뜻입니다. 웰빙(well-being)은 인스턴트 음식을 지양하고 허브 차, 생식, 유기농 등 자연식을 추구하며 자연 친화적 생활을 하는 것을 말합니다.

- The number of farmers who **organically** cultivate rice is increasing.
  벼를 유기농법으로 재배하는 농장주들이 증가하고 있다.

organize는 '정리하다, 체계화하다, 조직하다, 단결하다' 등의 뜻이며, organization은 '구성, 기구, 생물체, 조직체'라는 뜻으로 쓰입니다.

- Festival **organizers** expect nearly 25,000 people to attend the 2-day event.
  축제 주최 측은 이틀간의 행사에 대략 2만 5천 명이 참석할 것으로 예상하고 있다.

mess는 지저분하고 엉망인 상태를 말하는데, 체계적으로 깔끔하게 정리하는 것을 organize라고 합니다.

- The room is in a terrible **mess**.
  그 방은 완전히 엉망이다.
- How can I **organize** all things?
  내가 모든 것을 어떻게 정리할까?
- You can buy some **organizing** boxes.
  당신은 정리 상자를 살 수 있다.

사이보그(cyborg)는 '인공적인(cybernetic) 조직체(organism)'라는 뜻에서 생물과 기계장치의 결합체 즉, 인조인간 등의 뜻입니다. 인간의 두뇌에서 오는 신호로 직접 구동시킬 수 있는 인공장기로는 의수, 의족, 인공심장에 이르기까지 여러 가지가 있습니다. 인간처럼 생각하고, 공부하고 주어진 문제를 해결하기도 하는 '제5세대 컴퓨터'가 개발되고 있으나, 인간의 뇌를 대치한다는 것은 현실적으로 아직 불가능한 상태입니다.

Business Concept

Synergy

시너지(synergy)는 '함께(syn) 일하다(erg)'라는 의미에서 '협력 작용, 협동 작업을 했을 때의 상승 작용, 동반 상승효과'을 뜻하는 말입니다. 각 요소기능의 공동작용 및 협동을 통해 전체적으로 상승을 일으키는 종합적인 효과를 말합니다.

- the extra **energy** or effectiveness that people or businesses create when they combine their efforts
- the additional effectiveness when two or more companies or people combine and work together

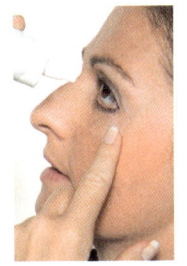

우리가 '알레르기'라고 하는 것은 영어로 'allergy'라고 쓰는데 원어민들은 '앨러지'라고 발음합니다. allergy는 '본래의 목적과는 다른(ali) 일을 하다(erg)'라는 의미에서 '체질에 맞지 않는 작용, 알레르기'라는 의미로 사용됩니다. 꽃가루(pollen)는 꽃가루의 본래의 목적인 번식이라는 목적과는 다르게 인간에게 질환을 일으키게 되는데, 알레르기 반응에 민감한 사람이 특정 항원에 노출되면 점막의 충혈이나 재채기나 콧물 등의 반응을 일으키게 됩니다.

- pollen **allergy** 꽃가루 알레르기
- I'm **allergic** to dust. 나는 먼지 알레르기가 있어.
- A girl with a peanut **allergy** died after kissing her boyfriend.
  땅콩 알레르기가 있는 한 소녀가 자기 남자친구와 입 맞춘 후 죽었다.

'urg'도 마찬가지로 'erg(work)'의 변형인데, urge는 '일하게 하다'라는 의미에서 '열심히 권하다, 강력히 촉구하다, 재촉하다, 주장하다, 설득하다'라는 뜻을 가집니다. urgent는 '긴급한, 시급한, 다급한, 절박한, 강요하는'이라는 뜻으로 쓰입니다.

- We must take action on this **urgent** problem.
  우리는 이 급박한 문제에 대해 조처를 해야만 한다.
- There is an **urgent** need of food and medicine.
  식량과 의약품이 절실히 필요하다.

WORDS

energy 정력, 활기, 기운, 에너지   organ 장기(기관), 오르간   circulatory organ 순환기관   respiratory organ 호흡기관   organ transplant 장기 이식   pipe organ 파이프 오르간   organic 유기농의, 화학 비료를 쓰지 않는   well-being 복지, 안녕, 행복, 웰빙   organize 준비하다, 조직하다, 정리하다, 체계화하다   organization 조직, 단체, 기구   mess 엉망인 상태, 지저분하게 만들다   cyborg 사이보그(신체 일부가 기계인 인조인간)   synergy 시너지, 동반상승효과   allergy 알레르기   urge 충동하다, 권고하다   urgent 긴급한, 다급한

12 대서양과 지도책은 왜 Atlas일까?

하늘의 신 '우라노스'와 대지의 여신 '가이아' 사이에서 티탄(Titan)족이라 부르는 12명의 거인이 태어납니다. 티탄 족 가운데 나이가 가장 적은 크로노스(Cronos)는 시간을 다루는 신입니다. 크로노스는 아버지 우라노스를 몰아내고 세계의 지배권을 차지합니다.

그리스인들은 티탄 족을 엄청난 거인이라고 여겼기 때문에 지금도 타이타닉(titanic)이란 말은 '거대한'이란 뜻으로 사용합니다. titanic은 '레오나르도 디카프리오'가 주연으로 출연했던 화제의 영화였습니다. 빙하와 충돌해 바다에 침몰한 호화 여객선 '타이타닉호'는 그 엄청난 크기 때문에 그런 이름이 붙여졌습니다.

크로노스에게는 6명의 자식이 있었는데, 그중 한 자식에게 왕좌를 빼앗길 것이라는 신탁을 듣고 자식을 낳기만 하면 삼켜버립니다. 마지막 아들인 제우스(Zeus)를 낳았을 때, 아내인 레아는 돌을 옷에 싸서 아기라고 속여 남편에게 삼키게 하였습니다. 이렇게 해서 목숨을 구한 제우스는 신탁의 예언대로 티탄 족을 멸하고 아버지를 쫓아내어 왕위를 차지합니다.

티탄 족의 일원이었던 아틀라스(Atlas)는 다른 티탄 족과 연합하여 제우스가 이끄는 올림포스 신들을 상대로 전투를 벌입니다. 티탄 족이 패배하자 제우스는 아틀라스에게 그의 어깨로 하늘을 받치고 있으라는 형벌을 내립니다. 후세에 천문학에 대한 지식이 많아지면서, 하늘은 내려앉지 않기 때문에 굳이 떠받치고 있을 필요가 없음을 알게 되었습니다. 이때부터 아틀라스는 하늘이 아니라, 지구를 떠받친다는 개념이 생겨납니다. 떨어지려는 지구를 한쪽 어깨에 올려놓고, 다른 한쪽 팔로 지구를 지탱하며 힘겨워하는 거인이 바로 아틀라스입니다.

- In Greek mythology, Atlas was one of the Titans.
  그리스 신화에서 아틀라스는 티탄 족 중 하나였다.

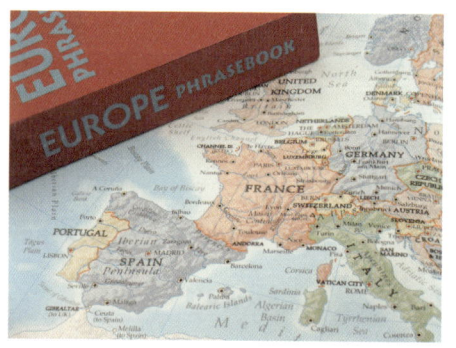

아틀라스(Atlas)는 체격이 크고 건장한 사람을 일컫는 말로 쓰기도 하지만 '지도책'이라는 용어로 많이 사용됩니다. 네덜란드의 지리학자인 메르카토르는 '아틀라스: 세계의 지리학적 묘사'라는 제목의 지도책을 펴냈습니다. 그리스 신화에서 영감을 받아 표지에 지구를 짊어지고 있는 아틀라스의 그림을 넣었습니다. 그 이후 많은 지도책에서 그의 그림을 모방했기 때문에 어느덧 아틀라스는 '지도책' 자체를 일컫는 말이 되었습니다. 지도책뿐만이 아니라, 인체의 해부도와 같이 어떤 물체를 설명하는 그림이나 사진으로 된 책을 '아틀라스'라고 부르게 되었습니다.

아틀라스가 하늘을 떠받치고 있는 곳은 이 세상 서쪽 끝의 바닷가 즉, 지브롤터 해협 부근이라고 생각했습니다. 그리스 인들은 아틀라스를 찾아 서쪽으로 탐험했지만, 아틀라스를 발견하지는 못했습니다. 대신 아프리카 북서부에 동서로 뻗어 있는 거대한 산악지대를 발견하는데, 아틀라스가 돌덩이로 변한 것으로 결론 내렸습니다. 모로코와 알제리에 걸쳐 있는 산맥을 '아틀라스 산맥(the Atlas Mountains)'이라고 이름 짓습니다. 다시 산맥 바깥쪽의 바다 즉 대서양은 '아틀라스의 바다'라 하여 '애틀란틱 오션(the Atlantic Ocean)'이라 부르게 되었습니다.

아틀라스는 인간의 신체에도 자신의 자취를 남겼습니다. 우리 몸에는 아틀라스와 같은 역할을 하는 뼈가 있는데, 두개골을 지탱하는 뼈입니다. 척추의 가장 윗부분에서 머리를 지탱하는 제1경추 뼈를 아틀라스(Atlas)라고 합니다. '아틀라스, 타이탄'이라는 이름은 미국의 대륙 간 탄도탄의 이름으로도 쓰이고 있습니다.

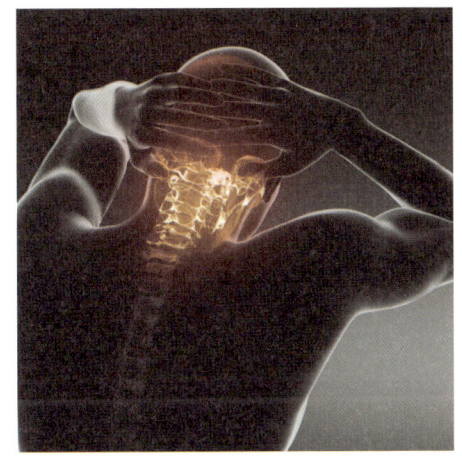

WORDS

titanic 아주 거대한. 엄청난   atlas 지도책, (A-) 북아프리카의 산맥, 대륙간 탄도탄   the Atlantic Ocean 대서양

알코올(alcohol)은 아랍에서 온 말

옛날부터 중동 지방의 부유한 여성이나 왕녀들 사이에 눈꺼풀을 검게 칠하는 eye shadow 화장법이 유행했습니다. 안티몬이란 금속을 갈아 미세한 검은 가루로 만들어 눈꺼풀에 까맣게 발랐는데 그 가루를 '쿨(kuhl)'이라고 했습니다. 여기에 영어의 정관사 the에 해당하는 '알(al)'을 붙인 것이 바로 'al-kuhl'입니다. 아랍어의 지식이 없었던 16~17세기의 영국인들은 관사 al을 붙인 채로 영어로 흡수해서 알코올(alcohol)로 해버리고 말았습니다.

점차 알코올은 안티몬뿐만이 아니라 화학에서 쓰이는 금속의 미립자라면 어느 분말에나 쓰이게 되었습니다. 그 후 alcohol은 고체의 분말에만 한정되지 않고 증류를 통해 정제된 액체에도 적용되기 시작했습니다. 일반 사람들이 증류를 통해 얻을 수 있는 가장 흔한 물질인 술이 자연스럽게 알코올이라는 이름을 얻게 되었습니다.

술에 대한 다른 표현은 alcohol, liquor, spirits, booze 등이 있습니다. booze는 독한 술을 나타내는 속어입니다. 과도하게 술을 마신다는 뜻의 네덜란드 말 'buizen'이 영어화되어 알코올음료를 의미하는 속어가 되었습니다.

- To hit the **booze** is very bad to your health.
  폭음하는 것은 건강에 매우 해롭다.

에틸알코올 성분이 들어 있는 음료를 총칭하여 술이라고 합니다. 술의 종류로는 곡물에 누룩을 넣어 빚어서 발효시키는 막걸리, 맥주, 청주 등이 있고, 고량주, 소주와 같은 증류주와 화학적 제법에 따른 브랜디, 위스키 등의 합성주가 있습니다. 포도주는 석기시대부터, 맥주는 BC 4200년경 바빌론에서 국민의 음료로 애용되었다고 합니다.

술에 취하면 왜 비틀거리게 될까요?
대뇌의 뒤쪽 아랫부분에 위치한 소뇌는 몸을 마음대로 조절할 수 있도록 해주고, 평형 감각기관의 도움을 받아 몸의 중심을 유지하는 중추가 됩니다. 사람이 술에 취하면 혈중알코올농도가 올라가게 되고, 이것이 소뇌의 기능을 억제하게 되어 몸을 가누지 못하고 비틀거리는 것입니다.

addict는 '중독자, 중독되다'이고, addictive는 '중독성 있는'이라는 뜻입니다.

- The child was addicted to video games. 그 아이는 비디오 게임에 빠졌다.
- He is addicted to alcohol. 그는 알코올에 중독되었다.

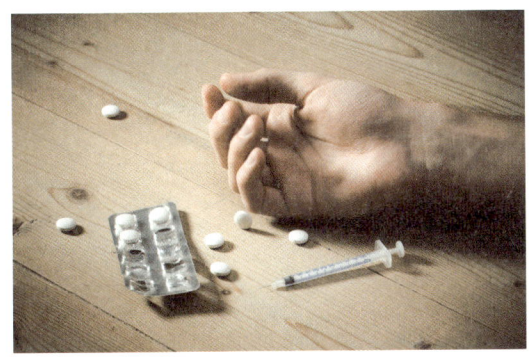

우리나라는 약물 중독, 알코올 중독, 게임 중독과 같이 전부 통일해서 '중독'이라고 하지만 미국에서는 용도에 따라 구분해서 다른 어휘를 사용합니다. 미국에서는 약물이나 마약 같은 것에 중독된 사람을 'a drug addict'라고 합니다.

술 중독자는 'alcoholic', 일 중독자는 'workaholic', 컴퓨터 중독자는 'computerholic'이라고 합니다. 쇼핑에 중독된 사람은 'shopaholic'이고, 초콜릿 광은 'chocoholic'입니다.

술은 alcohol이고, 술 중독자는 alcoholic입니다. ic은 접미사인데, alcoholic이 워낙 많이 쓰이다 보니 전혀 어원적인 근거가 없는 어미(holic)가 연결되어 다양한 신조어가 만들어지게 되었습니다. 결국, holic은 어떤 것에 대해 비정상적인 욕망을 가지고 있거나 지나치게 의존적인 사람을 나타내는 어미가 된 것입니다.

중독 중에서도 독극물이나 유해물질에 노출되어 몸에서 기능장애를 일으키는 경우는 'intoxication'이라고 합니다. toxic은 '독이 있는, 유독성의'란 뜻이고, 독극물은 toxic material이라고 합니다. DUI는 '음주 운전'을 뜻하는 말인데, Driving Under Intoxication의 약자(abbreviation)입니다.

- release **toxic** chemicals into the Han River 한강에 독극물을 방류하다
- The river became polluted by discharge of the dangerous **toxic** chemicals from nearby factories. 근처에 있는 공장에서 방출한 위험한 유독성 화학물질로 강이 오염됐다.

WORDS

alcohol 알코올 (음료), 술　booze 술, 술을 진탕 마시다　addict 중독되게 하다, 빠지게 하다, 마약 중독시키다, 중독자　addictive 중독성의, 습관성의　a drug addict 마약 중독자　intoxication 취함, 취한 상태, 극도의 흥분, 도취　toxic 유독한, 중독의, 유독 화학 약품, 독

파일, 필라멘트, 필름, 프로파일의 원뜻은 '실'

컴퓨터에서 데이터의 저장하는 단위를 파일(file)이라고 합니다. 데이터의 성격에 따라 텍스트 파일, 동영상 파일, 그래픽 파일, 도큐먼트(document) 파일, 실행 파일 등으로 나뉩니다. file(file)은 컴퓨터가 쓰이기 이전부터 관공서나 회사에서 '서류 모음, 묶음, 철, 서류함'의 뜻으로 쓰였습니다. 파일은 원래 '얇은 끈, 가는 실' thread를 뜻하는 독일어 feile에서 건너온 말입니다. 예전에 서류를 철할 때, 얇은 끈으로 서류 뭉치의 구멍을 뚫어 묶었던 것이 파일의 의미가 되었습니다.

백열전구(an incandescent lamp)는 필라멘트에 전류가 흐르면 열이 발생하고 온도가 높아지면서 백색의 빛을 내는 현상을 이용한 것입니다. 백색의 빛이란 모든 가시광선(빨강, 주황, 노랑, 초록, 파랑, 남색, 보라 등 모든 파장의 빛)을 갖고 있다는 의미입니다.

전구나 진공관 속에서 빛을 내는 '필라멘트(filament)'도 file(얇은 끈)의 의미에서 나온 말입니다.
텅스텐은 녹는점이 3410℃로 금속 중에서 가장 녹이기 힘듭니다. 고온으로 가열해도 증발하지 않기 때문에 전구의 필라멘트에 이용됩니다.

1878년 에디슨은 백열전구 연구에 착수했습니다. 그때까지 만들어진 백열전구는 고작해야 5, 6초 이상 빛을 발하지 못했습니다. 1879년 10월 21일 밤, 무명실을 태워 만든 탄소 필라멘트의 채용으로 40시간 이상 계속해서 빛을 내는 전구를 만들었습니다. 당시에는 필라멘트 재료로 일본 교토 부근의 야와타의 대나무가 가장 좋다는 것이 입증되어 약 10년간 이 대나무가 사용되었습니다.

우리가 사진을 찍을 때 쓰는 필름(film)은 '얇은 막'이란 뜻인데, '얇은 끈'의 의미인 file에서 나온 말입니다. 20세기 초에 들어서면서 영화 등의 산업이 발달하면서 동영상을 담는 필름의 의미로 쓰이기 시작한 말입니다. 디지털카메라가 보편화되면서 필름은 점점 사라지고 있습니다.

flimsy는 '여린, 무른, 얄팍한, 잘 찢어지는' 등의 의미인 말로, flimsy paper는 '얇은 종이'를 뜻하는 말입니다. 캐딜락(Cadillac) 자동차의 차체는 길고, 낮고, 널찍한 것이 특징인데, 미국 흑인들한테는 커다란 선글라스, 시가담배와 함께 부의 상징으로 통했습니다. 더불어 흑인들은 실크팬티를 즐겨 입는데, 실크팬티를 성공의 잣대로 생각하기도 합니다. flimsy는 실크에서 느껴지는 얇으면서 부드럽고 흐느적거리는 느낌을 전달합니다.

프로필(profile)은 '옆얼굴, 윤곽, 외형, 옆모습, 개요서' 등의 뜻을 가지는데, '얇은 끈'의 의미인 file에서 나온 말입니다. 프로필은 서양미술에서 인물의 측면 윤곽을 가는 선으로 그리는 장르를 말합니다. 서양인들은 해부학적으로 옆모습이 그 사람의 인상을 나타내기에 효과적이라고 생각했습니다. 이런 이유로 인물의 옆모습은 고대의 많은 주화나 부조 또한 르네상스 전후 서양의 초상화 등에 자주 등장합니다

- Your **profiles** are irresistibly charming.
  당신의 옆모습은 억누를 수 없이 매력적이다.

요즘에는 profile이란 단어가 사람의 인상뿐만이 아니라 어떤 사람의 개요, 요약 등의 의미로도 쓰이고 있습니다. 사람의 인상에 대한 '윤곽을 그리다'에서 '인물 소개, 프로필'의 의미가 된 것입니다.

- The new CEO's career is **profiled** in this month's journal.
  새로운 CEO의 경력은 이번 달 잡지에 작성되어있다.

- She was told to write a job **profile** about her.
  그녀는 자신에 대한 직무개요를 써 오라는 말을 들었다.

최근 범죄 사건이 날로 증가하고 있는 가운데 '프로파일러(profiler)'라는 직업에 대한 관심이 높아지고 있습니다. 특히 영화에서 자주 등장하고 있는데, 실제 미국에서는 크게 활성화된 직업이기도 합니다. 프로파일러는 복잡한 범죄 사건이나 범행 동기가 불분명한 테러 사건 등의 정황과 단서를 분석합니다. 용의자의 성격, 행동, 성별, 콤플렉스 등을 추론하여 수사 방향을 설정하고 핵심 단서를 추정하는 역할을 합니다. 미국에서는 1972년 FBI에서 프로파일링 기법이 도입되었으며, 우리나라에서는 2000년 서울지방경찰청의 형사과 과학수사계에서 이 수사기법을 적용하고 있습니다.

WORDS

file 서류철, 철하다, 제기하다, 문서를 철하는 기구   filament 필라멘트, 단섬유   film 필름, 얇은 막   flimsy 얇은, 얄팍한, 여린, 연약한, 부서지기 쉬운   profile 옆얼굴, 윤곽, 소묘, 프로필   profiler 범죄 심리 분석관

보스턴 차 사건 (The Boston Tea Party)

아메리카 대륙으로 건너온 미국인들은 애초에는 영국인들을 따라서 홍차를 좋아했습니다. 중국에서 건너온 차(tea)는 영국을 거쳐서 식민지인 미국까지 건너가 고급 음료로 사랑을 받게 됩니다. 19세기 초엽 미국 중상류층 사회에서는 영국의 티타임을 흉내 내어 티파티가 유행하였습니다. 하지만 현재의 미국인들은 홍차보다는 커피를 많이 마십니다. 영국의 식민지였던 미국이 영국에 맞서 일으킨 독립전쟁도 차(tea)에서 비롯됩니다. 독립 이후에는 미국인들은 차를 극도로 경멸하기 시작하며 완전히 커피로 돌아서게 됩니다.

본래 영국의 아메리카 식민지 정책은 너그러운 편이었습니다. 아메리카 식민지는 다른 식민지와 달리 본국에서 신앙의 자유를 찾아 건너간 청교도와 사업으로 한몫 잡으려는 모험가들이 모인 곳이기 때문입니다. 영국은 식민지를 쟁탈하기 위해 전 세계에서 프랑스와 전쟁을 수행하면서 재정난에 당면합니다. 18세기 중엽 이후 영국의 정책이 바뀌는데, 식민지에 다양한 세금을 부과하여 재정난을 풀어보려 했습니다.

가장 악명 높았던 것이 책, 공문서, 증명서 등 모든 문서에 인지를 붙이도록 한 인지법(the Stamp Act) (1765)이었습니다. 미국 식민지의 격렬한 반대에 부딪치자 인지법은 시행 3개월 만에 폐지되었습니다. 그 후에도 아메리카에 대한 과세는 번번이 실패하였고 오직 차(tea)에 대한 세금만 시행되기에 이르렀습니다. 차에 대한 세금은 영국의 식민지에 대한 과세권을, 식민지의 입장에서 보면 억압의 상징이었습니다.

1773년 12월 16일 밤, 보스턴 시민들은 차에 대한 무거운 세금에 항의하여 항구에 정박 중이던 영국 상선들을 습격하여 차 상자 342개를 바다에 던져 버립니다. 이 사건이 유명한 보스턴 차 사건(the Boston Tea Party)입니다. 영국정부의 식민지정책에 반대하는 미국인들이 벌인 해프닝이었지만, 이 사건은 미국 독립 전쟁의 도화선이 됩니다.

영국은 이 사건을 난동으로 간주하고 강력히 대응하면서 식민지의 관계는 극도로 악화됩니다. 1774년 9월 식민지 대표들은 필라델피아에 모여 대륙회의(Continental Congress)를 개최하고 본국과의 통상중지, 상품 배척을 결의합니다. 1775년 4월, 영국군과 식민지 민병대 사이에 최초의 무력 충돌이 발생하는데, 이 전투를 시발로 하여 영국과의 독립전쟁(The Revolutionary War)이 시작됩니다.

식민지는 '자유가 아니면 죽음을 달라(Give me liberty or give me death!).'라는 슬로건 속에 조지 워싱턴(George Washington)을 사령관에 임명합니다. 1776년 7월 4일 대륙 회의는 '독립 선언서(Declaration of Independence)'를 발표합니다.

- The Declaration of **Independence**, proclaiming the freedom of the 13 colonies, was signed at Independence Hall in Philadelphia in 1776.
  13개 식민지의 자유를 선언한 독립선언서는 1776년 필라델피아의 독립 기념관에서 확정되었다.

식민지 군은 초반에 악전고투했지만 1777년 사라토가 전투에서 첫 승리를 거두었으며 이를 계기로 국제 정세도 식민지에 유리하게 돌아갑니다. 프랑스, 에스파냐, 네덜란드는 식민지를 지지했고, 러시아는 중립을 선언함으로써 영국을 고립시킵니다. 1781년 요크타운 전투에서 영국은 크게 패하고, 1783년 파리 조약을 통해 13개 식민지의 독립을 인정합니다. 이로써 8년여에 걸친 독립전쟁이 끝나고 민주주의를 기본 이념으로 하는 새로운 나라 미합중국이 탄생합니다. 이후 '독립선언서'가 발표된 7월 4일은 미국 독립기념일(Independence Day)이 되었습니다.

자유의 여신상(the Statue of Liberty)은 미국 뉴욕 항으로 들어오는 허드슨 강 입구의 리버티 섬에 서 있는 높이 45m에 이르는 거대한 동상(Statue)입니다. 오른쪽 손에는 정의를 알리는 횃불(torch)을, 왼쪽 손에는 독립선언서(Declaration of Independence)를 들고 있습니다. 자유의 여신상은 미국의 독립 선언서가 선포된 지 100주년을 기념하여 1886년에 프랑스 국민이 미국 국민들에게 보낸 선물이었습니다. 1776년 미국 독립선언과 1789년 프랑스 대혁명을 연결하는 상징물인 셈입니다.

WORDS

tea 차, 홍차　the Stamp Act 인지세법　the Boston Tea Party 보스턴 차 사건　Independence Day (미국) 독립기념일　the Statue of Liberty 자유의 여신상　statue 동상

16 티(tea)는 중국에서 온 말

'차'란 뜻의 tea는 원래 영어가 아니라, 중국어의 '차(茶)'의 발음에서 발전한 것입니다.

우리는 한자 茶를 녹차, 찻그릇, 차가루, 차시장 등에서는 '차'로 읽고, 다방, 다과회, 다도, 다기 등에서는 '다'로도 읽습니다. 그런데, 茶禮는 어떻게 읽을까요? 차를 끓여 내어 사람들을 접대하는 예절은 '다례'라고 하고, 명절 아침에 지내는 제사는 '차례'라고 합니다.

발음이 두 가지인 이유는 차의 원산지 중국에서 지역에 따라 두 가지로 발음한 데서 연유합니다. 차를 광동성에서는 cha로, 복건성에서는 te로 발음합니다. 차를 광동성에서 육로를 통해 들어온 힌두, 페르시아, 아라비아, 러시아, 터키 같은 나라에서는 '차'라고 합니다. 반면에, 복건성의 해상루트를 통해 차를 도입한 네덜란드, 프랑스, 독일, 영국은 '다'와 비슷한 이름을 가지게 됩니다. 영국상인들은 차를 tea로, 독일에서는 tee로 표기하였습니다. country를 한글 발음으로 표기할 때 '컨트리'와 '컨츄리'와 같이 표기가 애매한 경우가 있습니다. 음성학적으로 보면 t와 ch는 가까운 발음이라고 합니다. 비슷한 예로 국어에서 '해돋이'가 [해도지]로, '같이'가 [가치]로, '붙이고'가 [부치고]와 같이 발음되는 현상을 구개음화라고 합니다.

차의 종류에는 크게 녹차(green tea), 우롱차(oolong tea), 홍차(black tea)가 있는데, 차의 종자가 다른 것이 아닙니다. 차나무에서 딴 잎을 발효(fermentation)시키는 정도에 의해 결정되는데, 홍차의 경우가 가장 진한 차입니다. 발효과정을 거치면 잎의 색이 구리(copper)색으로 변하게 되고, 'makes the tea bitter' 즉 쓴맛을 만들어 줍니다.

차의 종류마다 우려내는 물 온도와 시간을 맞추어야 제 맛이 납니다. '차의 맛이 우러나온다'는 표현으로 draw를 씁니다.

- This tea doesn't **draw** well.
  이 차는 잘 우러나지 않는다.

발효되지 않은 찻잎으로 만든 녹차(green tea)는 한국에서 일반적으로 가장 인기 있는 차입니다. 보통 우롱차나 홍차보다 낮은 온도(80℃)에서 짧은 시간 동안 우려내는데, 노란색에서 녹색의 색이 나옵니다. 풍부한 비타민과 미네랄, 그리고 적은 카페인을 포함하고 있어 녹차는 건강에 관심이 많은 서양인들을 사로잡고 있습니다.

- Drinking **green tea** is said to be beneficial to the body.
  녹차를 마시는 것은 몸에 이롭다고 한다.

우리나라 사람들은 즐겨 마시지 않지만, 우롱차(oolong tea)는 중국에서 가장 인기 있는 차이며 일본에서도 인기가 높습니다. 발효 정도는 녹차와 홍차 중간 정도인데, 지방분을 흡수하는 작용이 뛰어나 중국음식을 먹으면서 우롱차를 마시면 소화가 잘 된다고 합니다. 또한, 차를 끓여 먹고 남은 찻잎을 싱크대 위에 뿌리고 스펀지로 가볍게 문질러 주면 매우 편리하게 기름기를 제거할 수 있습니다.

충분히 발효된 찻잎으로 만들어지는 홍차(black tea)는 중국에서 약 5000년 전에 발견되었다고 합니다. 대부분의 아시아 사람들은 맑은 홍차를 마시는 것과 달리 영국인들은 차에 우유나 꿀을 섞어 마시는 독특한 방식을 즐깁니다.

영국인은 하루를 홍차로 시작할 정도로 생활과 밀접한 음료입니다. 독일, 프랑스, 이탈리아 등 유럽인들은 대부분 커피를 즐기는데 유독 영국만 차(tea)를 즐깁니다. 스리랑카산 '실론차', 인도의 '아삼차', 네팔의 '다르질링차' 등이 영국에서 최고급 차로 손꼽히고 있습니다.

WORDS

draw tea 차를 끓이다   green tea 녹차   oolong tea 우롱차   black tea 홍차

'스위트 룸'이 sweet room이 아니라고?

호텔용어인 '스위트 룸'은 sweet room이 아니고 suite room입니다. 신혼부부가 허니문(honey moon)을 즐기기 위해서 만들어진 달콤한 방을 일컫기 위해서 만든 스위트 룸(sweet room)이 아닙니다. 공교롭게도 'suite'와 'sweet' 는 발음이 같고, 우리나라 말로 쓰자면 둘 다 '스위트'라 적을 수밖에 없어서 잘못 연상하게 됩니다.

suite는 '한 벌의 가구, 모음곡, 호텔의 최고급 방'이란 뜻을 가집니다. 호텔의 스위트 룸(suite room)은 한데 이어져 있는 방이라는 뜻으로, 호텔 등에서 욕실이 딸린 침실, 거실 겸 응접실 따위가 하나로 붙어 있는 특별실을 말합니다. 영화에서 보면 침대 옆으로 커튼이 드리워진 욕조나 사우나 시설이 우아하게 나타나는 것이 바로 스위트 룸의 대표적인 모습이라 할 수 있습니다.

대통령과 같이 VIP를 따라 다니는 '일행, 수행원'들도 suite라고 합니다. 따라다니는 수행원(suite)들이 있으면, 스위트 룸이 널찍하므로 어떤 일을 하기에 편리하거나 적합합니다. 아파트나 호텔의 방 호실을 'suite'라고도 합니다. '공원 아파트 1101호'라고 할 때 'Park-condominium, suite number eleven-o-one'이라고 하면 됩니다.

미국에서 정장(formal attire 또는 full dress)을 입을 때 반드시 상, 하의가 똑같은 옷을 입습니다. 이렇게 상, 하의가 똑같은 옷을 한국에서 흔히 '싱글'이라고 하는데, 이는 잘못된 콩글리시입니다. 영어로 옷감과 색깔을 똑같이 맞춰서 한 벌 잘 차려입은 정장을 가리키는 말은 suit입니다. 신사복은 재킷(jacket), 바지(trousers) 그리고 양복 조끼(waistcoat), 여성복은 재킷(jacket), 블라우스(blouse), 스커트(skirt) 등의 한 벌을 말합니다.

'양복 정장(suit)'의 어원적인 뜻은 '따라가다'란 뜻인데, '한 벌로 딸려 있는 옷, 상의와 하의가 서로 따라다니는 옷'이란 뜻입니다. 어느 하나가 정해지면 나머지는 만들 때부터 그 컨셉을 따라야 합니다 '서로 따라다니는' 것은 서로 적합하거나 일치한다는 개념을 만들어 냅니다.

- It is safe to wear a dark **suit** for job interviews.
  취직 면접 때는 짙은 색의 정장을 입는 것이 좋다.

suit는 정장이란 말이었지만, 의미가 커져서 '사람의 몸을 덮는 옷'이라는 뜻이 됩니다. suitcase는 '옷 한 벌을 넣을 수 있는 가방'으로 이해하면 됩니다. '자신에게 잘 맞춘 case' 또는 '자신을 따라오는 여행용 가방'이라는 뜻으로 이해해도 괜찮을 것 같습니다.

- diving **suit** 잠수복
- space **suit** 우주복
- swimming **suit** 수영복

우리는 거리 또는 스포츠 경기장에서 벌거벗은 사람이 뛰쳐나왔을 경우 스트리킹(streaking)을 한다고 합니다. 'birthday suit'는 '태어난 날 입고 나온 정장' 즉, '벌거벗은 상태'를 표현하는 말입니다.

- They were sunbathing in their **birthday suits.** 그들은 벌거벗은 채 일광욕을 즐기고 있었다.

트럼프(trump) 카드의 정식명칭은 플레잉 카드(playing card)입니다. 트럼프는 으뜸패를 뜻하는 카드용어입니다. 카드에는 스페이드(spade: ♠)・하트(heart: ♥)・다이아몬드(diamond: ♦)・클럽(club: ♣) 등 4가지의 그림이 있는데, 4종류의 그림을 묶어서 suits라고 합니다. 각 suit에는 A(ace), K(king), Q(queen), J(jack), 10, 9, 8, 7, 6, 5, 4, 3, 2의 13종류가 있는데, 4개의 suits를 합하면 52장이 됩니다. 52장과 함께 한두 장의 조커(joker) 카드를 합쳐서 만들어진 한 벌의 카드를 deck이라고 합니다.

영화의 본편을 따라서(follow) 만들어진 속편을 영어로 sequel이라고 합니다. sue는 '따르다'라는 뜻의 sequel에서 q가 생략되어 만들어진 말로, '따라 다니다(follow)'라는 원뜻을 가집니다. sue(suit와 suite)는 라틴어 'sequor'의 변형인데, 의미들을 보면 모두 '자신에게 혹은 누구에게 따라서 맞춘 것'이라는 의미입니다.

'사회적인, 사교 상의'라는 뜻을 가진 social도 sequel에서 나온 말인데, follow에서 나온 fellow처럼 따르다 등의 의미에서 파생되었습니다. pursue는 '앞으로(pro) 따라가다(suit)'라는 느낌에서 '뒤쫓다, 추적하다, 추구하다, 일이나 연구를 수행하다, 종사하다'라는 의미를 만들어 냅니다.

'소송'이라는 의미의 sue는 억울한 사람이 그 억울함을 해결해줄 사람을 따라다니며(following) 억울함을 호소한 데서 비롯된 것입니다. sue는 '무엇인가 원하는 것을 따라가다(follow)'라는 의미에서 '간청하다'가 되었습니다. 무슨 일이 있을 때 '법에 간청하는 것'이 '호소하다, 고소하다, 소송을 제기하다, 청구하다'는 뜻으로 쓰이게 되었습니다. lawsuit는 '소송, 고소'라는 뜻입니다.

suit는 '~에 적합하다, 어울리다, 적당하다, 알맞다, 편리하다'는 뜻으로 사용됩니다. 무엇인가를 따라가려면(follow) 적합하고 편리해야만 가능합니다. suitable은 '~에 적당한, 적절한, 적합한, 상당한, 어울리는, 알맞은' 등의 뜻입니다.

- The new suit is **suitable** for you. 새 정장이 너에게 어울린다.

'suit yourself'를 '편하게 지내세요'라고 단순하게 암기하지 않기 바랍니다. 남의 의견을 따르는 것이 아니고 '너 자신을 따라가라(follow yourself)'라는 뜻을 이해해 보시기 바랍니다. '마음대로 해라, 원하는 대로 해라'는 뜻에서 자연스럽게 '편하게 지내세요, 편하게 하세요'라는 뜻이 나옴을 알게 됩니다.

WORDS

suite room 스위트룸, 특실 suite 몇 개의 방이 연결되어 이루어진 방, 세트, 수행원 suit 정장, 옷(~복), 어울리다, 적합하다, 알맞다 in one's birthday suit 알몸으로 sequel 속편, 뒤이어 일어난 일 social 사회의, 사회적인 suitable 적절한, 알맞은, 적합한 suit yourself 마음대로 하다, 좋을 대로 하라 sue 고소하다, 소송을 제기하다, 청구하다 lawsuit 소송, 고소 suitcase 여행 가방 pursue 추구하다, 계속하다, 뒤쫓다

18 FBI와 CIA의 차이점

'투자(invest)'가 지금의 의미로 사용되게 된 데에는 1600년대 영국 엘리자베스(Elizabeth) 여왕의 기여가 큽니다. 네덜란드가 동아시아 무역을 독점하면서 향신료 가격은 폭등하고 영국은 큰 피해를 봅니다. 가만히 있을 수 없었던 엘리자베스 여왕은 '동인도 회사'를 설립하여 자금의 투자를 제도화시켰습니다. 그 당시 투자했던 사람들은 125명이 주주가 됐는데 두 배 가량의 이익을 남겼다고 합니다. 동인도 회사 설립 이후 '주식회사'라는 개념과 '자기 자본을 이익을 얻기 위해 자금을 맡기다'라는 투자의 개념이 만들어집니다.

vest는 '조끼'란 뜻으로, 고어에서는 '긴 상의, 겉옷(vesture)' 등의 뜻으로 쓰이던 말이 지금의 '조끼'의 뜻으로 변했습니다. invest는 '안으로(in) 조끼(vest)를 입혀주다'라는 뜻인데, '의복을 입게 하다'에서 '투자(投資)를 하다'라는 의미로 발전했습니다.

제복은 단순한 옷이 아니라 지위나 자리의 상징입니다. '옷을 입히다, 제복을 입히다' 등의 뜻은 '지휘를 부여하다, 권한을 주다, 재산권을 부여하다'로 그 의미가 확장됩니다. 제왕들이 지배하던 시절에 '옷을 입혀준다'는 말은 결국 '최고 권력자의 권리나 자본을 대리인에게 잘 쓰도록 맡기다'는 뜻으로 쓰였습니다.

권한을 새로운 사람에게 부여하려면 이익과 손실의 차이를 계산해서 신중히 결정 내려야 합니다. 손실을 낼 것 같은 사람을 무작정 중요한 자리에 임명할 수는 없는 일입니다. 그래서 invest는 수익을 위해 이익과 손실을 따져가면서 돈과 시간과 노력을 투자한다는 개념이 되었습니다.

- They had the foresight to **invest** his money wisely.
  그들은 돈을 현명하게 투자하는 선견지명이 있었다.

invest는 '투자' 등의 뜻으로 많이 쓰이지만, '주다, 권한을 부여하다, 수여하다, 불러일으키다' 등의 의미가 남아 있습니다.

- Bae Yong-joon's glasses **invested** him with an air of intelligence.
  배용준의 안경은 그에게 지적인 분위기를 부여했다.

vestige는 라틴어에서 '발자국(foot print)'이라는 의미로 쓰이던 단어로, '자취나 흔적'이라는 뜻으로 사용됩니다. investigate는 '발자국, 흔적을 찾아내다' 등의 의미에서 '수사하다, 조사하다, 규명하다(an attempt to find a motive, cause, or culprit)'라는 의미를 만들어 냅니다. '자취나 흔적'이라는 뜻의 vestige는 '옷, 조끼' 등을 의미하는 vest와는 전혀 상관이 없는 말입니다. 'investigate(수사하다)'와 'invest(투자하다)'는 매우 비슷하게 생겼지만, 어원적으로는 상관이 없습니다.

- The police **investigated** the cause of the car accident.
  경찰은 그 자동차 사고의 원인을 조사했다.

미국 영화에서 FBI가 나오면 연방 내 국내 사건을 다루고, CIA가 나오면 국외 관련 사건으로 생각하면 됩니다. FBI는 미국연방수사국(Federal Bureau of Investigation)의 약자로 미국 법무부에 속하는 수사기관입니다. FBI는 지방 경찰에게 맡길 수 없는 중대한 범죄의 수사나 연방정부의 이해관계가 걸린 사건에 대한 수사책임을 지고 있습니다. FBI에는 수사관, 기술관, 일반사무관 등 2만여 명의 직원이 소속돼 있으며 59개의 지국, 500여 개의 출장소를 두고 있습니다.

'G맨(Government Man)'은 사회질서를 지키는 '정의의 사자'라고 불렸던 FBI의 별칭입니다. 다른 별칭으로는 정치적 압력이나 매수에 좌우되지 않고 엄정한 수사를 한다는 의미에서 '언터처블 맨(Untouchable Man)'도 있습니다. 70년대 중반부터 10년간의 격동의 시기에 FBI는 국가 권력의 남용, 함정수사나 컴퓨터에 의한 정보수사로 개인의 프라이버시를 침해한다는 비난을 받기도 했습니다.

CIA는 중앙 정보국(Central Intelligence Agency)으로 해외에서 정치 공작이나 정보 활동을 수행합니다. CIA는 외교, 국방, 전쟁 등 국외문제에 대한 정보수집과 활동을 담당합니다. CIA는 보안유지가 생명이기 때문에 FBI처럼 등에 CIA라고 적힌 잠바 같은 건 입지 않습니다. CIA가 일을 처리하지 못하면 미 국방부가 움직이게 되고, 백악관과도 긴밀한 관계를 맺게 됩니다.

미국의 최고 국가 안보 정책 결정 기구로는 NSC(National Security Council, 국가 안전 보장 회의)가 있습니다. 대통령이 주재하는데, 국가 안보에 관련되는 대외정책, 군사정책에 대한 자문을 듣기 위한 기관입니다. NSC는 대통령, 부통령, 국무장관, 국방장관, CIA 국장 등으로 구성돼 있습니다. 영화에서 대통령이 나와서 회의할 때 참석하는 참모들은 CIA와 국방부요원들이라고 판단하면 됩니다.

WORDS

invest 투자하다, 운용하다, 들이다, 바치다   vest 조끼, 방탄 조끼   vestige 자취, 흔적, 모습, 표적   investigate 조사하다, 수사하다, 연구하다   FBI(Federal Bureau of Investigation) 미국연방수사국   CIA(Central Intelligence Agency) 중앙 정보국   NSC(National Savings Certificate, National Security Council) 국가 안전 보장 회의

스타벅스의 텀블러는 잘 넘어지는 것

tumble은 보통 심하게 다치지는 않으면서 구르거나 굴러 떨어지는 것을 말하는데, '폭삭 무너지다, 크게 추락하다'라는 뜻으로도 쓰입니다. 텀블링(tumbling)은 매트에서 하는 '재주넘기, 공중제비' 등의 뜻입니다. 두 손을 땅에 짚고 두 다리를 공중으로 쳐들어서 한 바퀴를 돌고 제자리에 서는 것을 공중제비라 합니다.

- When the rumor circulated around the stock market, the company's stock price **tumbled**. 그 루머가 주식 시장에 퍼지자 그 회사의 주가는 폭락했다.

텀블러(tumbler)는 음료수를 마시는 데 쓰는 밑이 평평한 컵을 말하는데, 보통 굽이나 손잡이가 없고 바닥이 납작한 큰 컵을 생각하면 됩니다. 어원은 '넘어지다, 굴러가다'라는 뜻을 가진 영어의 텀블(tumble)에서 온 말입니다.

고대 오리엔트의 유목민들은 술을 마시는데 동물의 뿔이나 가죽 주머니를 사용했는데, 그들이 가장 즐겨 사용한 것은 쇠뿔입니다. 그러나 이는 휴대하기는 간편하지만 원추형의 모양 때문에 다 마실 때까지 놓을 수 없었던 단점이 있었습니다. 이후 쇠뿔 술잔은 비슷한 모양의 도기 제품이나 청동 은제로 만들어졌는데, 이를 텀블러(tumbler)라고 했습니다.

stumble은 '발이 걸리다, 발을 헛디디다, ~에 채어 비틀거리다, (말, 글 읽기, 연주를 하다가) 더듬거리다' 등의 뜻을 가집니다.

- The old man **stumbled** and fell.
  그 노인이 발을 헛디뎌 쓰러졌다.
- I **stumbled** through some easy book-work.
  나는 쉬운 책을 더듬거리면서도 끝까지 읽었다.
- I **stumbled** over my words. 나는 말문이 막혔다.

stumble에는 몸뿐만이 아니라 '말을 더듬거리다'라는 뜻이 있습니다. '중앙청 철창살이 외창살 철창살이냐 쌍창살 철창살이냐'와 같이 혀가 꼬일 정도로 발음이 힘든 어구를 Tongue Twister라고 합니다.

- Peter Piper picked a peck of pickled peppers. 피터 파이퍼가 피클 고추를 많이 집었다.
- A big black bug bit a big black bear. 커다란 검은 벌레가 덩치가 큰 검은 곰을 물었다.
- But where is the big black bear that the big black bug bit?
  커다란 검은 벌레가 물은 덩치 큰 검은 곰은 어디 있는 거야?

WORDS

tumble 넘어지다, 굴리다, 넘어뜨리다, 굴러 떨어지다, 폭락하다　tumbling 텀블링, 공중제비　tumbler 텀블러, 넘어지는 사람　stumble 발부리가 걸리다, 비틀거리다, 말을 더듬다

20 아마추어(amateur)는 사랑하는 사람

아마추어(amateur)라고 하면 뭔가 어수룩하고 실력이 부족하고 덜떨어진 사람을 가리키는 듯한 느낌을 받습니다. 문학, 학문, 예술, 스포츠 등 사회 어느 분야든 '아마추어'가 있고 '프로'가 있습니다. 프로는 그것을 직업으로 삼아서 보수를 받는 전문가를 말하고, 아마추어는 그것을 그냥 좋아하는 사람, 즉 애호가 정도를 가리킵니다.

amateur는 그 어원이 프랑스어(또는 라틴어)에 있는데 번역을 하자면 'love of'가 됩니다. 즉 '돈이나 명예를 위해 무엇을 추구하는 것'이 아니라 '순전히 즐거움을 목적으로 그것을 사랑하기 때문에 추구한다'는 의미에서 나온 말입니다. 이처럼 아마추어는 실력에 상관없이 어떤 분야를 즐기는 비전문가들을 뜻합니다.

• He is an **amateur** golfer, but he loves the game. 그는 아마추어 골퍼지만, 게임을 즐긴다.

예를 들면 그림실력이 뛰어나지만, 직업으로 삼지 않고 순수하게 즐긴 영국의 총리 윈스턴 처칠(Winston Churchill)을 아마추어라 부를 수 있습니다. 그는 화가로서도 예술성이 상당한 수준에 이르렀지만, 미술에 대한 순수한 사랑만으로 그림을 그렸기 때문입니다.

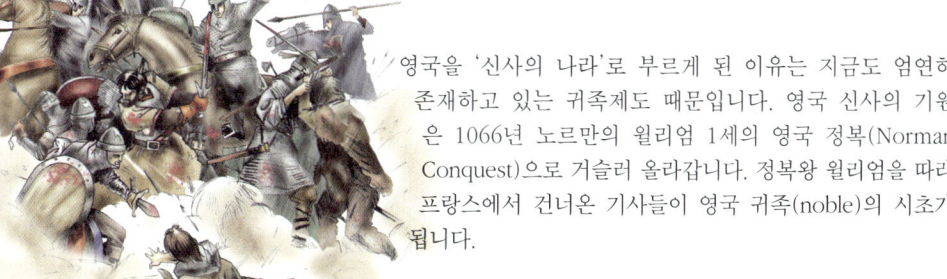

영국을 '신사의 나라'로 부르게 된 이유는 지금도 엄연히 존재하고 있는 귀족제도 때문입니다. 영국 신사의 기원은 1066년 노르만의 윌리엄 1세의 영국 정복(Norman Conquest)으로 거슬러 올라갑니다. 정복왕 윌리엄을 따라 프랑스에서 건너온 기사들이 영국 귀족(noble)의 시초가 됩니다.

하지만 영국의 귀족 작위는 큰아들에게만 세습되었고, 남은 자녀는 귀족 아래 신분인 향사가 되었습니다. 신분상으로는 평민이면서 생활상으로는 귀족이나 다름없는 '젠트리(gentry)'를 형성했고 이 계급이 오늘날의 '젠틀맨(gentleman)' 즉 신사의 기원이 되었습니다. 15~16세기에 이르러 중소규모의 토지소유자, 기사, 법률연구가, 전문직업 종사자, 교수, 목사까지도 포함돼 젠틀맨은 하나의 강력한 신흥 중산층 계급을 형성하게 되었습니다.

처음 '아마추어'라는 말이 등장한 것은 근대 스포츠가 시작된 영국에서였습니다. 자본주의의 길을 열었던 산업 자본가인 젠트리(gentry)들은 자녀들을 사립학교를 통해 지도력을 키웠습니다. 그들의 교육 과정 중에서 빼놓을 수 없는 중요한 과목이 바로 스포츠였습니다.

일하지 않고도 경제적 부를 누릴 수 있었던 상류층 신사들은 순수한 여가 시간의 활용이라는 측면에서 스포츠 활동을 했습니다. 스포츠를 즐기면서 사립학교의 학생들은 자신들을 노동자 계급출신 선수들과 구분하는 의미로 '아마추어'가 사용되기 시작했습니다. 아마추어는 계급의 우월성을 강조하고자 만들어진 말인 셈입니다. 이러한 아마추어리즘을 중요시하는 점은 근대 올림픽의 신조가 되어 왔습니다.

라틴어의 amor는 '사랑'이란 뜻으로, 이 말에서 '애호가, 아마추어' 등의 뜻인 amateur가 나왔습니다. 우리나라에서 유명한 화장품 회사가 AmorePacific이란 곳이고, 이탈리아 노래 Amore Mio는 '내 사랑'이란 뜻입니다.

amiable은 '사랑스러운, 호감을 주는, 상냥한, 친절한' 등의 뜻입니다. amicable은 '친구(amic)가 될 수 있는(able)'이라는 의미에서 '우호적인, 원만한, 친화적인, 평화적인'이라는 뜻으로 쓰입니다. amenity는 amore에서 나온 말로 '쾌적함, 아름다움, 고상함, 즐거움' 등을 이르는 말입니다. 복수형 amenities는 '생활 편의 시설, 쾌적한 설비, 교제상의 예의'라는 뜻으로 쓰입니다.

- an **amiable** child 상냥한 아이
- **amiable** divorce 원만한 이혼
- **amicable** relations 우호적인 관계

WORDS

amateur 아마추어, 비전문가, 애호가, 아마추어 선수   gentry 상류 사회, 신사 계급   amiable 붙임성 있는, 귀염성 있는, 마음씨 고운, 상냥한   amicable 우호적인, 평화적인, 타협적인, 유쾌한   amenity 기분에 맞음, 쾌적함, 오락 시설

서양 사람들이 꼭두각시 인형극을 좋아하는 이유

그리스 신화에서 운명을 주관하는 세 명의 자매여신을 '모이라이(Moirai)'라고 합니다. 제우스와 밤의 여신 녹스(Nox)의 딸들인 이 세 여신은 함께 인간의 생명을 관장하는 실을 다루는 모습으로 나타납니다. 실을 잣고 천을 짜며 수를 놓고 가위로 잘라서 인간의 운명을 재단하는 역할을 합니다. 거역할 수 없는 운명을 관장하는 모이라이는 제우스조차 함부로 대하지 못할 만큼 강력한 권한을 가집니다.

첫째인 클로토(Cloto)는 베를 짜서 운명의 시작을 알립니다. 둘째인 라케시스(Lachesis)는 그 천에 무늬를 새겨 인간 삶의 여정을 만듭니다. 막내인 아트로포스(Atropos)는 가위로 운명의 베를 잘라버리고 거두며, 인간의 죽을 시기와 방법을 관장합니다.

서양 사람들은 꼭두각시(puppet) 인형극을 유난히 좋아하는데, 그것은 인간의 운명을 실에 비유하는 서양인들의 전통적인 사고방식과 꼭 들어 맞았기 때문입니다. 인간은 하늘에서 실이 내려와서 묶여있는 존재이고, 언제라도 실이 끊어지면 죽고 마는 그런 존재입니다.

인간이 어쩔 수 없이 하늘에서 떨어지는 불가항력적인 일이나 사고 등을 accident라고 하는데, 이 말의 유래는 '실을 끊다(cide)'입니다. 꼭두각시 인형을 묶은 생명의 실이 끊어지듯이 인간의 뜻과 별개로 끊어지는 것, 그래서 하늘에서 떨어지는 것을 뜻하는 말이 됩니다. accident는 '인간의 뜻으로 일어나지 않은 것' 즉 '고의가 아닌 것, 우연히 일어난 일'을 뜻하는 말입니다.

가위를 영어로 scissor라고 하는데, '자르다(cide)'에서 나온 말입니다. '자살(suicide)'이라는 말은 스스로 실을 자르는 것 즉, 자신을(sui) 죽인다(cide)는 뜻입니다. 'insecticide(살충제)'는 곤충(insect)을 죽인다(cide)는 뜻입니다. 'decide'는 '여러 가지 중에서 불필요한 것(생각)을 잘라서(cide) 멀리 내버리다(de)'라는 의미에서 '결정하다, 판결하다, 결심하다'의 뜻이 되었습니다.

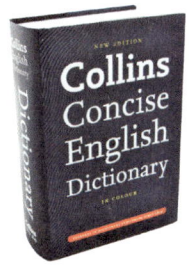

콘사이스(concise) 사전이라고 있는데, 자주 사용되는 용어 위주로 단어 설명이 간단하게 되어 있는 사전을 말합니다. concise는 '(불필요한 것을) 완전하게(con) 모두 잘라내다(cis)'라는 의미에서 '간결한, 간명한'이라는 뜻을 가집니다.

- Make your answers clear and **concise**. (당신의) 답변을 명확하고 간결하게 하시오.

인간의 뜻과는 상관없이 우연히 어떤 일이 일어난다면 대개 불길한 일을 연상하게 됩니다. accident는 아무리 조심하려 해도 '뜻하지 않게 일어나는 재난, injury(부상), loss(손실), damage(피해)'의 의미로 굳어졌습니다. 교통사고, 화재 사고, 비행기 사고와 같이 사고라는 단어는 부정적인 이미지를 가지고 있습니다.

- traffic **accident** 교통사고
- Drunk driving is one of the most common causes of traffic **accidents**.
  음주운전은 교통사고의 가장 흔한 원인이다.

하지만 accident의 의미는 '예상하지 않았던, 우연히 일어나게 된 사건'이라는 의미와 가깝습니다. 물론 교통사고도 당연히 예상치 못한 상태에서 일어난 일이긴 합니다. accidentally나 by accident는 '우연히(by chance, not on purpose)'라는 뜻입니다.

- I met him **by accident** in New York. 나는 뉴욕에서 그를 우연히 만났다.

- It is no **accident** that the founders of the environmental movement were scientists. 환경운동의 창설자들이 과학자들이었다는 것은 결코 우연이 아니다.

이 문장에서 accident의 의미를 '사고'로 해석하면 의미를 이해할 수 없습니다. It is no accident that~ 이라는 말은 '~은 우연이 아니다'는 표현입니다.

happy accident라는 말은 '행복한 사고'가 아니라, '재수 좋게 생긴 일, 기분 좋은 우연'과 같은 의미가 됩니다. 실험하는데 우연히 신약을 개발했거나 로또에 당첨되는 일 같은 경우가 'happy accident'입니다.

- The discovery was a **happy accident**. 그 발견은 예상치 못한 기쁜 일이었습니다.
- **happy accident**: a pleasant situation or event that is not planned or intended

페니실린의 발견(The Discovery of Penicillin, 1928)은 20세기를 대표하는 8대 발명과 발견 중 하나로 꼽힐 만큼(*미국 시사주간지 US News and World Report) 위대한 업적입니다. 알렉산더 플레밍(Alexander Fleming, 1881~1955)은 정상 세포엔 손상을 안 주면서 세균을 박멸할 수 있는 인류 최초의 항생물질(antibiotics)인 페니실린(penicillin)을 발견했습니다. 푸른 곰팡이 페니실리움 노타툼(penicillium notatum)은 접촉하는 거의 모든 박테리아를 분해해 버린다는 것을 우연히 발견했습니다. 이 업적으로 플레밍은 1945년 노벨 생리의학상을 수상하게 됩니다.

갑자기 발생한 일을 뜻하는 단어로 '사고(accident)'와 '사건(incident)'이 있습니다.

- **accident**: a thing that accidentally happened 우연히 일어난 사고
- **incident**: a thing that happened 사건

위의 사진에서 못이 우연히 그 자리에 떨어져서 세워진 거면 '사고(accident)'이고, 일부러 누군가 세워둔 거면 '사건(incident)'이 됩니다.

accident는 의도하지 않고 우연히(unexpectedly, without being planned) 발생한 사고입니다. incident는 어떤 발생한 일에 대해서 의도성이 분명히 들어가 있는 어감입니다. 갑자기 발생한 일이지만 살인(murder)이나 강도(robbery)와 같이 벌어진 사건은 incident입니다. 특히 a violent, criminal, or dangerous event 같은 곳에서 많이 사용됩니다.

지하철에서 발생한 event 중에서 accident라고 하면 지하철 차량이 충돌했거나 탈선하는 경우이겠지만, 자살(suicide) 같은 경우는 의도를 가진 상태에서 발생한 일이므로 incident라고 해야 합니다. 테러 등의 목적으로 의도적으로 폭발시킨 사건은 'the bombing incident'라고 해야지 'the bombing accident'라고 하면 안 됩니다.

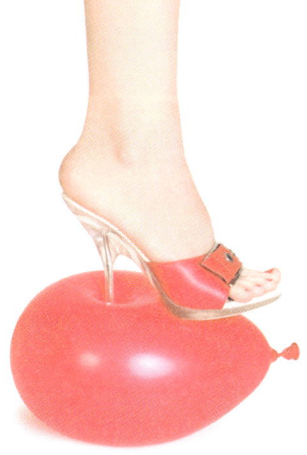

WORDS

puppet 꼭두각시, 괴뢰, 앞잡이, 작은 인형 **accident** 사고, 우연, 재난, 고장, 재해 **scissor** 가위로 자르다, 오려내다, 제거하다, 없애다 **suicide** 자살(행위), 자해 **insecticide** 살충제, 살충 **decide** 결정하다, 결심하다, 해결하다 **concise** 간결한, 간명한 **accidentally(by accident)** 우연히, 뜻하지 않게, 잘못하여 **happy accident** 운 좋게 **incident** 사건, 일어난 일, 우발적 사건

22 Murphy의 법칙 (Murphy's Law)

* 미팅에 나가 '저 애만 안 걸렸으면'하는 애가 꼭 짝이 된다.
* 짧은 줄을 목표로 해서 달리기 시작하면 그 줄이 갑자기 길어진다.
* 생활 설계사가 지나가고 나면 꼭 보험에 대해서 묻고 싶은 말이 생각난다.
* 운전하다 기름이 떨어져 주유소를 찾으면 꼭 반대쪽에서 나타난다.

* 가려움은 손이 닿기 어려운 부위일수록 그 정도가 더욱 심하다.
* 고장 난 기계는 서비스맨이 당도하면 정상으로 작동된다.
* 공부를 안 하면 몰라서 틀리고 어느 정도 하면 헷갈려서 틀린다.
* 공중화장실에서 제일 짧은 줄에 서면 꼭 안의 사람이 큰일을 보는지 오래 걸린다.

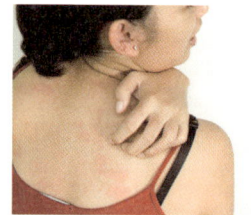

* 그냥 지나칠 때는 자주 오던 302-1번 버스도 타려고 기다리면 죽어도 안 온다.
* 급해서 택시를 기다리면 빈 택시는 반대편에만 나타난다. 기다리다 못해 건너가면 먼저 있던 쪽에 자주 온다.
* 담배에 불을 붙인 순간 버스가 온다.
* 동창회에 가면 좋아하는 사람은 결혼했고, 상관없는 사람들끼리만 2차를 간다.

* 큰 맘 먹고 세차를 하면 꼭 비가 온다.
* 뜻밖의 수입이 생기면 반드시 뜻밖의 지출이 더 많이 생긴다.
* 찾는 물건은 항상 마지막에서 찾아보는 장소에서 발견된다.
* 바겐세일에 가보면 꼭 사려는 물건은 세일 제외품목이다.

* 우산을 샀더니 비가 그친다.
* 변기에 앉는 순간 전화벨이 울린다.
* 보험에 들면 사고가 안 난다. 사고 난 사람은 꼭 보험에 들지 않은 사람이다.
* 사태를 복잡하게 하는 것은 간단한 일이지만, 사태를 간단하게 하는 것은 매우 복잡한 일이다.

머피의 법칙은 일종의 경험법칙으로, 일이 좀처럼 풀리지 않고 갈수록 꼬이기만 하는 경우에 쓰는 말입니다. 이를테면 바빠서 토스트에 버터를 발라 먹다 떨어지면 꼭 버터 바른쪽이 바닥으로 떨어지거나, 마트에서 줄을 설 때 다른 줄이 더 빨리 줄어 드는 등의 일입니다.

그런데 그 원인은 '선택적 기억(selective memory)'이라는 인지적 오류 때문입니다. 인간은 일이 잘 안 풀리는 것이나 재수가 없다고 느끼는 것을 잘 기억하게 되고, 결국 운이 없었던 기억이 상대적으로 많았다고 착각하는 것이라고 합니다.

마트에 계산대가 20개 있을 때, 자기 줄이 가장 먼저 줄어들 확률은 1/20밖에 안 됩니다. 우리는 그동안 길게 늘어선 계산대 앞에서 내 줄이 가장 먼저 줄어들기를 바랐고, 변덕이 죽 끓듯 하는 날씨를 상대로 하는 일기 예보에 100%의 정확도를 기대했고, 식탁 높이에서 토스트를 떨어뜨렸으면서도 토스트가 멋지게 한 바퀴를 돌아 버터 바른 면을 위로 하고 10점 만점으로 착지하길 바랐던 것입니다.

머피의 법칙은 세상이 우리에게 얼마나 가혹한가를 말해주는 법칙이 아닙니다. 우리가 그동안 세상에 얼마나 많은 요행수(lucky chances)를 바라고, 무리하게 요구했는가를 지적하는 법칙이었던 것입니다. 머피의 법칙과 반대로 우연히도 자신에게 유리한 일만 계속해서 일어나는 것을 가리켜 샐리의 법칙(Sally's Law)이라고 합니다.

WORDS

selective memory 선택기억, 선택적 기억   Murphy's Law 머피의 법칙   Sally's Law 샐리의 법칙

23 drip, drop 그리고 dribble

원두커피(brewed coffee)는 볶은 커피콩(bean)을 갈아서 필터에 넣고 뜨거운 물을 부어서 만드는 커피입니다. 원두커피는 커피메이커로 만들 수 있고, 직접 손으로 만들 수도 있습니다. 드리퍼(dripper)를 머그(mug) 잔 위에 얹고 필터 위에 원두커피를 넣은 후 뜨거운 물을 통과시켜 마시는 것을 핸드 드립(hand drip) 커피라 부릅니다. 드립(drip)은 '(액체가) 똑똑 떨어지다'라는 뜻입니다.

'물방울'이나 '떨어지다' 등의 뜻인 drop은 drip이 변화한 말입니다. drop은 중량이 있는 것이 중력의 법칙에 따라 위에서 아래로 가속하며 공기의 저항을 느끼지 않고 급속하게 떨어지는 것을 표현합니다. drizzle은 '이슬비, 보슬비' 등의 뜻인 말인데, 이것 역시 drip에서 나온 말입니다.

- She **dropped** the plate and it broke into pieces.
  그녀가 접시를 떨어뜨려 접시가 산산조각이 났다.
- The prices **dropped** sharply. 가격이 급격히 내려갔다.
- It's **drizzling**. 비가 부슬부슬 내리고 있다.
- **drops** of rain 빗방울

'드리블(dribble)'은 농구나 축구, 아이스하키에서 공이나 퍽을 컨트롤하며 이동하는 것을 말합니다. 농구에서는 공을 지면에 튕기면서, 아이스하키에서는 스틱으로 퍽을 가볍게 치면서 몰고 가는 기술입니다. '공을 바닥에 떨어뜨리다'의 의미로 '떨어지다'의 뜻인 drip에서 나온 말입니다.

WORDS

brewed 끓이다, 양조하다, 꾸미다   drip 똑똑 떨어지다   drop 방울, 급강하, (방울 져) 떨어지다, 떨어뜨리다   drizzle 이슬비, 가랑비, 보슬비, 이슬비가 내리다   dribble 공을 드리블하다, 똑똑 떨어뜨리다, 흘리다

부르주아(bourgeois)와 빈집털이(burglar)

피츠버그(Pittsburgh)는 미국 동북부 펜실베이니아(Pennsylvania) 주(州)에 있는 상공업 도시입니다. 미국의 철강 도시(Pittsburgh)는 강철 공업 도시로 유명합니다. 한국계 미식축구 선수인 하인즈 워즈는 피츠버그 스틸러스(Pittsburgh Steelers)의 선수로 활동했으며, 2006년 NFL 슈퍼볼 대회에서 MVP를 차지했습니다.

에든버러(Edinburgh)는 스코틀랜드 행정·문화의 중심지이며, 옛 스코틀랜드 왕국의 수도였습니다. 7세기에 브리튼 인(人)을 격파한 에드윈 왕(王)이 바위 위에 요새를 만들었는데, 이 '에드윈의 성'이 에든버러라는 명칭의 어원이 되었습니다. 에든버러는 중세적 성곽과 신고전적 도시양상의 양면성이 혼재하여 독특한 성격을 보여주고 있습니다.

영국의 에든버러(Edinburgh)나 캔터베리(Canterbury), 독일에 있는 함부르크(Hamburg) 등은 모두 borough란 말이 변형되어 붙여진 도시들입니다. 중세에는 주요 전략지에 'burhs(버흐)'라는 요새를 짓고 부대를 재편했습니다. 요즘도 '자치구, 선거구'라는 뜻으로 사용되는 영단어 'borough'는 요새의 흔적이 어려있는 '자치 도시'란 뜻입니다.

함부르크, 아우구스부르크, 룩셈부르크 등 유럽의 유서 깊은 도시에는 '부르크(burg)'라는 이름이 붙어 있는 곳이 많습니다. 부르크는 중세시대 성곽(castle)을 의미하는 독일어인데, 이러한 성곽들을 중심으로 도시가 발달하게 됩니다.

상트페테르부르크(Saint Petersburg)는 러시아 북서부에 있는 러시아 제2의 도시입니다. 1924년 레닌이 죽자 그를 기념하여 레닌그라드라 불렸다가, 1991년 옛 이름인 상트페테르부르크를 되찾았습니다. 북위 60°의 고위도 지역이면서 온화한 해양성 기후를 보여, 남쪽의 모스크바보다 기온이 높습니다. 1월 평균기온 -7.6℃, 7월 평균기온 18.4℃이며 6·7월에는 백야(白夜) 현상이 나타납니다.

잘츠부르크(Salzburg)는 오스트리아 중서부의 도시로 볼프강 아마데우스 모차르트(Mozart)의 탄생지로 유명합니다. 지명은 '소금의 도시'라는 뜻인데, 이름 그대로 예로부터 소금 산지로서 유명했습니다. 드라마틱한 도시 전경, 유서 깊은 교회건물과 건축물 등 바로크 건축의 작품이 많이 보존되어 유럽 교회적 도시형태의 중요한 모범사례로 손꼽히고 있습니다.

브란덴부르크(Brandenburg) 문은 독일의 수도 베를린의 상징입니다. 1788년과 91년 사이에 건설되었는데, 프로이센군이 전쟁에서 승리하게 되면 통과하는 개선문이었습니다. 문 위의 개선마차는 나폴레옹이 탐내서 파리로 갖고 갔었는데, 다시 빼앗아 왔습니다. 동서 냉전 시절에는 이 문을 경계로 동독과 서독이 나뉘는 베를린 장벽의 상징이었습니다. 1990년 10월 3일 0시, 베를린의 브란덴부르크 문 바로 옆에 세워진 국기 게양대에 독일 국기가 천천히 올라갔습니다. 동서로 갈려 있던 독일이 45년 만에 하나로 통일되는 순간이었습니다.

프랑스어 부르주아(bourgeois)는 중산층, 자본가 계층, 현대적 의미의 부자나 귀족이라는 뜻입니다. bourgeois는 '성으로 둘러싸인 도시(프랑스어-bourg/독일어-burg/영어-borough)에 사는 중산층'을 뜻하는 말이었습니다. 유럽 봉건사회에서 농민층의 분해와 함께 상공업이 발달함에 따라 이들은 자본을 축적하고 정치적 영향력을 키우게 됩니다. 이 중산층(the middle class)의 뜻이 18세기 사회주의에서 자본가의 의미로 쓰이면서 지금의 부르주아, 자본가의 뜻이 되었습니다.

burglar는 빈집털이, 특히 밤도둑을 가리킵니다. burglar는 자치도시(burg)을 침입해서 '부르주아'들의 재산을 훔쳐 가는 이방인, 즉 빈집털이범을 말합니다.

- One should install safety gadgets to help deter a **burglar**.
  도둑을 막기 위해 안전장치를 설치해야 한다.
- He hit the **burglar** with a bat. 그는 야구방망이로 도둑을 때렸다.

WORDS

borough 자치 도시, 자치구, 독립구   castle 성, 성곽, 요새, 큰 저택   bourgeois 부르주아, 중산층   burglar 강도

뉴욕이 빅 애플이 된 사연

Where are you from? 어디서 오셨나요? - I'm from the Big Apple. 커다란 사과 출신입니다. 사람에게만 별명이 있는 게 아니라, 도시에도 닉네임(nickname)이 있습니다. '빅 애플(the Big Apple)'은 뉴욕(New York)의 애칭입니다. 뉴욕은 명실상부한 '세계의 수도'이며, '잠들지 않는 도시(the city that never sleeps)'라고도 불립니다.

이 표현이 가장 일찍 사용된 것은 경마장에서 비롯되었다는 설이 가장 유력합니다. 스포츠 기자 제럴드(John J. Fitz Gerald)는 1921년 Morning Telegraph 신문에 'Around the Big Apple(빅 애플에서)'이라는 칼럼을 게재합니다. 제럴드는 Big Apple이라는 표현을 뉴올리언스 출신의 흑인 마부들에게서 들었다고 회고하였습니다. 이들 흑인 마부들은 경마에 미쳐서 전국을 떠돌다가, 마침내 뉴욕으로 오게 된 것을 너무나 기뻐했습니다. 뉴욕의 경마 규모가 크고 수익도 좋다는 의미로 'Big Apple'이라는 표현을 썼습니다. 그 후 경마광들 사이에서 활기찬 뉴욕 경마 광경을 일컫는 표현으로 급속히 퍼져 나갔습니다.

1930~40년대에 들어 재즈 음악가들 사이에서 "난, 빅 애플에서 연주해."라는 말은 정말 크게 성공했다는 뜻으로 통했습니다. 당시 뉴욕 할렘이나 브로드웨이 지역은 재즈의 수도라 할 정도로 재즈에 대한 관심이 유별났고 열기 또한 대단했습니다. 빅 애플은 관객이 가장 많고 가장 유행이 빠르며 가장 큰 환호를 받을 수 있는 곳인 뉴욕을 의미하였습니다.

하지만 빅 애플은 1950~60년대에는 그리 자주 사용되지 않았습니다. 1970년대에 들어와 뉴욕시 관광국이 관광 수입을 늘리기 위해 뉴욕의 별명인 '빅 애플'을 부활시킵니다. 뉴욕시는 사과 로고와 함께 'I♥NY' 캠페인을 대대적으로 벌여 대성공을 거두었습니다.

뉴욕 밤거리가 나오는 미국 영화를 보면 맨홀에서 뜨거운 김이 솟아오르는 장면이 자주 등장합니다. 특히 공포영화나 갱영화, 미래 SF영화에 단골로 나오는 데, 음울한 분위기로 관객을 긴장시킵니다. 맨홀에서 나오는 김의 정체는 도시 지하를 흐르는 난방용 스팀입니다.

뉴욕의 가장 번화한 맨해튼 지역의 땅 밑에는 스팀 파이프가 이리저리 얽혀 매설되어 있습니다. 그런데 파이프가 오래되다 보니 곳곳에서 균열이 생겨 스팀이 새어 나오고 있는 것입니다. 파이프에서 누출된 스팀들은 지하에서 빠져나갈 구멍을 찾아 이리저리 헤매다가 결국 맨홀을 통해 지상으로 분출된다고 합니다. 파이프 균열 정도가 심해 스팀이 너무 자욱하게 새어 나올 경우에는 기다란 원통을 세워 김을 공중으로 뽑아내기도 합니다.

뉴욕을 배경으로 한 영화는 셀 수 없이 많겠지만, 뉴욕의 볼거리를 함께 즐길 수 있는 영화 3편을 소개합니다.

어거스트 러쉬 (August Rush, 2007)

놀라운 음악적 재능을 가진 천재 소년이 음악을 통해 헤어진 부모를 찾아가는 내용으로 워싱턴 스퀘어 공원과 센트럴 파크, 링컨 센터 등의 뉴욕 명소들이 음악과 조화를 이루어 더욱 빛났던 작품입니다.

해리가 샐리를 만났을 때 (When Harry Met Sally, 1989)

뉴욕을 배경으로 해리와 샐리의 사랑을 재미있고 유쾌하게 담은 영화로 귀여움의 아이콘 맥 라이언이 재치 있고 상큼 발랄한 매력의 절정을 보여줍니다. 영화 장면마다 소소한 뉴욕의 풍경과 정취, 뉴욕의 야경과 12월 31일 송년의 밤 등 뉴욕을 배경으로 한 영화의 대표작입니다.

악마는 프라다를 입는다 (The Devil Wears Prada, 2006)

뉴욕 패션계에서 눈에 띌 만큼 독보적으로 촌스러웠던 주인공이 매력적인 커리어 우먼으로 변신하는 모습을 담은 영화입니다. 뉴욕 맨해튼(Manhattan)을 배경으로 다양한 패션과 뉴욕 시내의 모습을 현실감 있게 느낄 수 있습니다.

WORDS

nickname 별명, 애칭, 닉네임, 약칭, ~에게 별명을 붙이다   Big Apple 빅 애플(뉴욕의 애칭)

26 뉴욕! 뉴욕! 뉴욕!

뉴욕(New York)은 제국의 주(the Empire State)라는 별명을 가질 정도로 미국 최대의 도시입니다. 뉴욕은 미국의 실질적인 수도이자 문화, 예술, 경제, 금융, 상업, 문화 등 모든 면에서 미국 제일의 중심지입니다. 무역, 해운, 증권거래, 도서관, 박물관, 극장, 갤러리, 레스토랑, 나이트클럽 그 밖의 점에서도 단연 다른 도시의 추종을 불허하고 있습니다.

뉴욕은 5개의 구로 되어 있는데, 그 중 가장 핵심이 되는 구는 맨해튼(Manhattan)입니다. 맨해튼에 처음 입주한 것은 네덜란드 인들이었는데, 이곳을 뉴 암스테르담이라고 불렀습니다. 전해지는 바로는 초대 네덜란드 인 총리가 불과 25달러밖에 안 되는 장신구와 교환하여 인디언으로부터 사들인 땅이라 합니다. 40년이 지나지 않아 영국군과 세 번의 전쟁을 벌인 끝에 결국 영국에 내주고 맙니다. 영국인들은 당시 왕이 요크 출신이었던 이유에서 이곳을 뉴욕이라고 불렀습니다.

맨해튼은 뉴욕시의 5개 자치구 가운데 가장 작지만, 시의 중심부이자 세계의 상업, 금융, 문화의 중심지를 이룹니다. 시가는 동서남북으로 뻗은 도로로 구획되고, 브로드웨이가 대각선을 이루며 맨해튼 한가운데를 지납니다. 북동부는 흑인 거주지구로 알려진 할렘이며, 여기서부터 할렘 강을 사이에 두고 브롱크스 구가 이어집니다. 맨해튼 섬 남쪽 3km 지점의 리버티 섬에 자유의 여신상이 있습니다.

맨해튼에 처음으로 도착한 네덜란드인들은 뉴 암스테르담을 건설한 후 인디언의 침입을 막기 위해 쌓은 성벽을 쌓았습니다. 이 성벽의 이름이 월 스트리트(Wall Street)입니다. 이후 1699년 영국군이 성벽을 철거하고 뉴욕으로 이름을 바꿔버립니다. 벽은 무너졌지만 월 스트리트는 전 세계의 돈이 모이는 세계 금융시장의 허브 역할을 담당하는 곳이 되었습니다. 세계 최고 규모를 자랑하는 뉴욕 주식 증권 거래소를 비롯하여 은행, 증권회사들이 집중되어 있습니다.

뉴욕 중심가에 우뚝 솟은 102층짜리 엠파이어 스테이트 빌딩(Empire State Building)은 고층건물(skyscraper)의 상징과도 같은 존재입니다. 뉴욕을 방문하는 사람들이 꼭 한 번은 방문하게 되는 곳으로 전망대(observation deck)의 정상에서 창문을 통해 맨해튼을 내려다볼 수 있습니다. skyscraper는 '하늘(sky)을 할퀴는(scrape) 것'이라는 뜻으로 초고층 건물을 의미합니다. scrape는 가려운 데를 긁는 'scratch'나 박박 문지르다의 뜻인 'scrub'과 같은 어원입니다.

skyscraper를 한자어로는 마천루(摩天樓)라고 하는데, 글자 그대로 하늘을 만질 만큼 높은 건물이란 뜻입니다. 마(摩)는 마찰, 마모 등에 쓰이듯이 '갈다'는 뜻이고, 천(天)은 하늘, 루(樓)는 누각이나 건물을 뜻합니다.

- **The Empire State is a 102-story skyscraper.**
  엠파이어 스테이트 빌딩은 102층에 달하는 고층건물이다.

Central Park 조금 남쪽, 브로드웨이(Broadway)와 42번가가 만나는 곳에 뉴욕 최고의 번화가인 타임스퀘어(Times Square)가 있습니다. square는 여러 개의 길이 합류하는 곳의 복판에 네모진 한 구획이 있는 광장을 말합니다. 길 한편에는 Times Square라고 새겨진 돌로 만든 sign도 세워져 있습니다. 광장이라고 할 만한 공간도 보이지 않는 이곳을 Times Square라고 한 것은, 이 길에 신문사 New York Times가 있었기 때문입니다.

매년 12월 31일 밤이면 타임스퀘어에서 화려한 공연을 곁들여 Happy New Year를 카운트다운(countdown)하는 행사를 합니다. 여기에는 New Year's Eve Ball 또는 Big Apple이라는 애칭으로도 불리는 커다란 공을 건물 탑 위에서 떨어뜨립니다. 실제로 한때는 이 New Year's Eve Ball에 붉은 등과 초록색 가지를 붙여 사과형상을 만들기도 했습니다.

WORDS

New York 뉴욕 주, 뉴욕   Manhattan 맨해튼   Wall Street 월스트리트   Empire State Building 엠파이어 스테이트 빌딩   skyscraper 마천루, 초고층 빌딩   Times Square 타임스 광장, 타임스퀘어

암살자(assassin)는 아랍에서 온 말

1865년에는 Abraham Lincoln 대통령, 1963년에는 John F. Kennedy 대통령, 1979년에는 박정희 대통령, 아득한 옛날 BC 44년에 로마 정치가 Julius Caesar가 암살(assassinate) 당했습니다. 정치적 이유로 남을 살해한 자를 암살자(assassin)라고 합니다.

- They were appointed as the hired **assassins**. 그들은 살인청부업자로 지목됐다.

assassin은 아랍어에서 온 말인데, 이 말의 어원은 지금 영어의 hashish에 남아 있습니다. 아라비아에서는 나뭇잎, 대마초 특히 인도 대마를 해시시(hashish)라고 말했습니다. 해시시의 잎이나 줄기를 담배처럼 피우거나 씹든지 달여 마시면 식욕이 증진하거나 청각과 시각이 예민해지는 효과가 있는 마약의 일종입니다. 해시시는 음주가 금지된 이슬람교도들이 피우던 기호품이었습니다.

10세기 후반 셀주크(Seljuk) 왕국에는 정치적으로 아주 과격한 암살 비밀 결사단이 있었습니다. 이 단체의 조직은 대단히 견고했고, 살인명령이 하달되면 행동대원에게는 hashish를 마음껏 복용하게 했습니다. 마약의 힘으로 아무리 어려운 일도 대담무쌍 하게 해치웠는데, 이들 살인자를 하쉬샤쉰(Hashshashin)이라고 불렀습니다. 하쉬샤쉰은 해시시를 복용한 사람들이란 뜻입니다.

십자군 전쟁(the Crusades)은 11~13세기까지 로마 가톨릭 국가들이 성지 예루살렘 탈환을 구실로 이슬람 국가를 상대로 나섰던 대규모 원정 전쟁을 말합니다. 십자군들도 두려워서 벌벌 떠는 존재가 있었는데, 하쉬샤쉰(Hashshashin)들이었습니다. 하쉬샤쉰들은 관행대로 해시시를 피운 다음에, 종교적인 의무감으로 그리스도교인들을 살해했습니다. hashshashin의 원뜻인 마약은 흔적도 없이 사라지고, 암살자, 자객이라는 뜻의 assassin으로 변화되었습니다.

WORDS

assassin 암살자, 자객, 손상시키는 사람, 암살 비밀 결사단   **the Crusades** 십자군 원정   **hashish** 대마, 대마초

28. 별다방과 콩다방

9세기경 어느 날 한 염소 치기는 자신의 염소 떼가 이상하게 행동하는 것을 보고 당황합니다. 어떤 열매(berry)가 원인임을 알게 되고 자기도 씹어먹어 봅니다. 그는 곧 흥분되고 들뜬 기분이 되어 숲 속에 있는 염소 치기 친구들에게 그 사실을 알렸습니다.

아랍인들은 이 열매를 건조시켜서 끓이는 방법을 알아냈고 그 음료수를 'qahwe'라고 불렀습니다. 이슬람교 신자 중 어떤 사람들은 지독히 긴 종교의식이 진행되는 동안 깨어 있기 위하여 qahwe을 마셨습니다. 터키어로 qahwe로 불렸던 이 음료는 프랑스어로 café, 이탈리아어에선 caffé, 영어 단어로는 coffee가 되었습니다.

보통 공장, 회사, 학교 등에서 저렴하게 음식을 먹을 수 있는 구내식당을 '카페테리아(cafeteria)'라고 합니다. teria는 '땅'이란 뜻인데, 원래 카페테리아는 '커피만을 마시는 장소'라는 뜻이었습니다. 시간이 흐르면서 미국의 독특한 문화인 셀프서비스(self-service)의 형태를 띠는 식당으로 발전하게 되었습니다. 뷔페식으로 배열된 음식을 호주머니 사정에 맞게 선택해서 먹을 수 있습니다.

- **Cafeteria** lacks the quite elegance of commons.
  카페테리아는 식당의 우아함이 매우 부족하다.

커피 마시는 시간을 'coffee time' 대신 'coffee break'라고 하는데, 커피를 마시기 위해 잠시 중단하는 것 즉, '휴식'을 뜻하는 말입니다. 차를 마시기 위한 시간은 'tea break'가 아닌 'tea time'이라고 이라고 합니다. 영국인들은 부부싸움 하다가도, 심지어 전투 중에도 하루에 4~5차례 정도 'tea time'을 가진다고 합니다. 차와 커피는 세계를 움직여온 음료인데, 흥미로운 것은 음료를 대하는 태도나 음용법에도 차이가 있답니다. 커피 문화권에서는 뭔가 일의 피치를 올리고 싶을 때

커피를 마시는 편인데, 차 문화권 사람들은 한숨 돌리며 쉬고 싶을 때 차를 마시는 경향이 있습니다. 'break'와 'time'이란 단어의 차이가 괜히 생겨난 게 아닙니다.

- Let's take a **coffee break**.
  커피를 마시며 휴식을 합시다.

에스프레소(espresso)는 진하고 응축된 이탈리아식 커피인데, 고온의 물과 압축된 공기를 이용하여 뽑아낸 커피를 말합니다. 9기압의 압력에 90℃의 온도에서 20초 안에 30mL의 커피를 뽑아냅니다. 보통 커피보다 1/4가량밖에 되지 않는 물에 비슷한 양의 커피가 사용되어 매우 진합니다.

espresso는 급행열차 express와 같이 빨리 커피를 만들어 낸다는 의미에서 나왔다고 합니다. 이는 압력을 주어서 짧은 순간에 액체를 짜내는 것을 의미하기 때문입니다. 이탈리아어에는 표준 알파벳에 x가 없는데, 프랑스어, 스페인어, 포르투갈어에서는 expresso라고 합니다.

아메리카노(Americano)는 에스프레소를 뜨거운 물에 섞어 마시는 것인데, 미국에서 시작되어 아메리카노라고 불린다고 합니다. 에스프레소에 우유를 넣은 커피를 카페라테(cafe latte)라고 하고, 프랑스에서는 카페오레 café au lait(coffee with milk)라고 합니다. 우유는 이탈리아어로 라테(latte)라고 하고 프랑스어로는 lait입니다.

마키아토(Macchiato)는 이탈리아어로 marked(표시한) 또는 stained(얼룩진)이라는 말입니다. Espresso Macchiato는 'espresso stained/marked with milk'라는 의미입니다. 전통적으로는 한잔의 에스프레소에 작은 양의 우유를 더하는 것이었는데 후에 바리스타(barista)들이 마키아토임을 표시하기 위해 우유 거품으로 표시를 하기 시작했다고 합니다.

카푸치노(cappuccino)라는 단어는 카푸친 수도사 (Capuchin friars)에서 유래하였습니다. 카푸치노는 뜨거운 우유 거품을 에스프레소에 더한 것으로 잔의 주변에 갈색의 띠가 형성됩니다. 수도사들이 입는 수도복의 색깔이나 가운데는 삭발하여 하얗고 주변으로 갈색 머리의 띠가 생기는 형태인 탁발 모양과 유사하여 이름 지어졌습니다.

커피가 사람 몸에 해롭다고 하는 이유는 카페인(caffeine)이라는 자극성분 때문입니다. 많이 마시게 되면 중독증상을 일으키거나 빈 위벽을 깎아내리는 등 해로운 영향을 끼칩니다. 카페인은 커피의 열매나 잎에 포함되어 중추 흥분 작용을 촉진합니다.

커피 한잔 속에는 85mg의 카페인이 들어 있습니다. 200mg 이상의 카페인을 섭취하게 되면 숨이 가빠지고 초조해진다고 합니다. 그러나 적당량의 카페인은 우리 몸의 신진대사를 도와주므로 개인의 특성과 특질을 고려해 알맞게 마시면 삶의 활력소가 될 수 있습니다. 우유를 충분히 섭취하면 카페인의 자극을 완화할 수 있습니다. '카페인을 줄인 커피'를 decaf라고 합니다.

스타벅스 커피(Starbucks Coffee)는 세계 최대 커피 판매 체인이며, 미국 시애틀에서 처음 문을 열었습니다. 스타벅스는 1851년 허먼 메빌(H. Melvil)의 소설 〈모비딕〉 중 커피를 사랑하는 일등 항해사 'Starbuck'의 이름에서 유래된 것입니다.

당시 유일한 교통수단이던 뱃길의 무사 항해를 기원하며 목선 뱃머리에 인어상 즉 '사이렌(Siren)'을 조각해두었습니다. 스타벅스 로고를 보면 초록색 동그라미 내부에 여신의 모습이 보이는데, 사이렌의 얼굴입니다. 커피를 운반하면서 동서양을 연결한 무역선의 상징적인 이미지입니다.

WORDS

coffee 커피 (열매), 커피콩 cafeteria 카페테리아, 구내 식당 coffee break 커피 브레이크, 휴식시간 tea time 티타임 espresso 에스프레소 커피, 에스프레소 커피점 Americano 아메리카노 cappuccino 카푸치노 caffeine 카페인 decaf 카페인을 제거한

29 프시케(psyche)와 싸이코(psycho)

서양의 명화 중에 몸에 날개를 단 남자와 아름다운 여인이 등장하는 그림을 자주 볼 수 있습니다. 이 연인은 사랑의 신이라 불리는 에로스(Eros)와 인간 왕녀 프시케(Psyche)입니다. 에로스는 육체적 사랑을 뜻하고 프시케는 정신적 사랑을 뜻합니다.

미의 여신 아프로디테의 아들 에로스는 로마 신화에서는 큐피드라고 합니다. 에로스는 연애의 신으로 어깨에 조그만 날개가 있고 손에 활과 화살을 든 장난기 많은 어린이의 모습으로 표현됩니다. 에로스는 남성과 여성을 결합해 새로운 세대를 낳게 하는 사랑의 법을 전파하는 신으로 알려져 있습니다. 에로스가 쏜 화살을 심장에 맞으면 신이든지 사람이든지 사랑에 빠져버리고 맙니다.

미의 여신 아프로디테는 아주 예뻐서 사람들의 혼을 빼 놓곤 했던 처녀 프시케(Psyche)를 질투하게 됩니다. 그래서 아프로디테는 자기 아들 에로스에게 프시케가 자고 있을 때, 독이 든 화살을 쏘라고 말했습니다. 어느 날 에로스는 아프로디테의 노여움을 산 프시케를 혼내 주려고 갔습니다. 그러나 에로스는 프시케의 미모에 빠져 황금 화살에 자신이 찔리는 실수를 하게 되고 오히려 프시케를 아내로 삼게 됩니다.

티탄 신들 중 하나인 프로메테우스(Prometheus)가 사람을 만들기 위해 형상을 만듭니다. 그 형상에 전쟁의 여신 아테나(Athena)가 숨결을 넣었는데 이 숨결을 그리스 말로 프시케(psyche)라고 합니다. 이 숨결은 사람의 영혼이 되었는데, psyche는 그리스어로 soul(영혼), spirit(정신)을 나타내는 말이 되었습니다.

싸이코(psycho)는 '약간 돈 사람, 정신병자, 괴짜, 기인'이란 뜻의 외래어로 일상생활에서도 많이 쓰이는 외래어입니다. 싸이코의 어원은 그리스어 프쉬케(psyche)인데, 영어로 발음할 때에는 첫 글자 p의 소리가 나지 않습니다.

영국 출신의 유명 스릴러 감독 알프레드 히치콕(Alfred Hitchcock)의 대표작 중에 Psycho (1960)가 있습니다. 히치콕 감독은 독특한 스타일과 시대를 앞서 가는 영화 기법으로 잘 알려졌으며, 지금도 수많은 감독들의 영화에 영감을 주며 회자되고 있습니다. 주요 대표작으로는 Rear Window (1954), North By Northwest (1959), Psycho (1960), The Birds (1963) 등이 있습니다. 특히 히치콕 감독은 자신이 연출한 영화에 카메오로 등장하는 것으로도 유명합니다.

나이트클럽에서의 깜빡이 조명을 '싸이키(psyche)'라고 하는데, 이 말은 psychedelic의 준말입니다. psychedelic은 '정신을 혼미하게 하는, 황홀한, 환각적인' 조명을 뜻하는 말에서 나온 말입니다. 아주 예뻐서 사람들의 혼을 빼버리는 처녀 프시케(Psyche)에서 'psychedelic(황홀한)'이란 말이 나왔습니다.

극단적인 반사회적 인격 장애로 인한 범죄형 인간을 싸이코패스(psychopath)라고 합니다. 싸이코패스는 연쇄 살인이나 엽기적 사건의 주인공일 가능성이 큽니다. 한국어 발음의 표현 때문인지 싸이코패스의 철자를 psychopass로 착각하기 쉬운데, 정확한 철자는 psychopath입니다.

WORDS

psyche 마음, 정신, 심령   psycho 정신병자, 괴짜, 기인   psychedelic 사이키델릭조의, 환각을 일으키는, 환각제의
psychopath 싸이코패스, 정신·정서적으로 불안정한 사람

sore, sorry, sorrow 그리고 sour

까진 발(a sore foot)이나 불에 덴 손가락(a finger sore from a burn), 감기가 걸려 아픈 목(a sore throat)과 같이 sore는 신체적으로 아픈 상태를 말합니다. 감염이나 염증 따위로 인한 신체 일부의 상처나 근육의 과도한 사용에 따른 통증을 표현합니다.

- I have a **sore** on my arm. 난 팔에 염증이 생겼어.
- I have a **sore** back. I think I pulled a muscle. 허리가 아프네. 좀 삐끗한 거 같아.
- My back is **sore** from all the sitting. 오래 앉아 있으니까 허리가 아프다.

사무실에 지나치게 과도한 복장으로 출근하는 여사원, 지하철에서 다리를 있는 대로 벌리고 앉아 있는 쩍벌남, 사람들로 북적이는 곳에서 담배를 피며 걸어가는 남자 등을 보면 눈살을 찌푸리게 됩니다. 'eyesore'는 '눈에 거슬리는 것, 불쾌하게 보이는 것, 꼴불견' 등을 가리키는 말입니다. 'It's a real eyesore.'라는 표현은 '꼴불견이다, 정말 가관이다'는 뜻이 됩니다.

- My stepmother regarded me as an **eyesore**. 계모는 언제나 나를 눈엣가시처럼 여겼다.

대화하다가 상대방이 말하고 싶어 하지 않는 화제를 꺼낼 때 '아픈 곳을 찌른다'고 표현합니다. sore는 '아픈, 쓰라린'이라는 뜻으로, 여기서는 '민감한, 마음을 아프게 하는'이라는 의미로 쓰인 것입니다. 약점, 급소를 영어로 'sore spot'이라고 하고, '아픈 곳을 툭툭 치다'라는 뜻으로 동사 hit를 사용한다는 것을 알아두면 좋습니다.

- You hit a **sore spot**. 넌 내 민감한 곳을 찔렀어.

sorry는 '미안한'의 의미로 많이 쓰이는 말이지만, 근원적인 뜻은 마음이 '아픈'이라는 뜻입니다. 다른 사람의 슬픈 소식을 들었을 때의 'I am sorry.'라고 반응하면 '유감입니다.'로 해석하는데, 사실은 '그 소식을 듣게 되어 내 마음이 아픕니다.'의 의미입니다. '아픈, 유감인, 가엾은' 등의 뜻은 sorry의 어원은 바로 sore입니다. sore는 신체적으로 아픈 것을, sorry는 정신적 아픈 것으로 구분해서 쓰게 되었습니다. 지금은 이 '슬픈, 내 마음이 아픈' 등의 뜻인 sorry에서 '내가 잘못해서 미안한, 죄송한' 등의 뜻으로 더 많이 쓰이고 있습니다.

'Excuse me.'와 'I'm sorry.'는 어떻게 구분해서 쓰면 좋을까요?
다른 사람들 앞에서 재채기하거나 트림을 할 때, 이 경우는 'Excuse me.'(실례합니다.)라고 하면 됩니다. 자신의 어떤 행동이나 요구로써 상대방을 잠시 불편하게 하거나 조그마한 폐를 끼치게 될 때는 'Excuse me.'입니다.

* 재채기하다가 상대방에게 침이 튀거나 나의 트림이 상대방을 깜짝 놀라게 해서 손에 쥐고 있던 물건을 떨어뜨리게 하였을 때
* 두 사람 사이를 지나가다가 가지고 있는 우산으로 한 사람을 툭 쳤을 때
* 나에게 무엇을 문의하는 사람에게 필요한 답을 제공하지 못할 때

이 경우는 'I'm sorry.'(죄송합니다.)라고 하면 됩니다. 상대방에게 직접적인 피해를 주거나 상대방의 기대를 충족시키지 못할 때는 'I'm sorry.'라는 표현이 적당합니다.

'슬픔, 비애' 등의 뜻인 sorrow는 sorry와 뜻도 비슷하고 형태도 비슷합니다. 하지만 우연히 비슷하게 생긴 것이어서, sorry는 sorrow와 어원적인 연관성은 없습니다.

- the **sorrows** of salaried workers 샐러리맨의 비애
- sweet **sorrow** 달콤한 슬픔

sour는 '맛이 신, 시큼한, 심술궂은, 땅이 불모의' 등의 뜻입니다. 맛이 신 사과는 sour apples라고 하면 됩니다. sour는 싫고 불쾌한 일을 나타낼 때 쓰이기도 합니다. sour는 상한 음식, 특히 우유가 상했을 때도 사용합니다. 음식이 상하면 약간 시큼한 맛이 나긴 합니다.

- I have a **sour** stomach. 속이 쓰려요.

'sour grapes(신 포도)'는 '질투심으로 인해 어떤 것을 평가절하하기, 억지 부리기' 정도의 뜻을 가집니다. 이 말을 더 잘 이해하기 위해서는 이솝 우화(Aesop's fable)를 살펴볼 필요가 있습니다. 여우가 정말 맛나게 생긴 포도나무를 보고 열심히 따 먹으려고 노력했는데 계속 실패합니다. 여우는 저걸 내가 따도 시어서 먹지 못했을 거라고 말합니다. 속으로는 쓰라리면서 말이죠. 'sour grapes'는 사람들이 자기가 갖지 못하거나 가질 수 없는 어떤 것에 대해 무시하는 억지나 자기 합리화를 말합니다.

A fox came one day into vineyard.
어느 날 여우가 포도밭에 들어갔다.

He saw plenty of fine ripe grapes.
여우는 아주 잘 익은 포도송이를 보았다.

The fox was hungry, so he wanted to eat the grapes.
여우는 배가 고팠고, 그 포도가 먹고 싶었다.

But these grapes were so high that he could not reach them.
그러나 포도가 너무 높이 달려서 닿지가 않았다.

"These grapes are sure to be very sour," said fox.
그러자 여우는 "이 포도는 무척 신맛일 거야."라고 말했다.

WORDS

sore 아픈, 쓰린, 쑤시는, 피부가 쓸려 벗겨진, 상처 난   eyesore 눈에 거슬리는 것   sore spot 아픈 곳, 약점, 급소   sorry 슬픈, 유감스러운, 가엾은, 딱한, 섭섭한   sorrow 슬픔, 비애, 비통, 애도   sour 신, 시큼한, 심술궂은   sour grapes 오기, 지기 싫어함

SECTION 2

01 reel과 roll 그리고 role
02 유대교, 이슬람교 그리고 기독교
03 햄버거에 햄이 들어 있을까요?
04 clean과 clear
05 리프트는 올려주는 것
06 인생은 짧고, 예술은 길다
07 prize와 award
08 affect와 effect
09 오전과 오후
10 미터법(metric system)
11 account for가 '설명하다, 책임지다, 차지하다'로 해석되는 이유
12 '이해하다'와 '감옥'
13 희생양을 만들어 내라, 마녀사냥
14 희생양은 양이 아니라 염소?
15 가십, 루머 그리고 스캔들
16 핫도그(hot dog)는 개고기로 만들었나?
17 창살에서 시작된 취소
18 정의(正義)와 정의(定義)
19 홍명보 선수의 포지션은 청소부?
20 몬스터와 데모
21 대부(代父)는 '대신하는 아버지'라는 뜻
22 침례식과 김치
23 과학과 양심
24 엑스게임
25 미궁과 실마리
26 뉴턴의 사과
27 쇼바는 자동차 바퀴 충격장치
28 브랜드와 브랜디
29 물체와 목적과 반대
30 주관과 주어

01 reel과 roll 그리고 role

연을 날릴 때 실을 감아두는 얼레를 영어로는 릴(reel)이라고 합니다. 릴(reel)은 영화 필름이나 녹음테이프를 감아 재생하거나 보관하는 데 쓰는 기구를 말하기도 합니다. '릴낚시(reel fishing)'는 낚싯대에 릴(reel)이 달려서, 릴의 손잡이를 돌려 줄을 풀었다가 감았다 하면서 물고기를 낚는 방식을 말합니다. '얼레'의 뜻인 reel은 '돌리다, 굴리다' 등의 뜻인 roll에서 파생된 말입니다.

roll은 '구르다, 굴리다, 둘둘 만 것'이라는 의미에서 종이, 옷감, 필름 등을 둥글게 말아 놓은 두루마리를 의미합니다. 디지털카메라(digital camera)가 상용화되면서 요즘은 카메라 필름을 거의 사용하지 않게 되었습니다.

- Please put a **roll** of film in this camera. 이 카메라에 필름 한 통을 넣어주세요.

roll은 긴 종이에 여러 항목을 쓴 다음 그것을 둘둘 말아서 하나의 문서로 만든 '명부, 목록, 리스트, 인명부'도 지칭합니다. roll book은 학교에서 많이 쓰는 '출석부'를 뜻하는 말입니다.
enroll은 '명부(roll) 안에다(en (in=into))'라는 의미에서 '명부에 기재하다, 입회시키다, 입학시키다, 등록하다(register)'의 뜻으로 쓰입니다.

- Let me call the **roll**. 출석을 부르겠습니다.
- The school will **enroll** new students the first week in March.
  학교에서는 3월 첫째 주에 신입생 등록을 받는다.

롤러코스터(roller-coaster)는 놀이공원의 가장 대표적인 시설물로 경사진 레일의 미끄럼틀에 차를 끌어 올렸다가 급속도로 내려가게 하는 열차를 말합니다. coast는 '해안'이란 뜻이 있지만, 동사로 사용되면 승용차나 자전거가 동력을 쓰지 않고 '관성으로(저절로) 움직이다'라는 뜻입니다.

- They are riding the **roller-coaster**.
  그들은 롤러코스터를 타고 있다.

일자로 바퀴들이 나란히 달린 스케이트를 '인라인스케이트(in-line skate)'라고 합니다. 롤러블레이드(roller blade)는 인라인스케이트로 유명한 회사의 상표명입니다. 블레이드(blade)는 칼이나 도구 등의 '날'을 말합니다. 지프(Jeep), 호치키스(hotchkiss), 스카치테이프(scotch tape), 크리넥스(Kleenex)와 같은 말은 일반명사와 같이 사용하고 있지만, 사실은 특정 회사이름이거나 상표명입니다.

'A rolling stone gathers no moss.(구르는 돌에는 이끼가 끼지 않는다.)'라는 유명한 속담이 있습니다. 재미있게도 이 속담을 해석하는 방법은 상반된 2가지 경우가 있습니다.
첫 번째 해석은 '돌이 계속 구르면 안 된다'는 뜻입니다. '이것저것 하다 보면 돈이 모이지 않는다'나 '직업을 자주 바꾸는 사람은 성공하지 못한다'와 같이 우리나라 속담의 '한 우물만 파라'와 같은 뜻이라는 겁니다.

- A person who does not stay in any one place for very long will not develop roots or meaningful connections with others.
  어느 한곳에 오래 머물지 못하는 사람은 뿌리내리거나 타인과의 의미 있는 연줄을 발전시키지 못한다.

두 번째 해석은 돌은 계속 굴러야 한다는 뜻입니다. '활동하고 있는 사람은 늘 새롭다'나 '머리는 부지런히 써야 녹슬지 않는다'와 같이 우리나라 속담의 '부지런한 물레방아는 얼 새도 없다'와 같은 뜻입니다.

- Moss is destructive to rocks. It breaks them down. So a rolling stone (a moving body) is less likely to break down.
  이끼는 바위를 파괴한다. 그것을 부순다. 그래서 구르는 돌(움직이는 몸)은 잘 부서지지 않는다.

세계 문화에 대한 미국의 공헌은 대중으로부터 환영을 받는 예술을 발전시켜 온 점입니다. 예술을 오로지 고상한 것, 정신성이 높은 것이라고만 생각해 왔던 유럽의 지식인들은 미국의 대중문화를 오랫동안 저속한 것으로 경멸했었습니다. 그럼에도 불구하고 풍부한 자본과 뛰어난 기술을 바탕으로 미국의 대중예술은 전 세계 사람들의 마음을 계속 사로잡고 있습니다. 미국의 할리우드는 영화를 하나의 산업으로 발전시켰습니다. 세계적으로 큰 관심을 끌었던 서부영화와 SF 등 다양한 장르의 영화를 만들어 대중예술의 선두주자 역할을 하고 있습니다.

본질적으로 유럽의 오페라에서 모티브를 삼았지만, 브로드웨이에서는 새로운 형식의 오락인 뮤지컬을 창조했습니다. 아프리카와 유럽의 음악 전통이 미국에서 만나게 되어 새로운 음악적 표현인 재즈와 그 부산물인 로큰롤을 만들어 내었습니다.

1950년대 중반 무렵 엘비스 프레슬리(Elvis Presley)는 흑인의 '리듬 앤드 블루스(R&B)'를 모방하고 컨트리 음악, 웨스턴 음악을 섞어서 새로운 장르의 음악을 만듭니다. 몸을 흔드는 식으로 춤을 추는 데서 '로큰롤(rock and roll)'이라 불렸는데, 엘비스 프레슬리는 로큰롤의 황제로 등극하게 되었습니다. 1950년대 미국 젊은이들 사이에는 엘비스의 트레이드 마크인 가죽점퍼에 청바지, 기름을 발라 넘겨 세운 머리가 크게 유행하게 됩니다.

'배역의 대사를 기재한 두루마리(roll)'에서 '(배우의)배역, 역할 임무'라는 뜻의 role이란 말이 나옵니다. role play 는 '~의 역할을 하다, 행동으로 나타내다, 역할놀이 하기'의 뜻으로 학습에서 많이 쓰는 말입니다.

- Snakes have long played a key **role** in both myth and legend.
  뱀은 미신과 전설 속에서 오랫동안 중요한 역할을 해왔다.

롤플레잉 게임(RPG, Role Playing Game)은 '플레이어가 게임 속 캐릭터의 역할을 맡는 게임'이라는 뜻입니다. 일종의 보드게임인 TRPG(Table-Talk Role Playing Game)가 원조인데, 서너 명의 플레이어가 모여서 가상의 캐릭터를 만들고, 그 캐릭터로 가상의 세계를 바탕으로 시나리오를 따라 모험을 하는 것입니다. 이것을 컴퓨터로 재현한 게임 장르를 말하는데, 꾸준히 발전하면서 골수 팬들을 모으고 있습니다.

WORDS

reel 릴, 얼레, 실패, 회전 부분   roll 구르다, 굴리다, 회전   roll book 출석부   enroll 등록하다   roller-coaster 롤러코스터   A rolling stone gathers no moss. 구르는 돌에는 이끼가 끼지 않는다.   role 배역, 역할, 임무, 구실   role play 역할극, 역할놀이

유대교, 이슬람교 그리고 기독교

기독교, 유대교, 이슬람은 원래는 하나의 종교였습니다. 성경에서는 '야훼(Yahweh)'라고 칭하고, 코란에서는 '알라'라고 믿는 신은 원래 태초에 존재했던 유일신으로 같은 존재를 가리킵니다. 성경에 의하면, 유대교(Judaism)와 이슬람교(Islam)는 아브라함에 이르러 갈라지게 됩니다.

아브라함의 본처 사라(Sarah)가 아이를 가지지 못하자 몸종이었던 하갈을 첩으로 들여 이스마엘을 얻습니다. 시간이 지나 사라도 이삭을 낳게 되자 아브라함은 정실 부인에게서 태어난 작은아들 이삭을 후계로 삼기 위해 큰아들 모자를 추방합니다.

이삭의 후예들은 유대인(Jew) 즉, 지금의 이스라엘 민족이 되었습니다. Jew는 '유다(Judah)'가 변형된 건데, 유다는 지금의 팔레스타인 지역의 남부에 세운 '유다 왕국'에서 유래했습니다. '유대'는 한자어로 '유태(猶太)'로도 말하는데, '유대인'과 '유태인'은 같은 말입니다. 외국인들이 유대인을 가리켜 히브루(Hebrew)로 표현하기도 합니다.

아브라함의 여종 하갈은 주인 아브라함의 큰아들 이스마엘과 함께 집에서 쫓겨납니다. 모자는 광야를 헤매다가 물이 떨어져 야훼신에게 '왜 저희 모자를 버리십니까?'라고 원망 섞인 하소연을 하는 장면이 나옵니다. 큰아들 이스마엘의 계통을 밟은 후예들은 아랍 지방에 자리 잡아 나중에 무함마드까지 이어지면서 아랍민족이 됩니다.

유대인과 아랍인은 이복형제나 다름없는 두 민족입니다. 유대인들은 유대교를 믿고, 아랍인들은 알라신을 섬기는 코란(the Koran, the Quran)의 신봉자들이 된 것입니다. 이스라엘의 민족 종교인 유대교를 모태로 하여 나온 기독교(Christianity)는 예수 시대에 이르러 갈라지게 됩니다. 예수를 하느님의 아들이자 메시아로 인정하는 사람들에 의해 기독교가 갈라져 나오게 됩니다.

로마의 지배에 시달려 온 유대인들이 자기 민족을 구원해 줄 존재인 메시아(Messiah)의 출현을 고대하고 있었습니다. 이때 등장한 것이 예수(Jesus)였습니다. 하지만 예수는 유대인들의 의도와는 다르게 유대교의 배타적인 선민사상과 형식화된 율법을 배격했습니다. 그는 모든 인간을 평등하게 구제하는 신에 대해 설파하고 다녔는데, 그의 사상은 점차 하층민을 중심으로 퍼져 나갔습니다.

예수를 구세주라 따르는 무리들이 늘어나면서 유대교 사제들은 예수의 영향력 확대에 위협을 느낍니다. 그들은 예수가 민중을 선동하여 왕이 되려 했다는 누명을 씌워 로마에 대한 반역자로 몰아 십자가에 못 박혀 죽게 했습니다. 예수의 사후 사도 바울과 베드로 등의 노력으로 로마 내에 포교의 발판을 갖춘 기독교는 교세가 날로 확장되어 갔습니다. 기독교는 예수의 죽음과 부활을 계기로 사랑과 전 인류의 구원을 지향하는 보편적인 종교로 발전하게 되었습니다.

아멘(amen)은 교회나 성당에서 기도나 찬송이 끝난 뒤, 끝에 붙이는 관용어로서 '지금 기도한 대로 이루어주옵소서'라는 뜻으로 쓰입니다. 유대인의 언어인 히브리어에서 왔지만, 유대교와 이슬람교에서도 똑같은 말을 쓰고 있습니다. 기독교에서도 마찬가지인데, 원래 유대인들이 예배의식에 사용한 것을 기독교가 받아들였기 때문입니다.

히브리어인 아멘(amen)은 '확실히, 진실로'라는 뜻이 있습니다. 요즘 우리가 교회에서 들을 수 있는 '아멘'의 뜻은 설교나 기도를 듣는 사람이 발언자의 말에 '진실로 동감한다'는 뜻으로 이해하면 됩니다.

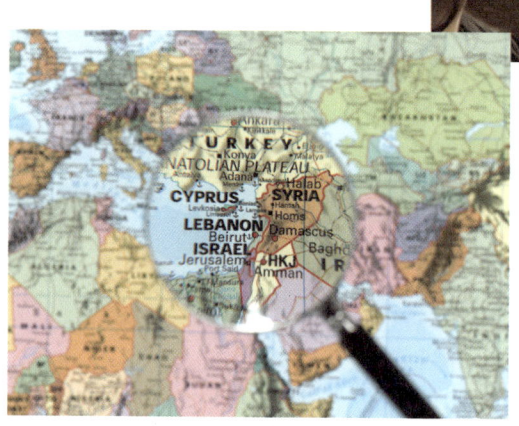

팔레스타인(Palestine)지역은 성경에서 '젖과 꿀이 흐르는 땅'이라고 표현한 가나안 땅입니다. 1948년 이 지역에 이스라엘 공화국이 세워지면서, 당시 살고 있던 아랍인들과 유대인들은 치열한 분쟁을 하게 됩니다.

유대교와 이슬람교 등 종교분쟁의 가장 중요한 원인의 하나는 구약과 코란의 교훈이라고 합니다. 그 대표적인 것의 하나가 '눈에는 눈으로 갚고, 이에는 이로 갚으라'는 복수를 정당시하는 잘못된 정의관입니다. 바빌로니아 함무라비(Hammurabi) 왕이 발표한 법전에서는 이러한 복수를 법적으로 인정했습니다.

복수에 대한 정의관은 메소포타미아 문명의 영향을 받은 유대인 사이에도 심어지게 됩니다. '모세'는 만약 남의 생명을 빼앗았을 때는 목숨으로써 보상케 한다는 율법을 정했습니다. 그것을 가르치고 요청하는 신이 바로 야훼이고 알라라고 믿고 있는 것입니다. 유대교와 이슬람, 기독교와 이슬람, 힌두교와 이슬람의 대립 등 종교 대립의 비극은 세계 도처에서 발견됩니다.

WORDS

Yahweh 야훼, 여호와 Judaism 유대교, 유대주의, 유대 문화 Islam 이슬람교, 마호메트교, 회교, 이슬람 문화 Judah 유다, 유다 족 Hebrew (Jew) 히브리인, 유대인, 이스라엘 사람. 히브리어 Koran 코란 Christianity 기독교, 그리스도교, 기독교적 신앙의 실천. 기독교 교파 Messiah 구세주, 메시아, 그리스도, 구원자, 해방자 Jesus 예수, 예수 그리스도 amen 아멘, 좋다, 그렇다!, 동의, 찬성 Palestine 팔레스타인

햄버거에 햄이 들어 있을까요?

'돈가스'는 빵가루를 묻힌 돼지고기를 기름에 튀긴 음식을 말합니다. 돈가스에 대한 영어 이름은 '**포크 커틀릿(pork cutlet)**'입니다. pork는 돼지(pig)라는 뜻의 프랑스어 porc에서 유래했고, cutlet은 '얇게 자른 것'이란 뜻입니다.

- Hindus see cows as sacred and avoid beef, while Muslims view pigs as unclean and avoid **pork**.
  힌두교도는 소를 성스러운 것으로 여겨 소고기를 먹지 않고, 이슬람교도는 돼지를 불결하다고 하여 돼지고기를 먹지 않는다.

팸플렛(pamphlet)이나 booklet 등에서 볼 수 있듯이 접미사 let은 '작은(little)'이라는 의미입니다. 작은 물방울을 뜻하는 **droplet**은 방울(drop)과 let(small)이 합해져서 만들어진 말입니다. cutlet은 '자르다'라는 의미의 cut에 접미사 let이 붙어서 된 말로 '작게 잘라낸 조각'이란 뜻입니다.

돈가스라는 이름의 '돈'은 돼지고기를 뜻하는 pork에 대한 한자어의 돼지 돈(豚)을 가리킵니다. 커틀릿(cutlet)의 일본어 발음인 '까스레스'에서 앞의 두 글자만 택하여 '까스'로 부르게 되어 '돈가스'라는 말이 만들어졌습니다. 돼지고기 대신에 쇠고기에 빵가루를 묻혀 기름에 튀긴 음식을 beef cutlet이라고 합니다. 같은 방식으로 일본사람들은 beef cutlet을 '비후까스'라고 합니다.

'함박스텍'은 '햄버거 스테이크(hamburger steak)'를 일본인들이 발음한 것입니다. 햄버거(hamburger)는 잘게 갈아서 다진 고기(ground meat)를 둥그런 덩어리(patty)로 만들어 구워서 먹는 음식입니다. 스테이크(steak)는 두툼하게 베어낸 고기를 불이나 판에 구운 음식을 말합니다. 스테이크는 고기를 꼬챙이(stick)에 끼워서 돌려가면서 불에 구워먹던 요리방법에서 유래한 말입니다.

가장 대표적인 미국 음식으로 꼽는 다면 햄버거를 떠올리게 될 만큼 햄버거는 미국에서 가장 인기 있는 음식입니다. McDonalds와 Burger King 등 fast-food 식당의 전세계 보급으로 인해 세계 어느 곳에서나 미국식 햄버거를 맛볼 수 있습니다.

- **Hamburger** is America's most favorite quick food, and is very popular among youngsters. 햄버거는 미국의 가장 사랑 받는 퀵푸드이며 젊은이들 사이에서 큰 인기를 얻고 있다.

햄버거에 햄이 들어 있을까요?
각종 햄버거 CF를 봐도 잘게 다진 고깃덩어리인 패티(patty)와 구운 야채, 샐러드 등이 들어있는 것만 광고합니다. ham이라는 단어가 먹는 햄을 연상시켜서 마치 햄을 넣은 버거인 것처럼 인식되지만, 잘 생각해보면 햄버거에는 햄이 들어가지 않습니다.

햄버거(hamburger)는 독일의 유명한 항구 도시이름인 함부르크(Hamburg)의 이름에서 유래되었습니다. 함부르크 사람들은 잘게 저민 질 나쁜 쇠고기에 양념을 넣어 맛을 낸 '함부르크 스테이크'를 만들었는데, 가난한 계층의 기본 식사였습니다.

햄버거는 원래 유목민들의 음식이라고 합니다. 아시아의 초원 지대에 살던 몽골의 유목민족인 타타르 족이 질긴 들소고기를 먹기 좋게 할 목적으로 고기를 잘게 다져 먹던 것이 원조입니다. 타타르 족은 잘게 다진 고기를 말 안장에 깔고 다니면서 부드럽게 만든 다음에 소금, 후춧가루, 양파즙으로 양념해서 먹었다고 합니다. 이 조리법을 독일의 함부르크 상인들이 독일로 가져가서 불에 익혀 먹으면서 '함부르크 스테이크'가 탄생하게 됩니다. 미국에 이민 온 독일 사람들이 'hamburger steak'를 미국에 소개해주면서 미국의 대표적인 식품으로 자리 잡게 됩니다.

제2차 세계대전 중 육류가 부족해지자 빵 조각 사이에 고기 대신에 다양한 재료를 넣어 만드는 방법이 개발됩니다. 엉뚱하게도 hamburger는 ham이 들어간 burger인 것처럼 인식되어 마치 burger는 접미사처럼 신조어가 생겨났습니다. 치즈가 들어간 것은 cheese burger, 닭고기를 넣은 것은 chicken burger, 새우가 들어가면 shrimp burger라고 하는 경우입니다.

WORDS

pork 돼지고기, 돼지 cutlet 얇게 저민 고기, 납작한 크로켓 pamphlet 팸플릿, 소책자, 소논문 droplet 작은 물방울
hamburger 햄버거

04 clean과 clear

우리말로 '깨끗하다'는 의미로 사용할 수 있는 영어는 clear, clean, cleanse 등이 있는데, 약간의 뉘앙스(nuance)차이가 있습니다. 의미를 정확히 이해해서 분명(clear)하게 구분할 수 있어야 합니다.

clear는 '더럽거나 방해되는 것이 없는 상태, 필요 없는 물건이 없이 깨끗하고 맑고 개운한' 상태를 나타냅니다. 하늘이 clear하면 '구름 하나 없이 맑은' 상태를 나타냅니다.

- On a **clear** day you can see France. 맑은 날에는 프랑스를 볼 수 있다.
- You can get a **clear** view of Mt. Fuji from here. 여기서 후지산이 선명하게 보인다.

레스토랑에서 식사를 마치고 나서 웨이터에게 식탁 위를 정리해달라 부탁할 때, "Can you clear the table?"라고 하면 됩니다. clear가 동사로 사용되면 '~을 제거하다, 치우다, 깨끗이 하다'의 뜻으로 사용됩니다.

한편, clear는 애매한 것이 없이 상황에 대한 명확성을 나타내어 '명백한, 명료한'이란 의미로 사용되기도 합니다. 상황이나 의미에 대한 모호함을 없애 이해하기 쉬운 상황이나 의견을 의미합니다.

- There are **clear** reasons for sleep deprivation. 수면 부족에 분명한 이유가 있다.
- A summary should be as **clear** and concise as possible.
  개요는 가능한 명확하고 간결해야 한다.

연못 안의 물이나 냇가에 흐르는 물이 흙탕물이 아니라 맑은 물일 때 'clear water'라고 합니다. clear water란 투명한 할 정도의 '맑은 물'이란 의미이긴 하지만, 사람이 마실 수 있는지 아닌지는 모릅니다. 설사 인체에 유해한 물질이 들어가 있어도 '투명한 물'은 clear water입니다.

clean이란 말도 '쓰레기나 먼지 등의 불순물이 없이 깨끗하고 더럽지 않은, 청결한' 상태를 나타내는데, 그 정도가 clear보다 위생적으로 안전할 정도로 더욱더 깨끗한 상태를 말합니다. clean water는 사람이 먹을 수 있을 정도로 인체에 유해한 물질이 들어 있지 않은 '위생적인 물'을 말합니다. 편의점에서 파는 생수(mineral water)는 clean water이며, 당연히 clear water입니다.

식탁이 아주 지저분할 때 물건을 대강 정리하는 작업은 clear입니다. 반면에 세제 등을 이용해서 위생적으로 깨끗하게 닦아내는 작업은 clean입니다. clear한 곳에 떨어진 음식을 먹기에는 찝찝하지만, clean한 곳에 떨어진 음식은 마음 편히 먹을 수 있습니다. 수돗물이 '깨끗한(위생적인)' 것은 clear가 아니라 clean입니다.

테이블에 놓여 있는 유리컵에 립스틱 흔적이 있다면, 이 컵은 clear하지도 않고, 당연히 clean하지도 않습니다. 웨이터에게 "The glass is not clean."이라고 말해서 위생상 clean한 컵으로 바꿔달라고 요청하시기 바랍니다.

- In some countries, the tap water is not very **clean**.
  몇몇 나라에서는 수돗물이 위생적으로 매우 깨끗하지 않다.

- Wind power is **clean** energy because is does not produce any pollutant.
  풍력은 청정에너지이다. 그것은 어떤 오염물질도 배출하지 않기 때문이다.

드라이클리닝(dry cleaning)은 결코 옷이 마른 상태에서 세탁하는 것은 아닙니다. 옷가지들을 액체 세제가 들어 있는 세탁기 안에 넣게 되므로 완전히 적셔지게 됩니다. 드라이클리닝은 단지 물세탁이 아니라는 뜻으로 이해해야 합니다. 드라이클리닝은 물세탁에 의해 변형될 수 있는 세탁물을 유성 휘발성 유기 용제를 사용하여 마른 상태로 세탁하는 방법을 말합니다.

- Please **clean** and press the suit. 이 정장을 세탁 후 다림질해 주세요.

화장을 아름답게 하는 것도 중요하지만 깨끗하게 씻어내는 것 또한 중요합니다. 얼굴에 남아있는 찌꺼기는 피부 트러블은 물론 얼굴색마저도 칙칙하게 변질시키기 때문입니다. foam cleansing, cleanser는 얼굴을 닦는 제품인 세안제입니다.

cleanse라는 단어가 얼굴 씻는 클린징 제품 외에도 많이 등장하는 곳이 있는데 바로 성경(the Bible)입니다. cleanse는 '피부나 상처를 세척하다'라는 의미와 함께 '죄책감을 씻어주다, 덜어주다'는 의미로도 쓰이기 때문입니다. cleanse는 세제나 화학 약품들을 이용하여 깨끗하게 씻는 행위를 나타내면서, 비유적으로 죄를 씻어내어 정결하게 한다는 뜻도 가집니다.

- Death shall **cleanse** the world!
  죽음은 세상을 정화할 것이다.

WORDS

clear 밝은, 맑은, 명백한, 열린   clean 청결한, 깨끗한, 오염되지 않은, 위생적인   cleanse 청결하게 하다, 씻다, 세척하다, 정화하다

05 리프트는 올려주는 것

지렛대(lever)를 이용하면 직접 들어 올릴 수 없는 무거운 물체를 작은 힘으로도 들어 올릴 수 있습니다. 영국에서는 엘리베이터를 리프트(lift)라고 하는데, lever의 v가 f로 변형된 말입니다. 스키장에서 사람을 슬로프(slope)의 꼭대기까지 올려주는 기구도 리프트(lift)라고 합니다.

light는 '빛, 광선, (날이) 밝은; (빛이) 환한' 등의 의미이지만 '가벼운'이란 뜻도 있습니다. lift는 독일이나 네덜란드에서는 licht로 변화되었는데, 영어에서 다시 '가벼운, 무겁지 않은' 등의 뜻인 light가 되었습니다.

facelift는 건물 등의 '외장 개조'나 '새 단장'이라는 의미가 있는데, 완전 새로운 것이라기보다는 기존에 있던 모델에서 '변화를 시도한' 것에 쓰는 표현입니다. 자동차의 경우 차의 얼굴에 해당하는 앞부분의 디자인이 수정되거나 성능이 업그레이드되었을 때 이 표현을 쓰곤 합니다. 이 단어에는 '주름 제거 수술'이라는 의미도 있습니다. 말 그대로 얼굴(face)에 있는 주름을 위로 올려주는(lift) 것입니다.

loft는 '다락방, 꼭대기 층' 등의 뜻으로, 원뜻은 '다락방을 올리다'로, '들어올리다, 높이 올리다' 등의 lift에서 나온 말입니다. '올려진, 높은, 고상한, 거만한' 등의 뜻인 lofty에는 아직도 lift의 의미가 남아 있습니다.

- The project was criticized as having **lofty** but unrealistic goals.
  이 프로젝트는 목표는 원대하지만, 비현실적이라는 비난을 받았다.

WORDS

lever 지레, 레버, 수단, 방편   lift 올리다, 들어올리다, 올라가다, 승강기, 들다   light 밝은, 가벼운   facelift 주름 제거 수술
loft 지붕 밑 방, 다락방, 위층   lofty 고상한, 매우 높은, 우뚝 솟은, 당당한

06 인생은 짧고, 예술은 길다

Life is short, but art is long. (인생은 짧지만 예술은 길다.) 이 말을 누가 했을까요?
노래나 시에 수없이 등장하는 이 글귀는 뜻밖에도 서양의학의 아버지인 고대 그리스 의사 '히포크라테스(Hippocrates)'가 한 말입니다. 요즘도 의대생들이 의사의 길에 들어가기 앞서 맹세하는 히포크라테스 선서(Hippocratic Oath)로도 잘 알려졌습니다.

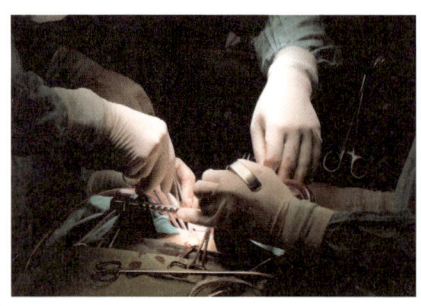

흔히 '예술가의 인생은 짧지만, 그가 남긴 작품은 오랜 생명을 지닌다.'는 뜻으로 이해되고 있지만 이것은 잘못된 해석입니다. art는 '예술'이 아니라 '기술' 특히, '히포크라테스'의 경우는 '의술'을 가리키는 것입니다. 이 표현은 히포크라테스가 자기에게 의술을 배우고 떠나는 제자들에게 한 말입니다. '사람의 일생은 극히 짧은데 의술을 닦기란 여간 어려운 것이 아니니 이에 종사하려는 자는 열심히 노력해야 한다.'는 뜻으로 말한 것입니다.

요즘은 art라는 단어는 '예술'이란 뜻이 있지만, 고대부터 중세까지 art는 '아주 잘 단련된 인간의 솜씨와 기술'을 의미했습니다. art는 농사를 짓든, 물건을 만들든, 병을 고치는 의술에 종사하든, 일정한 지식과 숙달을 통해 그 일을 잘하는 능력을 의미했습니다.

인도유럽어의 'ar'는 '물건을 연결하다, 한곳에 두다'라는 개념입니다. art는 '원하는 것을 한곳에 모아두는 기법'이란 의미에서 '기술, 기교, 예술, 미술, 수법, 술책'의 뜻을 가집니다. artisan(장인), artifact(인공물), artificial(인공의)이란 단어에는 아직도 '기술'이나 '손으로 만들기' 등의 뜻이 남아 있습니다.

뭔가 만드는 곳, 공장(factory)이라는 말에서 알 수 있듯이 fact라는 어근은 '만들다, 행하다'란 뜻이 있습니다. artifact는 '손으로 합쳐서(art) 만들다(fact)'의 의미에서 천연물이 아니라 인공적으로 만든 것, '인공물, 공예품, 가공품'의 뜻입니다.

artificial은 '예술적인'이란 뜻이 아니라 '인공의, 모조의, 인위적인, 인조의, 거짓된, 꾸며진'이란 뜻입니다.

- **artificial** turf 인조잔디
- She welcomed me with an **artificial** smile. 그녀는 억지 미소로 나를 환영해주었다.

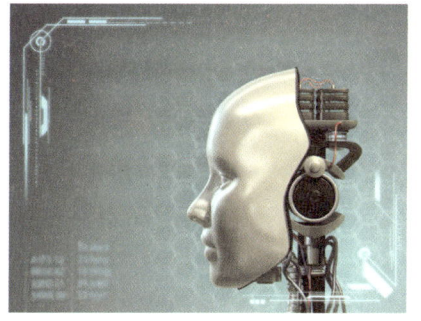

학습이나 의사결정과 같은 인간의 지적 능력을 컴퓨터나 로봇이 대행할 수 있도록 하는 기술을 인공지능(人工知能, Artificial Intelligence)이라고 합니다. 1950년대 중반에 연구가 시작됐으며 현재는 게임, 비전 인식, 음성 인식, 로봇공학, 생산자동화 등의 분야에서 널리 활용되고 있습니다.

'팔'을 의미하는 arm도 art와 같은 어원입니다. art는 팔(arm)을 이용하여 능숙하게 익힌 '기술, 요령, 방법' 등을 의미하였고, 여기에서 '예술'의 뜻까지 생긴 말입니다.

중세 때 art는 문법, 논리학, 수사학, 대수, 기하, 음악, 천문학 등을 통틀어서 '학문(liberal arts)'이라는 뜻으로 쓰였습니다. 대학교를 졸업하면 받는 학사 BA 학위를 영어로 Bachelor of Arts라고 하는데, '기본적인 학문수련과 교양을 갖춘 사람'이란 뜻입니다.

이후 art의 개념이 세분화 되면서 정신적 노력이 많이 가미된 훌륭한 예술인 fine art와 신체적 노력이 중심이 된 평범한 기술인 crafts로 나뉘게 됩니다. 르네상스 시대에 때 정리된 fine art의 개념은 회화, 조각, 음악, 시, 무용이었습니다. fine art의 개념도 시간에 따라 계속 분화됐는데, 현대의 개념정의로는 회화, 조각, 건축과 같은 시각예술 즉 미술(美術) 영역만을 한정하여 의미하고 있습니다. 일상적으로 사용되는 fine art는 순수미술로 실용적인 기술이나 기능, 응용미술과 구분되는 의미로 사용됩니다.

art를 '종합예술'이라는 말로 표현하듯이, 꼭 미술 영역만 지칭하는 것은 아닙니다. 18세기부터 시각예술 분야에만 한정되던 의미가 확대되어 예술 전반을 지칭하게 되었습니다. 인간이 창조성을 발휘하고 기술을 발휘하여 자연과 우주의 완벽한 질서와 아름다움을 추구하는 활동으로 정의되었습니다. '손재주'에서 출발하여 학문, 그리고 미술, 그 다음은 예술로 의미가 확대되어 간 것입니다.

art는 실용적인 기술이나 기능이란 의미에서 순수예술 전반으로 의미의 폭이 확장되었습니다. 그러면서 여러 개의 art 관련 단어도 구분되어 발달하였습니다. artisan 은 '기술공, 숙련공(craftsman)'이라는 뜻이고, artist는 '예술가, 화가, 배우'라는 뜻입니다. artillery는 '합치는 기술(artiller)과 관련된(ery)'이란 의미에서 '대포, 포병대'의 뜻으로 쓰입니다.

- the **artisan** spirit 장인 정신

confidence trick(game)은 사기꾼이 사람들에게 신임을 얻은 후 사기를 치는 것을 말합니다. 이때 사기꾼을 confidence man이라고 하는데, 줄여서 con man 또는 con이라고도 하고 con artist라고도 합니다.

WORDS

art 예술, 미술, 기술, 예술 작품 artisan 장인, 공장, 기능공, 직공, 기계공 artifact 인공물, 공예품, 인공 유물(산물) artificial 인조의, 인공적인, 부자연스런, 모조의, 인위적인 fine art 미술 crafts 기능, 기교, 교묘, 기술, 재주 artist 예술가, 미술가, 화가, 명수, 명인 artillery 포, 포병과, 대포, 미사일 발사기, 포병대 con artist 사기꾼, 거짓말쟁이

07 prize와 award

prize는 중세 프랑스 어에서는 강제로 빼앗은 전리품을 뜻하기도 했습니다. 먼저 '노획물, 나포선, ~을 포획하다'라는 의미에서 발전하여 '상, 상품, 현상금, 높이 평가하다, 소중히 여기다'의 뜻이 되었습니다. prize는 경쟁자들을 물리치고 얻은 자신의 승리에 대한 보상으로 받는 상이란 의미입니다.

prize는 '값, 가격, 물가가치, 시세' 등의 뜻인 price, '가치가 있는, 비싼, 귀중한'이라는 뜻의 precious, '칭찬, 찬사, 찬양'의 뜻을 가진 praise도 모두 같은 어원입니다. 가치(price)를 평가(prize)하여 소중(precious)하다고 인정을 받을 때 칭찬, 찬사(praise)를 받게 됩니다.

자동차 경주에서 우승이란 뜻으로 쓰이는 그랑프리(grand prix)는 프랑스어에서 차용한 말입니다. 영어로는 '큰'이란 뜻의 grand와 '상'이란 뜻의 prize가 붙은 말입니다. 상이란 뜻의 prix도 역시 price의 c가 x로 변형되어 나온 말입니다.

award는 '상'을 의미하지만, 심사위원 등의 신중한 검토나 심층적인 관찰한 후 결과로서 주는 상을 가리킵니다. award는 'a 밖에서(out) ward 주의 깊게 지켜보다(watch)'라는 의미에서 수상 대상을 잘 살펴본 후 결정해서 주는 상입니다.

- He was **awarded** a gold medal for his excellent performance.
  그는 자기의 뛰어난 성과 덕에 금메달을 수상하였다.

- He is eligible for **award**. 그는 상을 받을만한 자격이 있다.

prize와 award는 모두 '상(賞)'이란 뜻인데, 이 둘의 차이는 무엇일까요? prize는 경쟁 등에서 이긴 승리의 증표로서 주는 상을 의미합니다. award는 뭔가를 잘했을 때 심사위원 등에 의한 공식적인 심사와 신중한 검토 결과에 따라 주어집니다. prize는 상을 받은 사람 스스로 경쟁에서 최고임을 증명하는 것이고, award는 평정한 평가를 통해 최고로 인정(recognize)을 받는 의미가 큽니다. 노벨상의 경우, 전 세계에 기여한 정도를 판단하여 상을 주므로 'Nobel Prize'가 되고 아메리칸 아이돌 같은 곳에서 수상하는 것은 심사위원들의 영향력이 크므로 'award'가 되는 것입니다.

노벨상(Nobel Prize)은 다이너마이트 발명자인 스웨덴의 알프레드 노벨의 유언에 따라 인류 복지에 공헌한 사람에게 수여되는 상입니다. 노벨상은 물리학, 화학, 생리·의학, 문학 및 평화, 경제학의 6개 부문으로 나뉩니다. 한국인 최초로 김대중 대통령이 2000년 노벨상 평화상 부문을 수상하였습니다. 한국과 동아시아에서 민주주의와 인권 그리고 특히 북한과의 평화와 화해를 위해 노력한 공로를 인정받았습니다.

- Nobel Foundation gives **Nobel Prize** to the world's most talented people every year. 노벨 재단에서는 매년 세계에서 가장 재능 있는 사람들에게 노벨상을 수여한다.

퓰리처상(Pulitzer Prize)은 매년 언론, 출판, 문학, 음악 등 분야에서 뛰어난 대중적 공로와 현저한 업적을 남긴 사람에게 수여됩니다. 헝가리 태생으로 미국의 언론인이자 신문 경영자였던 퓰리처(Joseph Pulitzer)가 창설하고 컬럼비아 대학(Columbia University)이 관리하고 있습니다. 1911년 사망한 그의 유언에 따라 유산 50만 달러를 기금으로 하여 1918년 이후 매년 시상되고 있습니다. 한 가지 아쉬운 점은 수상자 대상이 미국 신문사에서 활동하고 있는 사람이거나 반드시 미국 시민이어야 한다는 조건이 있습니다.

Joseph Pulitzer and the Pulitzer Prizes

One man's contribution to the future of journalism and photojournalism

- He won the **Pulitzer Prize** in 1953 with his novel, The Old Man and the Sea. 그는 1953년에 소설 '노인과 바다'로 퓰리처상을 받았다.

WORDS

prize 상, 포상, 상품, 경품, 당첨 precious 귀중한, 값비싼, 고귀한, 존경할 만한, 귀여운 praise 칭찬, 칭찬하다, 찬양, 칭찬할 만한 점, 찬양할 만한 사람 award 수여하다, 상, 주다

08 affect와 effect

공장(factory)에서 볼 수 있듯이 fact, fect라는 어근은 '~을 만들어(make) 내다'라는 뜻을 가집니다. affect의 접두사 'af'는 'ad'의 변형으로 'to'라는 개념이고, '하다, 만들다'의 뜻을 가진 fect와 결합한 형태입니다. '무엇한테 무엇인가를 하다'라는 의미에서 '영향을 미치다, 작용하다, (병, 고통이 사람을) 침범하다, 감동시키다, 정서적 충격을 주다'라는 뜻으로 쓰입니다. 기본 개념은 사람이나 사물에 무엇인가에 영향을 '미치는 것'을 의미하며, affect 다음에는 영향을 받는 대상이 옵니다. 무엇인가를 하게 되면 그것은 영향을 주며, 그것은 좋은 경우도 나쁜 경우도 있습니다. affect는 influence와 같은 의미로 보면 됩니다.

- Self-esteem **affects** all aspects of our lives. 자부심은 우리 삶의 모든 면에 영향을 미친다.

정말 어려운 것을 만들어 내는 것을 보면 감동을 하지 않을 수 없습니다. 이 '영향을 미치다'의 의미에서 '감동시키다'의 의미가 생겨납니다. affect가 명사로 쓰이는 경우에는 '감동이나 느낌'이라는 뜻으로만 쓰입니다.

- He is easily **affected**. 그는 쉽게 감동한다.

affect의 '감동시키다'라는 의미에서 affection은 남을 감동시키는 것 '호의, 사랑, 애정' 등의 뜻으로 쓰이는 말입니다. affectionate는 '애정 어린, 애정이 깊은, 다정한'의 뜻입니다.

- The father never showed his children great **affection**.
  그 아버지는 자녀들에게 큰 애정을 보이지 않았다.
- He is very **affectionate** towards his girlfriend. 그는 여자친구에게 매우 다정하다.

effect는 'ef'는 'ex'의 변형으로 밖으로(out)라는 개념이고, '하다, 만들다'의 뜻을 가진 fect와 결합한 형태입니다. '일한 것이나 만든 것(fect)을 밖으로(ef) 드러내다'라는 의미에서 '영향; 결과, 효과, 초래하다, (변화를) 가져오다'라는 뜻으로 쓰입니다. effect는 result, consequence, conclusion 등의 뜻으로 보면 됩니다.

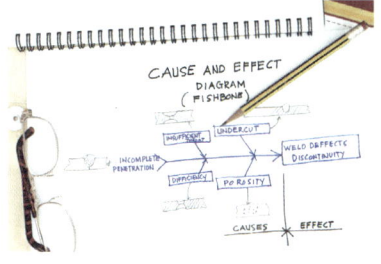

- **Cause and Effect** 원인과 결과

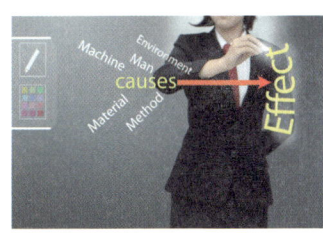

effect의 목적어는 그 영향이 끼쳐져 만들어지는 '결과'가 옵니다. effect가 명사로 쓰이면 '결과, 영향, 효과, 효력' 등의 뜻이 되며, without effect는 '효과 없이'란 말입니다.

- **The incident effected a profound change in her.** 그 사고는 그녀에게 엄청난 변화를 초래했다.

나비효과(butterfly effect)는 아주 작은 변화가 결과적으로 엄청난 변화를 초래할 수 있다는 이론입니다. 중국 베이징[北京]에 있는 나비의 날갯짓이 일으킨 파동이 태평양을 건너면서 증폭되어 미국 뉴욕에서 폭풍우를 발생시킬 수도 있다는 설명입니다.

대기 중의 이산화탄소는 최근 지구의 표면 온도를 높이는 이른바 '온실 효과(greenhouse effect, 溫室效果)의 주범'으로 지목되고 있습니다. 지구에서 방출되는 적외선이 그 이산화탄소에 흡수되어 온실처럼 지구를 온난하게 된다는 설입니다.

- **greenhouse effect** 탄산가스에 의한 지구 대기의 온실 효과

부메랑(boomerang)은 원래 오스트레일리아 원주민이 쓰는 편평하고 활 모양에 가까운 사냥도구입니다. 던져서 목표물에 맞지 않으면 던진 지점으로 다시 되돌아옵니다. 부메랑 효과(boomerang effect)는 선진국이 개발도상국에 경제원조나 자본투자를 제공했을 때, 개발도상국의 생산제품이 선진국에 역수출됨으로써 선진국의 해당 산업과 경합하는 현상을 말합니다.

다. 부메랑효과의 가장 대표적인 사례는 2차대전 후 일본과 독일의 경우를 들 수 있습니다. 미국의 자본투자 및 기술원조를 받아 각종 산업을 육성시켜 두 나라는 현재 세계 경제를 주도하고 있습니다.

어떤 일에 부수적으로 일어나는 바람직하지 못한 일을 부작용(side effect, 副作用)이라고 합니다. 예를 들면, 진통제를 먹었는데 속이 불편해지는 따위를 말합니다.

- Are there any **side effects** from this medicine?
  이 약은 어떤 부작용이 있습니까?

- This new medicine may cause noticeable **side effects**.
  이 신약은 눈에 띄는 부작용을 일으킬지도 모른다.

affect와 effect를 헷갈리지 않는 팁을 드립니다.

affect는 상대방이나 어떤 것에게 영향을 주는 행위나 동작(과정)에 초점이 맞추어져 있고, effect는 어떤 일이나 행위의 결과에 초점이 맞추어져 있습니다. 따라서 affect의 뒤에는 영향을 받는 대상이 오고, effect의 뒤에는 영향의 결과가 오게 됩니다.

- Television **affects** children's behavior.
  텔레비전은 아동의 행동에 영향을 미친다.

- Lack of rain **effects** a drought.   비가 오지 않는 것은 가뭄을 초래한다.

위 문장에서 비가 부족한 상황은 원인이고 effect 다음에 그 결과인 가뭄이 오게 됩니다.

WORDS

factory 공장, 획일적인 사물·사람을 만들어내는 곳   affect ~에 영향을 미치다. 작용하다, 악영향을 미치다. 침범하다, 감동시키다   affection 애정, 호의, 감동   affectionate 애정이 깊은, 자애로운, 상냥한, 친애하는   effect 결과, 효과, 영향, 효력, 효험   side effect 부작용

09 오전과 오후

meridian은 '날(dian)의 한 가운데(meri)'라는 의미에서 '정오(正午), 한낮, 절정, 한창, 자오선' 등을 뜻하는 프랑스어에서 온 말입니다. 정오(midday)는 낮 열두 시, 즉 태양이 표준 자오선을 지나는 순간을 말합니다. 'meri'는 '가운데'를 뜻하는 median의 변형인데, 미국 도로의 중앙분리대를 median strip이라고 합니다. '중간의'이란 뜻을 가진 mean은 median이 변형된 말입니다. meantime은 '그 동안에, 중간 시간'이란 뜻이고, meanwhile은 '(다른 일이 일어나고 있는) 그 동안에, 한편' 등의 뜻입니다.

A.M.은 라틴어 ante meridiem에서 머리글자만 따온 것으로 정오 이전 before noon, 즉 오전이란 뜻입니다. P.M.은 post meridiem에서 머리글자만 따온 것으로 정오 이후 after noon, 즉 오후라는 뜻입니다.

'오후(afternoon)'는 '정오를 뜻하는 noon의 이후'란 뜻에서 나온 말입니다. noon(정오)은 '아홉 번째(nine)'를 의미하는 라틴어 nona에서부터 유래되었습니다. nona는 숫자 9를 뜻하는 라틴어 'novem'의 서수입니다.

아침 6시경 일출부터 9번째 시간을 계산하면 오후 3시가 되는 시간인데, 그 시간을 noon이라고 불렀다고 합니다. 예전에는 교회에서 그리스도가 죽은 오후 3시에 종교적인 의식을 치렀다고 합니다. 그런데 예배시간이 3시간 당겨지면서 noon은 정오 12시를 뜻하게 되었다고 합니다.

고대 시대의 1년은 10달이었습니다. BC 45년 율리우스 카이사르(Julius Caesar)는 1년을 평년 365일로 하여, 4년에 1일 윤일을 2월 23일 뒤에 넣도록 하는 율리우스력으로 개정하였습니다. 이때 1월인 January와 2월인 February가 추가되어 지금의 12달이 만들어졌습니다. 7월 July와 8월 August는 로마의 황제 이름에서 나온 말입니다(엄밀히 말하면 Julius Caesar는 황제는 아닙니다.). 원래 5월이었던 Quinctilis(quintuplet은 다섯 쌍둥이를 뜻함)는 2개월이 밀리면서 7월이 되었는데, 이름마저 July로 바뀌었습니다. July는 율리우스의 달력을 재정비한 Julius Caesar가 태어난 달로 이 Caesar가 암살된 후 그의 업적을 기리기 위해 만들어졌습니다.

라틴어 'novem'은 숫자 9를 뜻하고, November는 원래 9월이었습니다. 1월과 2월이 생겨나면서 2월이 밀려서 November는 11월이 되었습니다. 2개월 뒤로 밀린 것은 November뿐만이 아닙니다. 'Octo'는 8이란 뜻이고, October는 원래 8월이었다가 10월이 되었습니다. December도 10월이었다가 12월이 되었습니다.

WORDS

meridian 자오선, 경선, 정오, 자오선의 **midday** 정오(의), 한낮(의) **meantime** 그 동안에, 동시에, 한편 **meanwhile** 그 동안(에), 중간 시간, 동시에, 한편, 그때까지는 **A.M. (ante meridiem)** 오전, 오전의 **P.M. (post meridiem)** 오후, 오후의 **afternoon** 오후, 후반, 후기 **noon** 정오, 한낮, 전성기, 절정, 최고점 **November** 11월

10 미터법 (metric system)

'땀은 여름 건강의 바로미터라 할 수 있다.' '쾌변, 쾌식, 쾌면의 3쾌는 건강의 바로미터이지요.' 여기서 바로미터의 뜻은 무엇일까요? 일기예보 시간에 고기압 또는 저기압이란 표현을 사용하는데, 날씨를 결정하는 가장 중요한 요소입니다. 기압(atmospheric pressure)은 공기의 압력을 말하는데, 기압을 측정하는 기계를 바로미터(barometer)라고 합니다. 바로미터의 뜻이 확장되어 '잣대, 척도, 지표'라는 일반용어로써도 사용되게 됩니다.

길이의 단위는 meter이고, 승차거리에 비례해서 택시 요금을 계산하는 기계를 'meter기'라고 합니다. '측정하다, 재다' 등의 뜻을 가진 meter는 '재다, 측정하다' 등의 뜻인 measure가 변형되어 만들어진 말입니다. 측정하는 기계로는 온도를 재는 온도계(thermometer), 속도를 재는 속도계(speedometer) 등이 있습니다.

diameter는 '가로질러(dia) 측정한(meter) 것'이라는 의미에서 '직경, 지름, (렌즈의) 배율'의 뜻으로 쓰입니다. 수학에서 배우는 원주율(圓周率) 'π'(파이)는 원둘레(circumference)의 길이와 지름(diameter) 사이의 비를 말합니다. 원주율 값은 원의 크기에 상관없이 항상 일정한 값을 가집니다.

- π(pi) constant is the ratio between the circumference and **diameter** of a circle. 원주율 파이는 원둘레와 지름 사이의 비이다.
- The radius of a circle is half the **diameter**. 원의 반지름은 지름이 반이다.

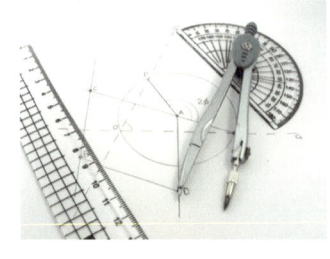

이집트의 피라미드를 짓기 위해서 가장 필요한 학문은 거리, 높이, 각도를 재는 기하학(geometry)입니다. geo는 그리스 신화에서 대지의 여신인 가이아(Gaia)에서 나온 말로, '지구, 대지, 땅'이란 뜻입니다. geology는 '땅(geo)에 대해서 말하는(log) 학문'으로 '지질학'을 말합니다. geography는 '땅(geo)을 그리다(graph)'라는 의미에서 '지형, 지세, 지리학'이란 뜻입니다. '기하학'이란 뜻의 geometry는 '지구, 땅(geo)을 재다(meter)'라는 말입니다.

symmetry는 '가운데서 측정을 해보니 비슷한(sym=syn) 거리(metry)'라는 의미에서 '대칭, 균형'의 뜻을 가집니다. 수학에서 대칭축을 중심으로 접으면 좌우가 겹치는 도형(figure) 관계를 선대칭(axial symmetry)이라고 합니다. 한편, 한 도형을 한 점 주위로 180° 회전했을 때, 본래의 도형에 완전히 겹치는 대칭을 점대칭(point symmetry)이라고 합니다. 카드놀이 할 때 쓰는 플레잉 카드는 180도를 돌려도 항상 같은 모양이 되는데, 점대칭 상태입니다. asymmetry는 '~가 아닌'이란 뜻의 접두사 'a'와 결합하여 '불균형, 비대칭'의 뜻으로 쓰입니다.

• Axial symmetry is **symmetry** around an axis. 선대칭은 축을 중심으로 한 대칭입니다.

피아노나 악기를 연주할 때 그 빠르기(tempo)를 맞추기 위해 사용하는 '메트로놈(metronome)'도 이 meter에서 나온 말입니다. '메트로놈'이라는 기계가 발명된 이후로 곡의 빠르기를 정확하게 지시할 수 있게 되었습니다. 악보를 보면 'M.M'이란 표시가 나오는데, 악곡 전체의 빠르기 표시를 위한 약어입니다. 'M.M.=40'이란 표시는 '4분음표가 1분에 40번 연주되는 빠르기로 연주하라'는 뜻입니다.

액체의 양을 재는 단위 liter는 그리스어의 액체의 용량을 재는 litra에서 온 말입니다. 물론 이 litra도 meter의 영향으로 만들어진 말입니다. 액체의 양을 나타내는 단위로는 갤런(gallon)이란 것도 있는데, 1갤런은 영국과 캐나다에서는 4.5리터, 미국에서는 3.8리터에 해당합니다.

옛날에는 나라마다 길이나 무게 등을 재는 측정 단위로 각기 다른 계량 단위를 사용했습니다. 우리나라에도 리, 평, 마, 품과 같은 독자적인 계량 단위가 있었습니다. 19세기에 들어서면서 세계 각국은 들쭉날쭉한 계량 단위 대신 미터법을 사용하기 시작했습니다. 길이의 기준 미터법은 1799년에 프랑스에서 처음 정해진 후 나폴레옹에 의해 유럽 여러 곳으로 전파되었습니다. 1미터(meter)는 북극에서 적도까지의 거리를 1,000만으로 나눈 것으로 정의했었습니다. 그런데, 1미터의 길이를 결정한 이후 당시 북극과 적도 사이의 거리를 잘못 알고 있었다는 사실을 알게 됩니다. 북극에서 적도까지의 거리는 파리에 있는 미터 원기에 1,000만 배가 아니라 1,000만 2,000배를 곱해야 한다고 합니다. 그래서 1983년부터 미터는 다르게 정의되고 있는데 빛이 진공상태에서 2억 9,979만 2,458분의 1초 동안 움직인 거리를 1m로 다시 정의했습니다.

20세기에 와서도 영국과 미국은 여전히 미터법 대신 전통적인 yard 법을 사용하고 있습니다. 세계적으로 사용하는 길이의 단위는 meter인데, 미국만은 유독 '피트(feet), 야드(yard), 마일(mile)'을 쓰고 있습니다. 피트 feet는 '한 걸음(foot)'만큼의 거리를 뜻하는 말로, 1인치의 열두 배인 약 30.48cm에 해당합니다. 1야드(yard)는 3피트입니다. 무게를 달 때에도 kg으로 하지 않고 pound와 ounce를 쓰고, 부피를 재는 단위도 liter 대신 gallon을 사용합니다. 하지만 최근에는 미국에서도 미터법을 사용하는 예가 점차 늘고 있습니다.

1,000년을 밀레니엄(millennium)이라고 합니다. 마일(mile)은 보통 1,000의 의미로 많이 쓰이는 말입니다. mile에서 나온 milli는 '1,000분의 1'을 뜻하는 말로, millimeter는 1,000분의 1 meter를 뜻합니다.

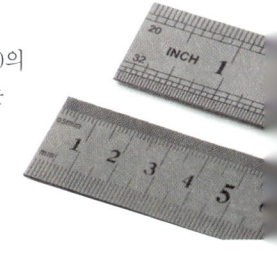

마일(mile)은 로마 시대에 사용된 행군한 거리를 나타내는 단위로 사용했는데, 1,000더블페이스에 해당합니다. 1마일(mi)은 1,760야드(yd)이고, 5,280피트(ft)로서 1.609344km에 해당합니다. 로마의 길이 단위였던 1더블페이스는 5,280피트(ft)인 셈입니다.

WORDS

barometer 기압계, 바로미터, 지표, 변화의 징후 diameter 지름, 직경 geometry 기하학, 기하학 책, 기하학 연구, 형상, 평면 도형 symmetry 대칭, 균형, 조화, 조화미 asymmetry 어울리지 않음, 불균형, 비대칭 metronome 메트로놈, 박자기

account for가
'설명하다, 책임지다, 차지하다'로 해석되는 이유

'세다, 계산하다'라는 뜻의 count는 라틴어의 compute에서 나온 말입니다. compute는 '함께(com) 생각하다(putare)'라는 의미에서 만들어진 말인데, 컴퓨터(computer)라는 말도 여기에서 나왔습니다. 개인이 사용하는 소형 컴퓨터를 PC라고 하는데, personal computer의 약자입니다.

복싱경기에서 선수가 다운되면 주심이 10까지 숫자를 세는 것을 카운트 count라고 합니다. 카운트 다운(countdown)은 우주선을 발사할 때 10-9-8-7 식으로 거꾸로 셀 때 사용하는 말로 어떤 사건 발생이 임박했을 때 '초읽기에 들어갔다'는 표현에 적합한 단어입니다. 음식을 먹고 나오면서 돈을 계산하는 곳을 카운터(counter)라고 합니다. discount는 '반대로(dis) 셈하다(count)'라는 의미에서 '깎다, 할인하다, 감소시키다' 등의 뜻으로 쓰입니다.

- Could you give us a **discount**? 값을 할인해주시겠습니까?

우리나라 사람들은 셈을 아주 잘하지만, 서양사람들은 셈을 잘 못합니다.

한국인 인솔교사 2명과 학생 5명이 미국의 한 버스터미널에 가서 표를 끊으려고 했습니다. 어른 요금과 청소년 요금이 다르긴 하지만 한국사람이면 암산으로 총액을 척척 계산해냅니다. 그런데 카운터에 있던 미국인은 어이없게도 합산을 못 하더랍니다. 답답했던 한국인 교사가 전체 금액이 얼마라고 계산을 해주자 미국인은 더 미들면 표를 안 팔겠다고 엄포를 놓았습니다. 미국인이 제시한 해결책은 7명이 한 사람씩 표를 구매하는 것이었습니다.

이처럼 셈을 한다는 것은 보통 수준의 서양인들에게는 매우 어려운 일입니다.

셈을 잘하지 못하는 서양인들은 직접 현금으로 물건값을 치르는 대신에 수표를 써서 주면 은행이 이를 대신 지급하는 방식을 택하게 됩니다. 은행에서는 나중에 이렇게 지급된 돈의 내역을 모두 정리해서 손님에게 보고했는데, 이때 보고했던 계좌를 account라고 합니다. 원래 서양에서 은행 계좌 account라는 말은 돈을 세어서 지급했던 거래내역서에 가까운 개념이었습니다.

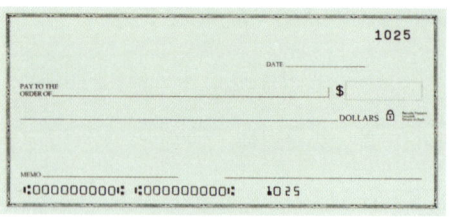

회사 내에서 재무 관련 상담을 해주거나 관련 서류를 작성해주는 전문가를 회계사(accountant)라고 합니다.

- accounting 회계, 경리
- checking and savings account statement 저축예금과 당좌예금 계좌내역
- CPA (Certified Public Accountant) 공인회계사

은행은 돈의 거래내역을 나열해서 계산한 account를 가지고 손님에게 보고합니다. account for는 '계산서를 통해서 거래내역을 설명하다'의 의미를 가지게 됩니다. account for는 의미가 더욱 확장되어 '돈' 뿐 아니라 어떤 '행위나 사건'을 설명하다 라는 뜻으로도 쓰입니다.

- He could not **account for** the accident.
  그는 사고에 대해 설명할 수 없었다.
- By her own **account**, she was very popular.
  그녀 자신의 설명에 의하면 아주 인기가 있었다고 한다.

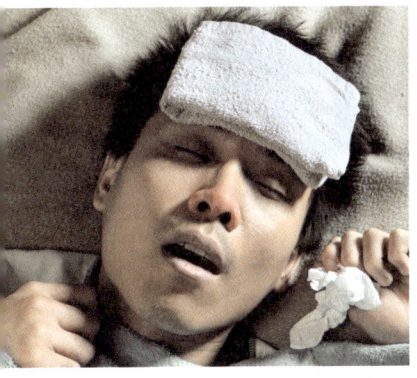

사람이 아니라 사물이 주어일 경우 account for를 '~때문이다'고 해석하곤 합니다.

- His illness **accounts for** his absence.
  그가 결석한 이유는 그가 아팠기 때문이다.

'~ 때문이다'로 해석하는 것은 사물주어를 사용하는 영어의 독특한 표현이 한국말로 직역했을 때 어색하기에 돌려서 표현하는 것입니다. 그렇지만 사물이 주어일 경우도 '~ 때문이다'로 해석하지 않고 '주어로 쓰인 사물이 for~ 이하를 설명한다'고 해석하는 것이 본질적인 개념에 가깝습니다.

'Bad weather accounted for the long delay.'는 표현을 서양인들은 '안 좋은 날씨는 길었던 지연을 설명한다.'는 뜻으로 사용한 것입니다. 다만 한국인들에게는 bad weather가 설명하는 주체가 아니므로 매우 어색한 표현으로 느껴집니다. 그래서 편의상 우리는 '많이 늦어진 것은 안 좋은 날씨 때문이다.'라고 해석하는데 본질적으로는 같은 의미입니다.

- Money **accounts for** only 15% of the accident.
  그 사건의 15%는 돈 때문이다. (돈은 그 사건의 15%밖에 설명해 주지 못한다.)

account for를 '책임지다'라고 해석하는 경우가 있는데, 이 경우도 '설명하다'와 본질적으로는 같은 개념입니다. 어떤 상황에 대해 '설명을 해야 할 위치'에 있는 사람은 비유적으로 '그 상황에 책임이 있는' 사람이기 때문입니다. He accounted for the failure. (그는 실패에 대하여 책임을 졌다.)라는 표현은 '실패에 대해 설명할 위치에 있는 사람으로서 설명했다'는 의미로 통합니다. accountability는 행위자 또는 기관이 주어진 임무 또는 기능 수행의 결과에 관해서 법적 또는 윤리적 책임이나 의무를 지는 것을 말합니다.

- Every person is **accountable for** his own work. 누구나 자기가 한 일에 책임을 져야 한다.
- Guilty parties will be held **accountable for** their actions.
  죄인 측에서 그들의 행동에 대한 책임을 질 것이다.

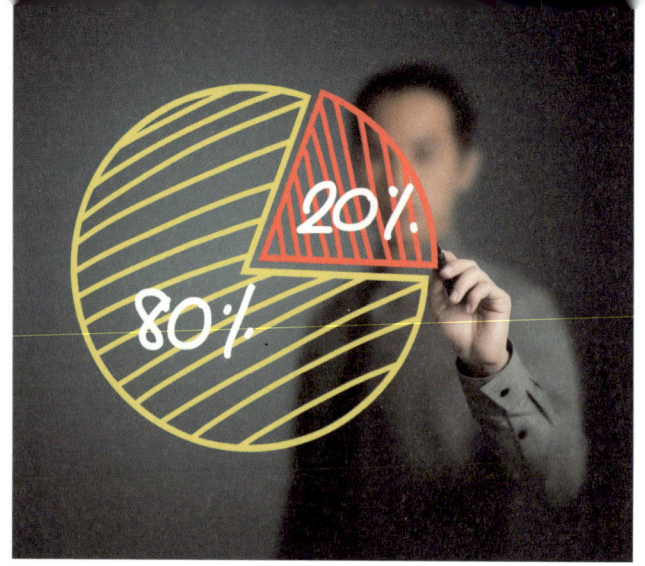

account for를 '차지한다'고 해석하는 경우가 있는데, 이 경우도 해당 부분을 '책임지다, 설명하다'의 개념으로 이해하는 것이 편합니다.

- Our agricultural products **account for** 25% of our sales.
  우리의 농산품은 판매의 25%를 차지한다.
- Attendance **accounts for** 10% of your grade. 출석이 성적의 10%를 차지한다.
- Black people **account for** 70% of the population of the district.
  그 지역 인구의 70%를 흑인이 차지한다.
- As for Latinos, they **accounted for** about 2.5% in 1997.
  라틴계 남자들은 1997년에 약 2.5%를 차지했다.

WORDS

count 세다, 셈에 넣다, 계산, 계산하다, 산출하다   compute 계산, 계산하다, 평가하다, 어림하다, 추정하다   computer 컴퓨터, 계산기, 계산자   countdown 초읽기, 카운트다운   counter 계산대, 카운터, 판매대   discount 할인하다, 에누리하여 듣다   account 계좌, (회계) 장부, 회계사   account for ~의 지출내역을 보고하다, ~의 이유가 되다

'이해하다'와 '감옥'

손(hand)은 '잡다'라는 뜻의 어근 hend에서 모음이 변한 형태입니다. hend에 앞을 뜻하는 pre가 붙은 prehend는 앞에 있는 것을 붙잡는다(seize)는 의미에서 '포착하다, 이해하다'라는 뜻이 되었습니다. apprehend는 prehend에 '~쪽으로 향하다'라는 의미의 접두사 ad가 붙어서 '염려하다, 이해하다, 파악하다, 체포하다(arrest)'라는 뜻으로 쓰입니다. apprehend라는 단어는 흥미롭게도 보이지 않는 '의미 같은 것을 포착하다'라는 관념적인 뜻과 물리적으로 '누군가를 체포하다'라는 실재적인 뜻을 동시에 가지고 있습니다.

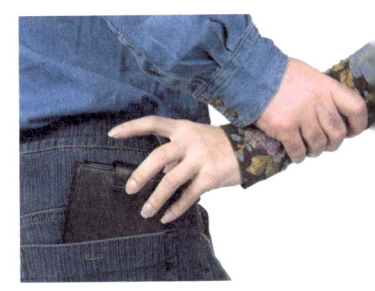

붙잡는다는 뜻의 어근 prehend는 prehens, pris, prey 등으로 변형되어 쓰이기도 합니다. prison은 동사와 명사로 모두 쓰이며 '범인을 감금하다, 수감하다, 투옥하다'라는 뜻과 '교도소, 감옥, 형무소'라는 뜻을 가집니다. 이와 반대로 '감옥에서 풀어주다, 해방하다, 석방하다'를 뜻할 때에는 release를 쓰면 됩니다.

- She pleaded for the **release** of her son. 그녀는 아들의 석방을 간청했다.

감옥(prison)은 나쁜 사람들을 가두어 두는 곳입니다. 감옥은 고대 이집트에도 있었을 정도로 역사적으로 오래된 장소입니다. 중세 서양에서는 지하에 있는 성 주위에 연못을 파놓고 성 꼭대기에는 감시탑이 있는 형태로 감옥을 지었습니다. 역사상 유명한 감옥으로는 영국의 런던탑(Tower of London)과 프랑스 파리의 바스티유(Bastille) 감옥이 있습니다.

1789년 7월 14일, 파리 시민들은 정치범 수용소로 악명 높았던 바스티유 감옥을 습격하여 점령합니다. 이 사건은 프랑스 혁명(the French Revolution)의 도화선이 되었고, 프랑스에서는 7월 14일을 혁명기념일(the Bastille Day)로 지정했습니다. 프랑스 혁명기념일에는 곳곳에 '자유, 평등, 박애'의 혁명이념을 상징하는 삼색의 프랑스기가 휘날리고, 대통령은 군대를 사열합니다. 저녁에는 불꽃놀이가 진행되고 사람들은 야외 광장에서 춤을 추면서, 축제처럼 이 날을 기립니다.

판옵티콘(Panopticon)은 1971년 영국의 공리주의 철학자 제레미 벤담(Jeremy Bentham)이 죄수를 감시할 목적으로 고안한 감옥입니다. 이 감옥은 중앙에 높은 감시탑을 세운 후 감시탑의 둘레를 따라 죄수들의 방이 원형으로 배열되어 있어 한 명의 교도관만으로도 모든 죄수를 감시할 수 있습니다. 중앙의 감시탑은 늘 어둡게 하고 죄수들의 방을 밝게 하여 죄수들은 감시자의 시선이 어디를 향하는지 알 수 없어 늘 감시 받고 있다는 느낌을 가지게 됩니다.

하지만 바로 우리가 살고 있는 이 세상이 감옥과 같다면 어떻게 될까요? 프랑스의 철학자 미셸 푸코(Michel Foucault)는 1975년 그의 저서 〈Displine and Punish〉에서 현대 사회를 '판옵티콘'에 비유하였습니다. 그는 현대에 정보기술이 발달하면서 정부가 개인의 각종 정보를 저장하여, 대중을 감시하고 통제하는 사회가 만들어졌다고 했습니다. 개인을 더욱 쉽게 통제할 수 있는 현실에 대한 우려를 제기하면서, 현대사회는 정보기술로 구축된 판옵티콘의 결정판이라고 주장한 것입니다.

경제학에서 응용되는 게임이론 중에 '죄수의 딜레마(prisoner's dilemma)'라는 재미있는 내용이 있습니다. 2명의 공범이 검거되어 각각 격리된 상태에서 심문을 받습니다. 이들이 범행을 자백하지 않기로 한 약속을 끝까지 지키면 둘 다 가장 적은 처벌을 받게 됩니다. 그러나 한쪽이 먼저 자백하면 자백한 쪽은 가벼운 처벌만 받고 풀려나는 반면 다른 한쪽은 무거운 벌을 받게 됩니다. 모두 함구하면 최선의 결과를 낼 수 있음에도 불구하고 서로 상대방을 믿지 못하여 모두 범죄를 자백하게 되는 현상이 '죄수의 딜레마'인 것입니다.

WORDS

apprehend 체포하다, 파악하다, 이해하다, 깨닫다, 우려하다   release 석방하다, 풀어주다   prison 교도소, 감옥, 구치소

희생양을 만들어 내라, 마녀사냥

동화책에 등장하는 마녀(witch)는 대부분 검은 옷을 입고, 고깔모자를 쓰고, 지팡이를 들고 있는 노파로 그려집니다. 마녀가 독약을 만들거나 마술을 부리려면 오랜 세월에 걸친 풍부한 경험과 지식이 필요할 거라는 생각 때문이었지요. 칠흑 같은 밤에 늙은 마녀는 빗자루를 타고 마법의 성으로 날아가 악마와 함께 세상에 재앙을 내릴 음모를 꾸밉니다. 마녀가 노파일 것이라는 이미지는 특히 '마녀사냥의 시대'라고 하는 16세기 말~17세기에 절정을 이룹니다.

당시 유럽은 교회의 엄중한 통제를 받는 신앙의 시대였지만 동시에 미신의 시대이기도 했습니다. 의학이 발달하지 못했기 때문에 무지한 민중들은 약초에 조예가 깊은 노파에게 존경심과 두려움을 가졌고 특히 마술을 하거나 미래에 대해 점을 처주는 노파에게 마음을 빼앗기곤 했습니다.

중세 말기에는 종교 전쟁, 경제 파탄, 기근, 페스트 등 연속된 불행이 세상을 휩쓸었습니다. 당시 기독교에서는 계속된 불행에 대해 납득할 만한 구실을 찾아야 했고, 불행은 모두 '마녀들의 불길한 행동 때문이다!'라는 생각을 주입하기에 이르렀습니다. 이윽고 '마녀사냥(witch hunting)'이 시작되었고, 곧바로 마녀로 의심되는 사람들에 대한 처형이 이어졌습니다. 중세 시대의 교회에서는 성경의 가르침을 강요했고, 교회의 교리를 어긴 사람은 악마에게 홀린 사람이 되어 처형당하기 일쑤였습니다. 결국, 수백만 명의 사람들이 마녀라는 억울한 누명을 쓰고 죽음을 맞이했습니다.

'마녀사냥'은 유럽 전역으로 급속히 확산하였는데, 처음에는 종교적 관점에서 판단하고 처형했습니다. 그런데 나중에는 선량한 사람을 마녀로 몰아 처형하기에 이르렀습니다. 대개 의지할 곳 없는 노파는 성가신 존재로 인식되었고, 나쁜 소문이 퍼지기도 했습니다. 이런 노파는 마녀사냥의 주된 공격 대상이 되었고, 힘없는 과부, 즉 여성들도 종종 마녀로 몰려 처형당했습니다.

한번 마녀로 지목되면 아무리 자신의 결백을 주장해도 죽음을 면치 못했습니다. 마녀인지 아닌지 진상을 규명하는 조사는 실상 잔인한 고문이었습니다. 악독한 고문을 견디다 못한 여성들이 마녀라고 거짓 자백을 하여 공개 화형을 당했습니다.

마녀사냥은 종교적 위기 속에서 기독교의 기득권을 유지하기 위한 광신도적인 현상이라고 볼 수 있습니다. 십자군 원정이 실패한 이후 위기감이 커지자, 기독교에서는 이단적 행위에 대한 대대적인 공격을 하게 된 것입니다. 사람들의 의식이 차츰 깨어나고 마녀사냥을 주도하던 집권층이 몰락하고 나서야 마녀사냥은 끝이 났습니다.

백년전쟁에서 영국군을 뚫고 오를레앙 성을 되찾았던 프랑스의 애국 소녀 '잔 다르크(Joan of Arc)' 역시 마녀라는 이유로 처형당했습니다. 잔 다르크가 나라를 구한 공로로 영웅 대접을 받자 이를 시기한 무리가 그녀를 마녀로 모함해 죽게 한 것이었습니다.

현대에 와서는 인터넷의 발달로 말 한마디, 행동 하나만 잘못해도 네티즌들에게 집단적인 공격을 받을 수 있습니다. 인터넷에서 이러한 사례가 빈번하게 발생하면서 현대판 '인터넷 마녀사냥'이란 말이 퍼졌습니다. 공격을 당한 사람은 비록 신체적으로는 해를 입지 않더라도 사회적으로는 매장되는 형국이 벌어지기도 합니다.

네티즌들을 불편하게 하는 도배(flooding) 때문에 인터넷 게시판 운영자들은 골머리를 앓는다고 합니다. 자신의 마음에 안 들 경우 게시판에 집단으로 거친 욕설은 물론 비방 글로 도배하여 정상적인 사이트 운영에 어려움을 주기 때문입니다. 게시판을 도배하는 행위를 flooding이라고 하는데, flood는 '홍수' 즉, 강이 불어 물이 범람하는 현상을 말합니다.

WORDS

witch 마녀, 마녀같은 노파   witch-hunt 마녀 사냥   flooding 홍수, 범람, 인터넷 게시판의 도배

희생양은 양이 아니라 염소?

'희생양(犧牲羊)'은 다른 사람이 범한 잘못이나 죄를 대신 뒤집어쓰는 사람을 비유적으로 가리키는 말입니다. 희생양 덕분에 진짜 잘못을 저지른 사람은 종종 잊히기도 합니다. 희생양은 과거 이스라엘에서 사람의 죄와 잘못을 대신하여 양이나 염소를 죽여서 제사를 지냄으로써 신의 용서를 받았던 의식에서 비롯되었습니다. 희생양은 영어로 scapegoat라고 하는데, scape는 피하다(escape)의 중세영어이며, goat는 양이 아니라 염소입니다.

우리나라에서는 '염소'를 '양(sheep)'보다는 '소(牛)'와 가까운 것으로 보아 염'소'라고 부르지만, 생물학적으로는 양(羊)에 매우 가깝습니다. 염소를 한자어로 '산양(山羊)'이라고 하는데, 이때도 양의 일종으로 보고 있는 셈입니다. scapegoat를 한자어로 번역하다 보니 '희생양'이 되었지만, 의미상으로는 '속죄 염소'라 생각해도 될 것입니다.

고대 유대에서는 1년에 한 번씩 유대인의 죄과를 양에게 대속시켜 황야로 쫓아내는 의식을 거행함으로써 자신의 죄를 속죄하였습니다. 유대인들은 모세의 율법에 따라 속죄의 날에 대사제가 두 마리의 염소를 끌고 나왔습니다. 성전 앞에 끌려온 숫염소 두 마리를 놓고 주사위를 던져 신에게 희생양으로 바칠 것과 '속죄양(scapegoat)'으로 삼을 것을 가립니다. 하느님을 위한 것과 '아지즈'에게 바치기 위한 것을 결정하는 것입니다. 아지즈는 광야를 돌아다닌다고 사람들이 믿었던 귀신의 이름입니다. 유대인들은 아지즈를 타인의 잘못이나 벌을 받아야 할 대상을 칭하는 종말론적 악마(demon)로 표현하고 있습니다.

대사제는 이 염소의 머리에 두 손을 얹고 이스라엘 온 백성의 이름으로, 그들이 알게 모르게 지은 모든 죄를 고백하며, 죄를 염소에게 전가합니다. 그 후 백성들의 죄를 모두 걸머진 속죄양을 예루살렘 동쪽으로 이어지는 유다 광야로 끌고 갑니다. '아지즈' 귀신을 비롯한 악마들이 사는 곳, 또 사람들에게 해를 끼치지 못하는 곳이라고 믿었던 곳이 바로 유다 광야입니다.

성경의 창세기에는 아브라함이 자신의 친자식 이삭을 산 제물로 삼아 하나님께 바치려는 장면이 기록되어 있습니다. 아브라함은 신의 명령대로 이삭을 산으로 데려가서 제단을 쌓고 장작을 쌓아 올리고 이삭을 묶어 그 위에 올렸습니다. 아브라함이 자기 자식을 향해 칼을 내리치려는 순간 천사가 나타나 황급히 멈추게 합니다. 하나님이 이삭을 살릴 것을 명하자 그 대신 한 마리의 숫양이 수풀 사이에 나타납니다. 아브라함은 그 양을 잡아다가 하나님께 제물로 바칩니다.

한 집단 내에서 욕구불만이나 불안 등의 원인으로 인해 하나의 대상에 대한 공격성(aggression)이 나타나는 경우가 있습니다. 정작 실패나 좌절을 안겨준 대상에게는 직접 감정표현을 하지 못하여 한계상황에 이를 때, 대중조작의 수단으로 복수와 반격의 가능성이 적은 사회적 약자를 희생양으로 삼아 불만을 해소하게 됩니다. 희생양을 박해함으로써 고조된 긴장상태가 해소되면서 집단의 응집력이 강해지기도 하는 것입니다.

이런 현상의 예로 고대인이 사람을 제물로 삼는 것, 나치 정권하의 유대인 학살(the Holocaust), 관동대지진 때 조선인의 학살, 중세 유럽의 마녀사냥을 들 수 있습니다. 한편 인도 카스트(caste) 제도에서 최하층인 '하리잔'은 손으로 만져서도 안 되는 불가촉(不可觸, untouchable) 계층입니다. 이처럼 같은 민족 내에서도 특정 계층을 희생양으로 삼아 차별하고 학대하고 공격하기도 합니다.

- When things don't go well, people always look for a **scapegoat**.
  일이 잘못되면 사람들은 항상 희생양을 찾는다.

WORDS

scapegoat 희생양   goat 염소   sheep 양   demon 악마, 악령   aggression 공격성, 공격, 침략   the Holocaust 1930~40년대 나치의 유대인 대학살, 홀로코스트

15 가십, 루머 그리고 스캔들

가십(gossip)은 '다른 사람에 대한 소문' 특히 개인적 사생활에 대한 '뒷담화, 뜬소문, 험담, 세상 이야기' 등을 의미합니다. 일상적인 대화라기보다 '남의 사생활에 대한 좋지 않은 이야기, 흥미 위주의 뜬 소문, 근거 없는 이야기' 정도이고, 무책임한 내용인 경우가 많습니다. 가십을 통해 잘못된 정보가 퍼지기도 하고 사실이 부풀려지거나 축소되는 경향도 있습니다. 일부 신문들은 가십란을 만들어 연예인이나 사회의 엘리트층의 사교계 추문에 대한 상세한 내용을 다루기도 합니다.

gossip은 고대영어 godsibb에서 유래했습니다. god는 신이고 sibb은 부모(parents) 또는 친족(kinsman)을 의미합니다. sib는 자기 자신을 뜻하는 self에 해당하는 독일어 selb가 변형된 말입니다

'부모, 친족'의 의미인 sib는 20세기에 들어 인류학 분야에서 sibling이라는 단어로 바뀝니다. sibling은 '나누어져(si) 존재하는(bl)'이라는 어원적 의미에서 '형제, 자매, 씨족의 일원' 즉 생물학에서 '한배에서 태어난 동물들'을 일컫는 용어로도 많이 사용됩니다.

godsibb은 '하나님(God)과 관계된(sib) 사람'으로 '신의 혈연, 신의 친척'이라는 뜻이 됩니다. 구체적으로 godsibb은 godparent 즉 세례받을 때 후견인이 되어준 대모(godmother) 또는 대부(godfather)를 가리킵니다. 대부(代父) 혹은 대모(大母)는 아이가 태어날 때 함께 있어 주는 가까운 친구이지만, 한 가족의 사생활에 대해서 너무 잘 알게 되기 마련입니다. 그중에는 이렇게 알게 된 친구의 개인적인 이야기를 남들에게 떠벌리는 사람도 있었겠지요. 19세기에 들어 gossip은 남의 험담을 전파하고 남에게 고자질하기를 좋아하는 여자라는 의미로 사용되기 시작하였습니다.

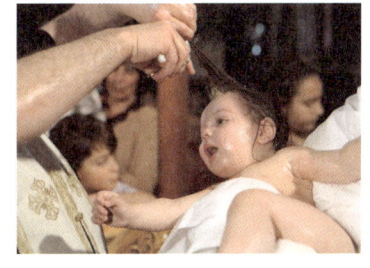

gossip은 원래 어원 상으로는 신성한 신(God)에 닿아 있었습니다. 그런데 나중에 '허물없는 사람'에서 '부담 없는 대화'란 의미로 쓰이다가 다시 '뜬소문, 험담'이란 뜻으로까지 추락해 버렸습니다. 단어의 몰락이라고 봐도 될 정도입니다.

- Who gossips with you will **gossip** of you.
  당신과 함께 험담하는 사람은 당신의 험담도 할 것이다. – 아일랜드 속담(Irish saying)

가십(gossip)의 사회적 기능을 연구하는 심리학자들은 가십이 반드시 나쁜 것만은 아니라고 말합니다. 1996년 영국 리버풀 대학교 진화심리학자 로빈 던바는 비밀을 공유하는 사람끼리 정서적 유대감을 느낀다는 맥락에서 가십은 집단의 결속을 다진다고 했습니다.

- Magazines are full of **gossip** and scandal.
  잡지들은 가십과 스캔들로 가득하다.

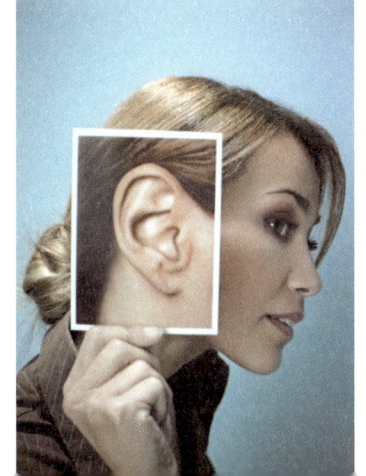

루머(rumor)는 비공식 채널 즉, 사람의 입에서 입으로 전달되는 간접적이며 실체가 없는 '소문, 풍문, 유언비어'를 말합니다. 루머는 대개 정보의 전달과정에서 공식 채널을 통한 정보가 불충분할 경우에 발생하는데, 출처를 추적하기가 매우 어렵습니다. 또한, 아주 빠른 속도로 확산되며, 선망이나 악의, 불만 등에 의해 과장되기 쉽습니다.

- Groundless **rumors** are often spread online. 온라인에는 종종 근거 없는 소문이 퍼진다.

스캔들(scandal)은 '추문, 물의, 불명예' 등의 뜻을 가집니다. 스캔들은 걸려 넘어지면 아플 것을 알면서도 스스로 걸려들고 마는 인생의 걸림돌(stumbling block)입니다. 남몰래 부적절한 연인 관계를 맺고 있거나 불법으로 숨겨온 돈이 드러나서 지금까지 쌓아온 명예를 실추하게 되고, 심지어 스캔들 때문에 대통령직까지 사임하는 경우도 있습니다.

- The company is trying to enhance its image after the **scandal**.
  그 회사는 스캔들이 터진 후 이미지를 쇄신하고자 노력 중이다.

1972년 재선을 노리던 리처드 닉슨 대통령은 워싱턴 워터게이트 빌딩에 위치한 민주당 본부를 도청하려고 시도합니다. 워터게이트 사건(Watergate Affair)은 미국식 민주주의의 신화를 숭배하던 미국인들에게 큰 충격을 안겨준 정치 스캔들입니다. 결국, 닉슨은 미국 역사상 최초로 대통령 임기 도중 퇴진이라는 오명을 남겼습니다.

scandal의 어원은 그리스어 skandalon인데, 거꾸로 매달아 올리는 '함정(trap)'이란 뜻입니다. 서양의 함정은 흔히 올가미(snare)나 그물로 만들어져 있는데, 이 함정에 걸려들면 공중에 거꾸로 매달려 놀림거리가 되기 십상입니다. 이처럼 scandal은 처음에 '잘 가다가 실족하게 만드는 함정'을 의미하다가 서서히 '죄의 원인 혹은 유혹'을 뜻하게 되었습니다. 셰익스피어의 초기 희극인 '실수 연발(The Comedy of Errors)'이라는 작품에서 처음으로 '불명예'의 의미로 쓰이게 되었습니다.

WORDS

gossip 다른 사람에 대한 뒷담화, 험담, 가십 sibling 형제, 자매 godmother 대모 godfather 대부 rumor 소문, 유언비어, 루머, 소문 내다 scandal 추문, 물의, 불명예, 스캔들 stumbling block 걸림돌 Watergate Affair 워터게이트 사건 trap 함정, 덫, 덫을 놓다 snare 덫, 올가미, 유혹

16. 핫도그(hot dog)는 개고기로 만들었나?

3500년 전 바빌로니아 인들이 동물 창자에 양념한 고기를 채워 먹었던 것이 후에 여러 나라를 거치면서 소시지(sausage)가 되었습니다. 유럽에서는 핫도그에 들어가는 소시지를 'frankfurter' 혹은 'frank', 'wiener' 등으로 부릅니다.

frankfurter는 돼지고기로 만든 소시지인데, 독일의 상업 도시 프랑크푸르트(Frankfurt)에서 유래했습니다. 1852년 독일 프랑크푸르트의 축산 협동조합(butcher's guild)의 한 회원이 길고 가는 소시지를 만들었는데, 그 도시의 이름을 따서 이름 붙인 것입니다. wiener는 오스트리아의 도시 비엔나(Vienna)를 지칭하는 것인데 이 도시도 소시지로 유명했습니다. 한편 National Hot Dog Council(미국 핫도그 위원회)에 따르면 핫도그의 발명자는 17세기 독일의 한 정육점 주인인 Johann Georghehner라고 합니다.

미국으로 건너간 프랑크푸르트 소시지는 주로 거리에서 행상들이 뜨겁게 구워서(red-hot) 팔고 있었습니다. 이때 한 행상인이 뜨거운 소시지 기름 때문에 손가락을 자주 데자 가늘고 긴 롤빵에 꽂아서 파는 아이디어를 냈습니다. 기다란 빵 속에 소시지와 절인 배추를 곁들여 먹은 것이 변형되어 오늘의 '핫도그'가 됐다고 합니다.

- **Hot dog** is a long bread roll with a hot sausage inside it.
  핫도그는 뜨거운 소시지가 들어간 기다란 롤빵이다.

미국인들은 핫도그에 들어가는 프랑크푸르트 소시지를 독일의 사냥개 '닥스훈트(dachshund)'라고 불렀습니다. 몸통은 길고 다리는 짧은 닥스훈트가 마치 핫도그 속 소시지와 비슷하다고 생각했기 때문입니다.

핫도그의 이름에는 두 가지의 설이 있습니다. 첫 번째는 New York Times의 만화가 T.A. Dorgan이 만들어냈다는 이야기입니다. Dorgan은 롤빵에 꽂아 넣은 뜨거운 닥스훈트 소시지가 매우 마음에 들어 만화에 그려 넣었는데 독일어에 젬병인 이 만화가 아저씨가 닥스훈트 스펠링을 몰라 그냥 만화에 'Get your hot dogs'라고 표기하였습니다. 이 만화가 매우 인기를 얻게 되자 닥스훈트 소시지를 얹은 이 음식을 줄여서 '핫도그'라고 말하게 되었습니다.

두 번째 설은 엽기적입니다. 'hot dog'를 직역하면 '뜨거운 개'라는 뜻입니다. 당시 떠돌던 소문에 의하면, 길거리를 떠도는 개들을 잡아 'dog wagon'이라 불리는 마차에 넣어 한군데로 실어 날랐다고 합니다. 이 개들을 도축하여 갈아서 소시지를 만들었다는 소문이 널리 퍼지면서 '핫도그'라는 표현이 생기게 된 것이라는 설입니다.

미국 Coney Island에서는 핫도그가 팔리기 시작하면서 시중의 개고기 소문을 차단하고자 1913년 hot dog라는 용어를 쓰지 말라고 한 적도 있습니다. 참고로 중국에서는 핫도그를 '열구(熱狗)', 즉 뜨거운 개라고 합니다. 이 역시 오해를 사기에 딱 좋은 이름입니다.

미국에서 'Oh! hot dog!'라고 말하면 '좋아, 찬성이다, 굉장하군' 등의 의미 즉, 'Excellent!'처럼 쓰이게 됩니다. 스키나 서핑에서 멋진 묘기를 볼 때 '능력이 대단하군!, 잘한다!, 좋았어!'라는 뜻으로 말할 수도 있겠지요.

WORDS

sausage 소시지   **dachshund** 닥스훈트, 개의 품종   **wagon** 화물기차, 마차   **hot dog** 핫도그

17 창살에서 시작된 취소

cancel은 '취소하다, 중지하다, 해지하다' 등의 뜻인데, 격자무늬로 된 창살이란 뜻의 라틴어 cancelli에서 유래했습니다. 종이가 금보다도 귀하던 시절, 글자를 한번 잘못 쓰는 것은 아주 큰 일이었습니다. 지금이야 지우개로 지우거나 수정액으로 고칠 수 있지만, 도구가 없던 그때는 그저 잘못 쓴 부분에 X 표시를 할 수밖에 없었습니다.

이 표시가 마치 창살을 비스듬히 세운 것처럼 보여 '창살(cancelli)'이라는 단어가 '취소하다'가 되었습니다. 영어 cancel에서는 창살이라는 원래 의미는 완전히 없어지고, '취소하다'라는 뜻으로만 남게 되었습니다.

cancel은 무역 분야에서 상품의 불량이나 품질 저하를 이유로 계약을 파기할 때 사용합니다. 무역용어뿐 아니라 일상생활에서도 '계약 파기'나 '약속 취소' 등의 상황에서 캔슬이라는 말이 널리 쓰입니다.

- I'm calling you about **cancellation** of a subscription to your Internet.
  인터넷 가입을 취소하려고 전화 드렸습니다.

숙어 call off는 '취소하다(cancel)'의 뜻으로 해석합니다.

- The game was **called off** on account of rain.
  The game was **canceled** because of the rain. 그 경기는 비 때문에 취소되었다.

cancel 취소하다, 무효화하다   call off 취소하다, 철회하다, 중지하다

정의(正義)와 정의(定義)

'정의'라는 말은 크게 2가지의 뜻이 있습니다. '정의의 용사'에서 정의(正義)는 '진리에 맞는 올바른 도리'라는 뜻입니다. '계몽주의의 정의는 무엇인가?'에서 정의(定義)는 '어떤 말이나 사물의 뜻을 명백히 밝혀 규정하는 것'이라는 뜻입니다. 두 가지 한자어는 전혀 다른 말인데, 발음이 같아 혼동을 일으킬 수 있는 동음이의어입니다.

첫 번째 '정의(正義)'의 뜻에 해당하는 영어는 justice입니다. 대한민국 법무부의 영문 명칭은 Ministry of Justice입니다. 각국의 대법원 앞에는 저울과 칼을 든 채 눈을 가리고 서 있는 정의의 여신상이 있습니다. 그런데 우리나라 대법원 청사에 있는 정의의 여신상의 모습은 눈을 뜬 채로 저울과 법전을 들고 있어 다른 나라의 여신상과 약간 다른 모습입니다. 사람의 마음 속에 저울이 있는데, 이 저울은 양심을 재는 것으로 어떤 행위가 선인지, 악인지 판단하는 기준이 됩니다.

justice는 로마 신화에 나오는 정의의 여신 유스티치아(Justitia)의 이름에서 유래했습니다. 눈을 가리고 왼손에는 저울, 오른손에는 칼을 든 다부진 모습의 여신상, 우리가 흔히 떠올리는 정의의 여신의 이미지가 바로 이 유스티치아의 모습입니다.

두 번째 '정의(定義)'의 뜻에 해당하는 영어는 definition입니다. definition에 쓰인 어근 fine은 끝을 나타냅니다. '피날레(finale)'는 이탈리아 말로 '대단원, 마무리, 마지막'을 나타내며 음악의 마지막 악장, 오페라나 연극에서 최후의 막을 뜻하게 됩니다. final은 '마지막의, 결정적인, 결승전, 끝'이고, finish는 '끝내다'라는 뜻입니다.

define은 '끝(fine)을 잘라 버리다(de)'라는 뜻에서 '규정하다, 분명히 밝히다, 정의하다'라는 의미를 가집니다. 이것과 저것의 끝, 즉 경계를 명확하게 확정 짓는 것이 정의하다, 즉 define입니다. definition은 물론 define의 명사형입니다.

WORDS

justice 정의, 공평성, 공정성, 정당성   Ministry of Justice 법무부   definition 정의, 의미, 선명도   define 정의하다, 규정하다

홍명보 선수의 포지션은 청소부?

society는 사람들이 함께 어울려 사는 사회를 뜻합니다. soc 이라는 어근은 '함께 하다(join), 서로 합해졌다(unite with)'는 의미입니다. social은 '친구, 모임'의 뜻에서 '사회적인'이라는 의미로 쓰입니다. associate는 '합쳐지는(soc) 방향(as)으로 하다'라는 의미에서 '어울리다, 연합시키다, 참가시키다'라는 뜻으로 쓰입니다.

1890년경 영국에서는 럭비가 변형된 새로운 규칙의 축구가 탄생했는데, 처음에는 이것을 'association football'이라고 불렀습니다. 축구는 여러 명의 선수가 연합(association)해서 팀을 이루어 경기에 참가하게 됩니다. 두 단어의 조합이 너무 길다 보니 assoc 이라는 단축형이 쓰이다가 soc로 따로 떨어져 나왔고, 여기에 '~하는 사람'을 뜻하는 접미사 'er'이 더해지면서 지금의 soccer가 되었습니다. soccer는 축구를 뜻하는 말이지만, 원뜻은 연합, 모임, 클럽 등의 뜻에서 나온 셈입니다.

축구(soccer)는 11명의 선수들로 구성된 두 팀이 경기장 안에서 발 또는 머리로 상대편 골포스트(goalpost)에 공을 넣음으로써 점수를 내는 경기입니다. 골포스트를 지키는 키퍼는 손과 팔 등 전신을 사용하여 공을 막아낼 수 있습니다.

 월드컵을 비롯해 전 세계 각종 축구대회를 총괄하는 '국제축구연맹'의 약칭이 FIFA(Federation Internationale de Football Association)입니다. 유럽 지역에서 축구의 인기가 높아지자

경기 규칙의 통일하기 위해 국제적인 연맹체가 필요해진 것입니다. FIFA는 1904년 5월 프랑스를 중심으로 네덜란드, 덴마크, 벨기에, 스위스, 스웨덴, 스페인이 모여 출범했고, 지금은 200개가 넘는 회원국을 보유하고 있습니다.

월드컵 축구(World Cup Soccer)는 국제축구연맹(FIFA)이 4년마다 주최하는 세계인의 축제입니다. 제1회 대회는 1930년 우루과이에서 열렸는데 개최국 우루과이가 우승하였습니다. 2002년 한국과 일본이 공동 개최한 제17회 월드컵은 한국이 4강에 오르는 쾌거를 이룩했던 뜻깊은 대회였습니다.

월드컵 트로피를 살펴보면, 1954년 스위스 월드컵부터는 월드컵 창설에 공이 컸던 프랑스인의 이름을 따 '줄 리메 컵'이라고 불리기도 했습니다. 프랑스 조각가 아베르 라프둘루가 제작한 줄 리메 컵은 높이 30 *cm*, 무게 1.8*kg*의 순금 여신상이었습니다. 이 트로피는 58년과 62년에 이어 70년의 멕시코 월드컵에서 세 번째 우승을 차지한 브라질이 영구 보존하게 되었습니다. 1974년 독일 월드컵 때 새로운 FIFA 월드컵 트로피가 만들어졌는데, 이때부터는 우승국이 트로피를 3년간 보존한 뒤 FIFA에 돌려주며, 우승국은 복제품을 갖게 됩니다.

이탈리아 축구대표팀을 거론할 때 빠지지 않는 말이 '아주리 군단(the Azzurri)'입니다. '아주리'는 이탈리아어로 '푸른색'이란 뜻인데, 이탈리아 반도를 둘러싸고 있는 아드리아 해의 '푸른 바다 빛'을 상징합니다. 이탈리아에서 '아주리'는 19세기 이탈리아를 통일한 사보이 왕가를 상징하는 색으로 이탈리아를 대표하는 색깔입니다. 20세기 초 국가대표팀 발족 이후 아주리가 유니폼 색깔로 자리 잡으면서 대표팀은 '아주리 군단'이라는 애칭을 얻게 된 것입니다.

영원한 우승후보 브라질은 노란색 유니폼이 카나리아 색깔과 닮았다고 해서 '카나리아 군단'이라고 합니다. 98월드컵 우승팀 프랑스도 푸른색 유니폼 덕분에 '르 블뢰(Le Bleu)'란 애칭으로 불립니다. 네덜란드는 오렌지색 유니폼에서 이름을 따 '오렌지 군단'이 되었습니다. 붉은색 유니폼의 벨기에는 1950, 60년대 국제대회에서 투지 넘치는 플레이로 깊은 인상을 남기며 '붉은 악마'란 애칭을 얻게 되었습니다.

1990년 월드컵 대회에서 아프리카 국가로는 처음으로 8강에 올랐던 카메룬의 애칭은 '불굴의 사자(Indomitable Lions)'입니다. 카메룬은 2000년 시드니 올림픽 결승전에서 스페인에 0-2로 지다가 기적적으로 3-2 역전승을 거두며 그들의 애칭을 증명해 보였습니다.

대한민국 응원단 이름인 '붉은 악마'는 1983년 멕시코 세계 청소년축구대회에서 현지 언론이 우리 대표팀을 붉은 악령(Red Furies)이라고 부른 데서 유래합니다. 당시 우리 청소년 대표팀은 4강 신화를 이룩하며 세계를 놀라게 했습니다. 그러고 보니 벨기에의 국가대표팀과 대한민국의 응원단 모두 '붉은 악마'인 셈입니다.

FC바르셀로나, AC밀란, AS로마 등 해외 명문 축구클럽 이름 앞뒤에 약자들이 붙어있습니다. FC는 Football Club(축구클럽)의 약자로 가장 많이 쓰입니다. SC도 있는데 Soccer Club으로 오해하기 쉽지만, 사실은 Sport Club(스포츠클럽)의 줄인 말입니다. AC는 이탈리아어 Associazione(모임)과 Calcio(축구)가 합쳐진 말입니다. AS로마처럼 Associazione(모임)과 Sportiva(스포츠)를 합쳐 AS로 쓰기도 합니다. RC 셀타에서 RC는 스페인 Real Club(왕립클럽)의 약자입니다.

축구선수가 한 게임에서 3골 이상 득점하는 것을 '해트트릭(hat trick)'이라고 합니다. 이 말이 처음 등장한 것은 크리켓(cricket)에서였습니다. 크리켓은 한 팀당 11명으로 구성된 선수들이 공과 배트를 가지고 하는 야구 비슷한 게임입니다. 투수가 세 타자를 연속적으로 아웃 시키는 것은 보통 어려운 일이 아니었는데, 이를 성공한 선수에게 근사한 모자(hat)를 상으로 수여한 데서 유래합니다.

해트트릭의 트릭(trick)은 '속임수'가 아니라 '장난' 또는 '묘기' 정도의 뜻으로 쓰인 것입니다. 크리켓에서 시작된 해트트릭은 이후 다른 스포츠에도 확산되었습니다. '축구'나 '하키'에서 한 선수가 3골을 넣었을 때, 승마에서 한 기수가 3승을 올렸을 때에도 해트트릭이라는 말을 씁니다.

한국 축구의 영웅 홍명보 선수의 포지션은 최종 수비수인 '스위퍼(sweeper)'였습니다. 스위퍼는 수비 진영에 속하지 않고 일정하게 전담 마크하는 선수도 없이, 수비 진영의 틈을 메우고 수비 지시도 내립니다. sweep은 '(빗자루나 손으로) 쓸다, 청소하다'라는 뜻인데, 축구에서 '스위퍼(sweeper)'는 골키퍼 앞에서 상대방의 공을 걷어내는 사람이란 뜻입니다.

WORDS

society 사회, 집단, 단체 social 사회의, 사회적인 associate 연상하다, 연관 짓다, 어울리다, 참가시키다 football, soccer 축구 goalpost 골대, 골포스트 FIFA(Federation Internationale de Football Association) 국제축구연맹 indomitable 불굴의 hat trick 해트트릭(하키나 축구에서 한 사람이 한 경기에서 3점을 올리는 것) cricket 크리켓 trick 속임수, 장난, 비결, 묘책 sweeper 청소부, 청소기, 최후방 중앙수비수

20 몬스터와 데모

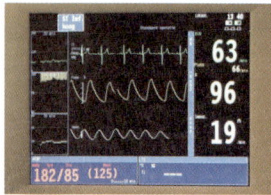

mon은 경고(warn), 상기(remind), 충고(advise), 보여주기(show) 등의 뜻을 가진 어근입니다. monitor는 '감시(monit)하는 것(or)'이란 의미에서 '감시장치, 추적장치'라는 뜻과 '감시자, 지도자, 감독자' 등의 뜻이 있습니다. 일상생활에서 TV 모니터나 컴퓨터 LCD 모니터 등으로 흔하게 쓰입니다.

신문사나 방송국, 기업의 의뢰를 받아 기사, 방송 프로그램, 신제품 등에 대해 의견을 제출하는 일을 모니터링(monitoring)이라고 합니다. 건강에 문제가 있는 사람들이 평상시 수면 패턴, 심장 박동수나 혈당치를 확인하는 것과 공장에서 공정에 문제가 없는지 감시할 때에도 모니터링 한다고 합니다.

monster는 '경고하기 위해(mon) 서 있는(st) 사람(er)'이란 의미에서 '요괴, 도깨비'의 뜻을 가집니다. 지금의 monster는 덩치가 크고 기형적인 형상을 한 괴물이나 기이하게 생긴 생명체를 가리키는 말입니다. 19세기까지 monster는 극악무도하고 광기 어린 행동을 하며 여러 사람들을 위협해서 주의해야 하는 미치광이를 의미했습니다.

- a **monstrous** beast 거대한 짐승
- The book had pictures of grotesque **monsters**. 그 책에는 기괴한 괴물들의 그림이 있었다.

일본의 TV 애니메이션 포켓몬(Pokemon)은 Pocket Monster의 약자로 '주머니 속의 괴물'이라는 뜻입니다. 트레이너가 한 개의 몬스터를 키우고 다른 몬스터와 대결해 승리하면 몬스터의 단계가 올라가게 됩니다. 어린이들은 이 애니메이션에 열광했는데, 진화를 거듭하며 초인적인 힘을 발휘하는 포켓몬을 키운다는 설정에서 성취감과 승리감을 얻기 때문이었습니다.

자유의 여신상, 판테온 신전, 개선문, 오벨리스크 등과 같이 역사적 기념물, 유적, 기념비적 목적을 지닌 건축물 등을 monument라고 합니다. monument는 '상기하게(mon) 하는 것(ment)'이란 의미에서 '기념비, 기념물, 조형물, 금자탑'이란 뜻으로 쓰입니다.

- Human societies have always built great **monuments** to celebrate their values.
  인류사회는 인류의 가치를 기리기 위해 항상 거대한 기념비들을 만들었다.

monument는 창조적인 예술품과는 달리 사람이나 단체의 업적, 역사적 사건 혹은 어떤 이념을 길이 남기기 위한 것입니다. 살아있는 자들이 과거의 것을 떠올릴 수 있는 종류의 유적을 말하는데, 위엄, 고귀함, 영속성이 표현되며, 크기가 대형인 경우가 많습니다.

- These recordings are a **monument** to his talent as a pianist.
  이 음반들은 피아니스트로서의 그의 재능을 보여주는 기념비적인 것이다.

admonish는 '누구에게(ad) 경고하다(mon)'라는 의미에서 '훈계하다, 권고하다, 충고하다'의 뜻으로 쓰입니다. monitor에서 유래한 monition은 '충고, 훈계, 고지, 소환장, 계고장'의 뜻입니다. admonition과 monition은 거의 같은 뜻을 가지게 됩니다.

- We were **admonished** for talking during the movie.
  우리는 영화를 보는 동안 말하는 것에 대해 주의를 받았다.

summon은 '아래로(sum=sub) 불러 경고하다(mon)'라는 의미에서 '불러내다, 소환하다, 항복을 권하다'라는 뜻으로 쓰입니다.

- Robert **summoned** the waiter for the bill. Robert는 계산하기 위해 웨이터를 불렀다.
- He had to **summon** the energy to finish the race.
  그는 경기를 끝내기 위해 에너지를 끌어모아야 했다.
- Ruth took a deep breath, summoned up her courage, and told him the truth.
  Ruth는 깊은 한숨을 내쉬고 용기를 끌어낸 다음 그에게 진실을 말했다.

demonstrate는 '따로 떼어(de) 보여주다(mon)'라는 의미에서 '(감정이나 의사 등을) 밖으로 나타내다, 시위하다, 시연하다, 증명하다'라는 뜻으로 쓰입니다. 우리가 흔히 시위(示威)라는 뜻으로 사용하는 데모는 '논증, 시범, 시위'의 뜻인 demonstration의 준말입니다. demo tape는 가수 지망생들이 자신의 노래 실력을 증명하기 위해서 기획사 등에 보내는 녹음테이프를 말합니다.

- You can **demonstrate** the force of gravity by dropping an object.
  당신은 물체를 낙하시켜서 중력의 힘을 증명할 수 있다.
- Skateboarding was included as a **demonstration** game at the 2012 London Olympics. 스케이트보드가 2012년 런던 올림픽 시범경기로 채택되었다.

WORDS

monitor 화면, 모니터, 감시자, 감독자 monitoring 감시, 관찰, 모니터링 monster 괴물 monument 기념물(비) admonish 꾸짖다, 책망하다, 훈계하다, 충고하다 monition 충고, 권고, 경고, 소환, 법적 통지 summon 소환하다, 호출하다 demonstrate 시위하다, 증명하다, 입증하다

대부(代父)는 '대신하는 아버지'라는 뜻

기독교에서 세례(baptism)를 받는 사람은 하나님에 대한 약속의 보증인으로 남자일 때는 대부(代父, godfather)를, 여자일 때는 대모(代母, godmother)를 세웁니다. 대부, 대모는 아이의 세례식에 입회하여 영적으로 모범을 보이고, 종교적 보살핌과 가르침을 주기로 약속합니다. 그들은 자신의 대자 혹은 대녀를 위해 세례 때의 약속을 지키려 노력하며 깊은 신앙심을 함양하도록 도와줍니다.

로마 가톨릭 교회법에서는 세례를 받은 사람과 부모, 대부나 대모 사이는 영적인 친척 관계가 성립되고, 이들은 서로 결혼할 수 없다고 규정하고 있습니다. 규정을 어긴 결혼은 무효가 됩니다. 한편 친부모는 대부가 될 수 없습니다.

이탈리아나 스페인과 같은 남유럽이나 라틴아메리카의 농촌지대에서는 사회적으로 성공한 실력자를 대부모로 삼는 경향이 있습니다. 본래 신앙의 증인으로서 정신적인 아버지를 뜻했던 의미에서 정치, 경제상의 지원과 그에 따른 협력을 내용으로 한 세속적 관계로 변질되는 경향입니다. 라틴 아메리카에서 대부는 종교적 의미를 넘어서 역량이나 능력이 부족한 사람의 뒤를 돌봐주는 후견인(guardian)을 가리키고 있습니다. 남자에게 있어 많은 아이들의 대부가 되는 것은 하나의 명예이자, 사회적 성공의 기준이 되기도 합니다.

프랜시스 코폴라 감독의 영화 〈대부 The Godfather Ⅰ, Ⅱ, Ⅲ (1972~1990)〉는 영화사에서 길이 남을 정도로 유명합니다. 1940년대 뉴욕을 배경으로 마피아들의 폭력과 배신을 통해 인간 세계의 비정함을 그려내고 있습니다. 영화 속에서 이탈리아 출신의 마피아 두목인 돈 꼴레오네는 사람들의 갖가지 고민을 해결해주며 대부로 불리게 됩니다. 세계적으로 흥행한 이 영화 이후로 '대부'라는 말은 마피아에서 권력을 쥐고 있는 우두머리를 의미하게 됩니다. 이후 의미가 더 확대되어 '폭력계의 대부'나 '영화계의 대부'와 같이 영향력 있는 배후 조종자라는 의미를 갖게 되었습니다.

WORDS

baptism 세례, 영세, 침례, 명명, 입회식   guardian 보호자, 감시인, 수호자, 후견인

22 침례식과 김치

'목욕'을 뜻하는 bath는 게르만어 bad에서 온 말입니다. 어린아이를 목욕시키고 세례명을 붙여주는 의식을 하는 기독교의 한 분파를 '침례교(浸禮敎, Baptist Church)'라고 합니다. '침례(浸禮)식'을 baptism이라고 하는데, 세례를 의미합니다. baptism은 bath에서 th가 p로 변한 것입니다.

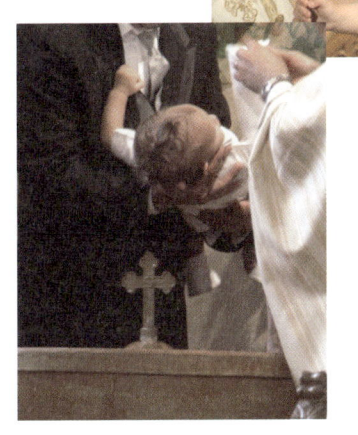

침례(浸禮)는 신도가 된 것을 증명하기 위하여 온몸을 물에 적시며 모든 죄악을 씻는다는 의미로 치르는 의식입니다. 육체는 죽고 그리스도 안에서 새로 태어남을 상징하는 의식으로, 신도들은 세례를 통하여 교회의 정식 구성원이 됩니다. 오늘날에도 동방교회, 침례교회 등 몇몇 교파에서 사람의 몸이 물에 잠기도록 하는 침례의식을 거행하지만, 가톨릭교회와 대부분의 프로테스탄트 교회(Protestant Church)에서는 머리에 물을 적시거나 이마에 물을 뿌리는 약식(略式)이 보통입니다.

침(浸, soak)은 '잠기다, 담그다, 적시다, 스며들다'라는 뜻이고, 세(洗)는 '씻다'라는 뜻입니다. 침투(浸透), 침식(浸蝕), 침수(浸水), 세수(洗手)와 같은 말에서 볼 수 있습니다. 잠길 침(浸)을 영어로 표현하면 'soak in(물에 잠기다)'이라 할 수 있고, penetrate(스며들다), wet(젖다) 등으로도 표현할 수 있습니다.

김치는 무나 배추를 소금에 절이고 고추, 마늘, 생강, 젓갈 등의 양념을 버무린 후 저온 숙성시킨 발효 (fermentation) 식품입니다. 김치는 각종 무기질과 비타민의 공급원이며, 풍부한 유산균을 함유하고 있습니다. 고추는 임진왜란 때 일본에서 들어왔기 때문에 임진왜란 이전 김치는 색이 희멀건 백김치로 만들어 먹었습니다. 김치는 한때 일본의 기무치와 함께 논란에 휩싸이기도 했는데, 2001년 7월 5일 국제식품규격위원회(Codex)에서 기무치를 물리치고 국제식품 규격으로 승인받았습니다.

김치는 원래 우리 말이 아니라 침채(浸菜)라는 한자에서 나온 말입니다. 잠길 침(浸), 채소 채(菜)를 쓴 침채는 소금에 절인 채소라는 말입니다. 본래 '침채'라고 했던 것이 세월이 흐르면서 '팀채, 딤채, 김채' 등의 변화를 거쳐서 오늘날의 '김치'가 되었습니다. 김치 냉장고 중에는 '딤채'라는 유명 브랜드도 있습니다.

> **WORDS**
>
> bath 목욕, 욕조, 욕실   Baptist Church 침례교회   Protestant 신교도, 프로테스탄트, 항의자, 신교의, 항의하는   soak 적시다, 빨아들이다, 젖다, 스며들다, 담그다   fermentation 발효

23 과학과 양심

science(과학)의 어원은 scientia(스키엔티아)라는 라틴어인데, 사물을 '알다(having knowledge)'라는 뜻입니다. 'sci'는 '알다(know)'라는 뜻을 가진 어근입니다. 독일어에서 '과학'을 wissenschaft(비쎈샤프트)라고 하는데, wissen(비쎈)은 안다는 뜻입니다. 서양사람들은 science를 통해 '우주의 모든 원리나 법칙을 안다'라는 뜻을 표현하고자 한 것입니다.

서양철학자 헤겔(Georg Friedrich Wilhelm Hegel)은 철학을 일반적인 학문(學文)이라는 뜻으로 'science'라고 불렀습니다. 과학(science)이란 말은 자연과학만을 의미하는 말이 아니라, 사회과학, 인문과학, 정신과학 등 다양한 분야에 쓰입니다. 18세기에 들어서는 물리와 화학, 생물학, 지구과학 등이 발달하면서 '자연과학'의 의미가 두드러지게 되었습니다. 이후 산업혁명을 거치며 기술을 적극적으로 이용하여 부를 창출하게 되자 '자연과학'의 의미는 더욱더 중시되었고, 오늘날 많은 사람들은 과학이라고 하면 자연과학을 먼저 떠올리게 됩니다.

동양에는 없던 말인 science의 뜻을 이해하면서 한자로 번역하는 것은 어려운 일이었습니다. 중국사람들은 science를 '격물(格物)'이라는 용어로 해석하였습니다. 격물은 '대학'이란 책의 제1장 致知在格物(치지재격물)편에 나오는 말입니다. 이는 '만물을 안다'라는 뜻으로 해석됩니다. science의 원래 뜻에 가장 가깝게 해석하여 만든 용어라 할 수 있습니다.

일본인들은 science를 '분과(分科) 또는 백과(百科)의 학문'이라는 의미에서 '과학(科學)'이라는 용어로 번역했습니다. 동양의 학문인 유학은 총체적 지식의 학문이었습니다. 반면에 서양의 지식은 복잡한 현상을 작은 단위로 나누어 연구한 다음, 차이점이나 공통점을 발견해 내는 방식으로 발전했습니다. 일본인들은 '사물을 나누어서 본다'는 나눔과 분류의 이미지를 표현하고자 science를 '과학(科學)'이라 칭한 것입니다.

과(科)는 벼(禾)와 같은 곡물을 말(斗)로 재는 모습으로, '분류하다, 등급을 매기다'라는 뜻입니다. 과학(科學)은 물리와 화학, 생물학, 지구과학과 같이 개별적으로 분류하여 연구한 다음, 점차 큰 단위로 합쳐 나가면서 일반적인 법칙을 발견해갑니다. 우리나라는 일본의 '과학(科學)'이라는 용어를 그대로 들여와 사용하게 됩니다.

science의 정확한 뜻을 이해하게 되면 conscience가 왜 '양심'을 뜻하게 되는지 이해할 수 있습니다. conscience는 '모든(con) 것을 알다(sci)'라는 의미에서 자기 스스로 마음 깊은 곳에 갖는 판단능력, 즉 '양심, 도덕관념, 자각'을 뜻하게 됩니다. conscientious는 '양심적인, 성실한'이란 뜻이고, conscienceless는 '비양심적인, 파렴치한'의 뜻이 됩니다.

- A guilty **conscience** needs no accuser.
  도둑이 제 발 저리다. (죄지은 양심은 고발인이 필요 없다.)

conscious는 '의식하고 있는, 감지하고 있는, 알고 있는, 지각 있는'의 뜻으로 쓰입니다. unconscious는 '의식하지(sci) 못하는(un)'이라는 의미에서 '무의식의, 의식 불명의, 모르는'의 뜻으로 쓰입니다. subconscious는 '의식의(sci) 아래(sub)'라는 의미에서 '잠재의식의'라는 뜻으로 쓰입니다.

- He's always **conscious** of the eyes of others around him. 그는 항상 주위의 시선을 의식한다.

프로이트(Sigmund Freud)는 인간의 무의식(unconscious)에 관해 깊이 파고든 정신 분석 학자입니다. 그는 정신적 억압에 대한 방어작용을 연구했고, 정신 현상을 꿈이나 욕망과 관련지어 설명한 것으로 유명합니다. 〈꿈의 해석(Die Traumdeutung)〉이 그의 대표적인 저서입니다. 이 책은 인격의 구조를 의식과 무의식으로 구분하고, 무의식을 다시 본능(id), 자아(ego), 초자아(superego)로 나누어 설명하고 있습니다.

사이언톨로지(Scientology)는 1954년 론 허버드(Ron Hubbard)가 창시한 신흥종교입니다. 론 허버드는 SF 소설가이자 여행가, 사진작가, 시나리오 작가로 다양한 직업을 가졌던 사람입니다. 1940년에는 〈최후의 등화관제(Final Blackout)〉를 발표해 '완벽한 SF소설'이란 찬사를 얻기도 하였습니다.

사이언톨로지는 '신의 말씀(logos)을 깨닫다(sci)'라는 뜻으로 과학기술을 통한 정신치료와 윤회사상을 믿는 것으로 알려졌습니다. 이 종교가 유명해진 이유는 톰 크루즈와 같은 할리우드 톱스타들 때문입니다. 톰 크루즈는 한때 난독증 앓았는데, 사이언톨로지 덕분에 난독증을 치료했다고 합니다. 론 허버드가 1982년에 발표한 〈배틀필드〉는 2000년에 로저 크리스천 감독이 영화로 만들었는데, 주연을 맡은 존 트라볼타 역시 신도라고 합니다. 엘비스 프레슬리의 딸이자 마이클 잭슨의 전처인 리사 마리 프레슬리 역시 이 종교의 열렬한 신봉자입니다.

WORDS

science 과학　conscience 양심, (양심의) 가책　conscientious 양심적인, 성실한　conscienceless 비양심적인, 파렴치한　conscious 의식하는, 자각하는　unconscious 의식을 잃은, 무의식적인, 무심결의, 깨닫지 못하는　subconscious 잠재의식의

24 엑스게임

세상이 점점 발달하고 기술이 좋아질수록 '최고, 최상, 극도의'라는 단어를 많이 듣게 됩니다. extreme은 '가장 끝에 있는'이란 뜻으로, '극도의, 최대의, 최고의, 맨 끝의'라는 말로 해석됩니다. 극도로 좋은 것도, 싫은 것도, 위험한 것도, 빠른 것도 모두 extreme을 써서 표현할 수 있습니다.

- Busan is **extremely** humid in mid-summer.
  부산은 한여름에 극도로 습하다.

extreme은 라틴어 extremus에서 유래했는데, exterus(밖의)와 최상급을 나타내는 emus가 합쳐져서 만들어진 단어입니다. interior의 반대인 exterior의 최상급으로서 어원적으로는 '평범한 것의 밖에 있는, 경계선 너머에 있는'의 의미가 됩니다.

- **extreme** competition 극심한 경쟁
- **extreme** moment 극한 상황

익스트림 스포츠(extreme sports)는 스릴을 만끽하며 극한에 도전하는 극단적인 운동을 말합니다. 부상을 입을 위험이 크고 심지어는 생명까지도 잃을 수 있는 고난도 스포츠입니다. 줄여서 X게임이라고도 부르는데, 'extreme'에서 'X'를 딴 것으로 극한 상황에서 극도의 스릴을 맛본다는 의미입니다. 70, 80년대 미국의 뒷골목에서 자주 눈에 띄었던 스케이트보딩(skate boarding)은 젊은이들 사이에서 선풍적인 인기를 끌었습니다. 스케이트 보드는 1993년 스포츠 전문 TV ESPN이 'X게임'이란 타이틀로 방송과 대회를 개최하면서 전세계로 알려졌습니다.

익스트림 스포츠는 번지 점프, 스노보드, 맨발 수상스키, 암벽등반, 스카이다이빙, 래프팅 등 종류가 다양합니다. 이 가운데 인라인 스케이팅과 스케이트보드, 바이시클 스턴트(BMX, Bicycle Motorcross)가 3대 종목으로 꼽히는데, 공통으로 들어가는 알파벳 'B'를 따서 'B3'라고 합니다. 우리나라에서는 원래 소수 동호회원들만 활동하는 수준이었으나 1999년 서울 올림픽공원에 정식 경기장이 만들어지면서 급속히 확산했습니다.

WORDS

extreme 극도의, 극심한, 심각한 **exterior** 겉, 외부 **interior** 내부(의) **extreme sports** 익스트림 스포츠(위험을 동반하는 스포츠, 스카이 다이빙 또는 번지점프 등)

25 미궁과 실마리

어떤 사건이 해결의 실마리를 찾지 못하고 제자리걸음일 때 흔히 '미궁(迷宮)에 빠졌다'고 합니다. 한번 들어가면 쉽사리 빠져나오기 어려운 장소나 상황을 '미궁, 미로'라고 합니다. 범인을 찾다가 '미궁'에 빠지면 사건기록은 '영구미제'의 딱지가 붙은 채 창고에 처박히기도 합니다.

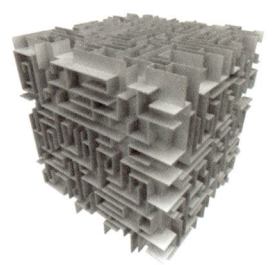

'미궁, 미로'를 영어로 래버린스(labyrinth)라고 하는데, 그리스어 '라비린토스(labyrinthos)'에서 나온 말입니다. 라비린토스는 일단 그 속에 들어가면 길을 잃어 도저히 나올 수 없게 된 것을 가리킵니다. 라비린토스 중에서 가장 유명한 것이 그리스 신화에 나오는 '크레타 섬의 미궁(迷宮)'입니다.

크레타 섬의 미궁은 '미노스(Minos)' 왕이 괴물 '미노타우로스(Minotaur)'를 가두기 위해 만들었다고 합니다. 크레타의 왕비 파시파에(Pasiphae)는 신의 저주를 받아 사람의 몸뚱이에 황소의 머리 모양을 한 괴물을 낳았습니다. 괴물이 태어났지만 왕은 차마 죽일 수가 없어서, 도저히 달아날 수 없는 궁궐을 지은 다음, 괴물을 그 속에 가두어 버립니다. 이 '라비린토스'는 그 내부가 어찌나 복잡한지 한번 들어가면 다시는 빠져나오지 못하는 곳이었습니다.

크레타의 왕은 매년 종속국인 아테네에 해마다 7명의 소년과 7명의 소녀를 제물로 바치라고 하였습니다. 왕은 그들을 라비린토스의 미궁에다 집어넣었는데, 이 미궁 속을 헤매다가 미노타우로

스에게 잡아먹히는 것입니다. 아테네의 왕자 테세우스(Theseus)는 해마다 죄 없는 소년 소녀들이 괴물 때문에 죽어야 한다는 사실에 분노했습니다. 그는 제물이 된 7명의 소년 중에 끼어 크레타 섬에 가서 괴물을 없애겠다고 나섭니다.

그런데 문제가 있었습니다. 괴물을 물리쳤다 해도 일단 미궁에 들어가면 다시 빠져나올 방법이 없어 그 안에서 꼼짝없이 죽어야 했기 때문입니다. 테세우스의 고민을 풀어 준 사람은 크레타 섬의 왕녀 아리아드네(Ariadne)였습니다. 테세우스의 늠름한 모습을 보고 첫눈에 반해 버린 그녀는 그에게 칼 한 자루와 실타래를 내 주었습니다. 실타래를 풀며 미궁으로 들어간 테세우스는 미노타우르스를 죽인 다음 실을 되감으며 미로에서 무사히 빠져 나왔습니다. 아리아드네의 실(Thread of Ariadne)은 어려운 문제를 푸는 실마리, 또는 위험한 상황을 벗어나기 위한 열쇠를 뜻하는 말입니다.

어떤 의문이나 수수께끼를 푸는 해결책이나 중요한 단서 또는 실마리를 'clue'라고 합니다. 사건 현장에서 범인의 지문이나 머리카락 같은 사건의 단서를 찾았다면 문제의 반은 해결한 셈입니다.

- This problem is hard. Would you like a **clue**? 이 문제는 어려워요. 힌트를 줄까요?
- The **clues** would eventually reveal the identity of the criminals.
  그 단서들이 결국에는 범인들의 정체를 밝혀낼 것이다.

추리물의 시작은 1841년 에드거 앨런 포(Edgar Allan Poe)가 쓴 소설 '모르그가의 살인 사건(The Murders in the Rue Morgue)'으로 알려져 있습니다. 한국인들이 좋아하는 유명한 추리 작가는 애드거 앨런 포 뿐만 아니라 셜록 홈스 시리즈의 저자 아서 코난 도일(Arther Conan Doyle) 그리고 수많은 추리 소설의 저자 아가사 크리스티(Agatha Christie) 등이 있습니다. 추리 소설에 등장하는 탐정들은 상대방의 시계만 보고 그 사람의 가족사를 꿰뚫어 본다거나, 말투에서 상대방의 성격을 읽어내는 등 관찰력과 추리력이 대단합니다. 그런데 기본적인 감각 이상으로 각종 지식이 풍부해야 실마리를 연관시키는 명탐정이 될 수 있습니다. 명탐정 홈스는 범죄학뿐만이 아니라 지질학, 화학, 해부학, 심리학, 식물학 등에 대해서도 해박하여 범죄를 해결하는 데 이를 이용하곤 했습니다.

복잡하게 얽힌 사건을 풀어나갈 수 있는 실마리(clue)는 실타래를 의미하는 'clew'가 변형된 말입니다. 실타래인 clew가 단서인 clue로 된 것은 테세우스(Theseus)의 이야기 때문입니다. 그리스 신화에서 미궁 안에서의 '길잡이 실'이라는 뜻으로 쓰이면서 '단서, 실마리'의 의미가 된 것입니다.

우리는 '힌트(hint)'라는 말을 많이 쓰지만, 영어에서는 'give me a clue'라고 하여 '힌트'의 의미로 clue를 더 많이 씁니다.

- **Conscience is the only clue that will eternally guide a man clear of all doubts and inconsistencies.** 양심은 인간으로 하여금 끊임없이 모든 의심과 모순을 명확히 하도록 이끄는 유일한 단서이다. – 토머스 제퍼슨(미국 3대 대통령)
- **Police have found a vital clue.** 경찰은 중대한 단서를 찾았다.

WORDS

labyrinth 미로   thread 실, 이야기의 맥락   clue 단서, 실마리, 힌트   clew 실꾸리(길잡이 실)

26 뉴턴의 사과

accelerate는 '더욱(ac) 빨라지게 하다(celer)'라는 의미에서 '가속하다, 촉진하다'를 뜻합니다. 사과를 높은 곳에서 떨어뜨리면 처음 속도는 느리지만, 점점 가속됩니다. 사과를 떨어뜨리는 위치가 높으면 높을수록 지면에 도착할 때의 속도가 훨씬 더 빨라지는데, 이는 중력(重力, gravity) 때문입니다. 속도가 점점 빨라지는 것을 가속도(加速度, acceleration)가 붙는다고 하는데, 속도(速度)가 더해지는(加) 정도라는 뜻입니다.

- **Exposure to the sun can accelerate the ageing process.**
  햇빛에 노출하는 것은 노화를 촉진할 수 있다.

가속도는 속도가 변화하는 정도를 나타내는 물리량입니다. 일반적으로 물체는 속력이나 운동방향이 바뀌면서 속도가 변하는데, 이처럼 속도가 시간에 따라 변할 때 가속도가 있다고 합니다. 속도(velocity)와 마찬가지로 가속도도 속력과 방향을 갖는 벡터량(vector)으로 나타냅니다.

자동차의 가속 장치 페달을 우리는 '액셀러레이터(accelerator)' 또는 '액셀'이라고 하는데 미국사람들은 'gas pedal'이라고 합니다. 여기서 gas는 흔히 생각하는 기체 가스가 아니라 휘발유를 뜻하는 gasoline(가솔린)의 축약어(clipped form)입니다. 미국에서는 gasoline이란 말을 일상생활에서 거의 쓰지 않으므로 gas라고 해야 합니다. 주유소는 영어로 gas station 또는 gas bar가 됩니다.

'Step on it.'은 '속력을 높여.'라는 명령문인데, 왜 그럴까요?
여기서 'it'은 자동차의 가속 페달(gas pedal)을 가리킵니다. 따라서 '가속 페달을 밟아.' 즉, 'Speed up!'과 같은 말이 되는 겁니다. 반대로 '속력을 낮춰.'라고 할 때는 'Slow down!'이라고 하면 됩니다.

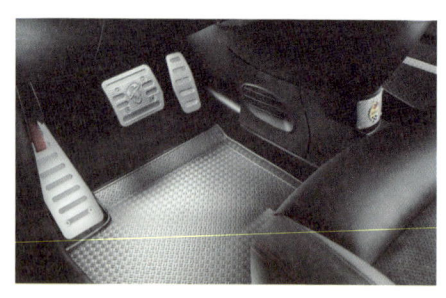

- **step on** the gas 자동차의 가속 페달을 밟다

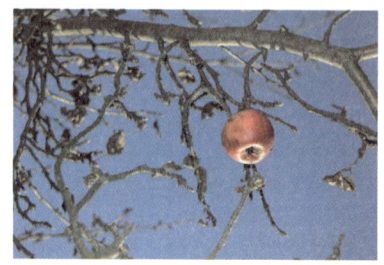

사과가 나무에서 떨어지는 것은 지구가 물체를 잡아당기는 힘, 즉 중력 때문입니다. 만유인력의 법칙(the law of gravitation) 우주에 있는 질량을 가진 모든 물체는 서로 끌어당기는 힘이 있다는 법칙입니다. 만유(萬有)라는 말은 '우주의 모든 물체가 공통으로 지니고 있다'는 뜻입니다.

뉴턴(Newton, 1643-1727)은 세계 역사상 가장 위대한 천재 과학자(scientist)라는 평가를 받습니다. 그는 사과 한 개가 떨어지는 것을 보고 통찰해낸 만유인력의 법칙으로 우주의 원리를 설명해냈습니다. 뉴턴은 코페르니쿠스의 지동설로부터 촉발된 천문학적 난제들을 역학적으로 완벽하게 설명하고, 케플러, 갈릴레이를 거쳐온 과학혁명을 완성합니다. 뉴턴이 정립한 고전 역학은 아인슈타인이 나오기 전까지 수백 년 동안 인류의 시공 개념을 휩쓸었습니다.

뉴턴은 만유인력을 연구하는 과정에서 미적분학(calculus)을 고안했습니다. 또한, 무지개와 비누거품의 색깔 등 빛의 성질을 완벽하게 설명하고, 빛이 파동인 동시에 입자임을 밝혀냈습니다. 더불어 백색은 하나의 색깔이 아니라 스펙트럼(spectrum)의 혼합물이라는 것을 알아내기도 했습니다.

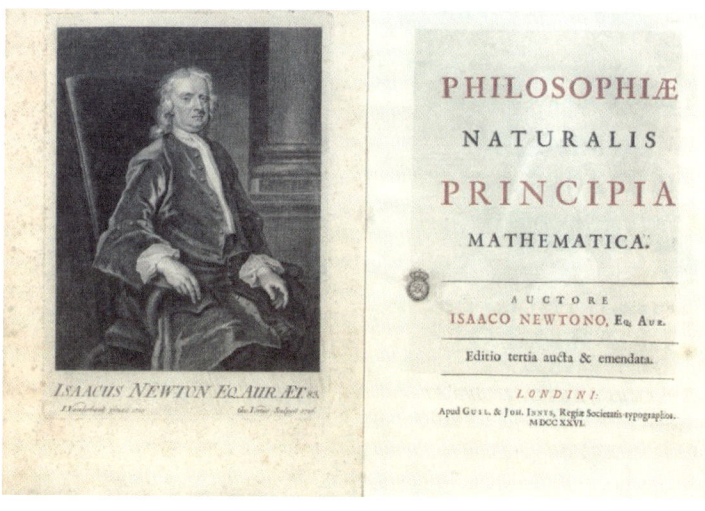

만유인력, 미적분, 빛의 분석을 뉴턴의 3대 발견이라 합니다. 1687년 뉴턴은 〈Philosophiae Naturalis Principia Mathematica(자연 철학의 수학적 원리-프린키피아)〉를 출간합니다. 운동의 세 가지 법칙과 3대 발견을 자세하게 설명한 〈프린키피아〉는 다윈의 〈종의 기원〉과 함께 인류 역사상 가장 위대한 과학책으로 평가받고 있습니다.

WORDS

accelerate 가속화하다, 속도를 높이다   acceleration 가속, 가속도   gravity 중력   velocity 속도   vector 벡터(크기와 방향으로 정해지는 양)   gas pedal 가속 페달   the law of gravity 만유인력의 법칙   calculus 미적분학

27 쇼바는 자동차 바퀴 충격장치

soak는 '적시다, 담그다, 흡수하다'라는 뜻을 가집니다. 비가 많이 와서 '흠뻑 젖었다.'와 같은 표현에 사용할 수 있습니다.

- You're **soaked** thoroughly. 너 흠뻑 젖었구나.
- He got **soaking** wet. 그는 흠뻑 젖었다.
- I'm **soak** to the bone. 난 뼛속까지 젖었어.

absorb는 '~로부터(ab) 빨아들이다 (sorbere)'라는 의미에서 '흡수하다, 빨아들이다, 병합하다'라는 뜻으로 쓰입니다. sorb는 '적시다, 흡수하다, 스며들다'라는 뜻을 가진 soak의 변형인데, 모두 'suck(빨다)'에서 나온 말입니다.

- **Soak** the bread in milk. 빵을 우유에 적셔라.
- A small firm was **absorbed** into a large one. 작은 회사가 큰 회사에 합병되었다.

수동형으로 쓰인 absorbed는 마음이나 정신을 '집중하다, 열중하다'라는 뜻으로 쓰입니다. 어떤 것에 '푹 빠진, 시간이나 마음을 빼앗긴' 상태라는 의미에서 유추한 것입니다. 책을 읽다 보면 생각이 책으로 흡수되어 집중되는 것을 표현한 단어라고 보면 이해하기 쉽습니다.

- Once, he used to be **absorbed** in foreign pop music. 한때 그는 팝송에 심취했었다.

absorbed는 '빼앗긴'이라는 의미가 되고, 능동형 absorbing은 '(시간과 돈을) 빼앗다'로 해석합니다. 이는 능동과 수동의 차이일 뿐 표현하는 내용은 동일합니다.

- Work **absorbs** most of his time. 일에 열중하다. (일이 그의 대부분 시간을 빨아들이다.)
- The wall of the house **absorbed** heat during the day. 그 집의 벽은 낮 동안에 열을 흡수한다.

- The Project **absorbed** vast amounts of capital. 그 프로젝트는 상당한 양의 자본을 흡수했다.

사업을 하면 시간과 돈을 투자해야 하는 상황이 발생합니다. 투자라고 생각하는 사람들도 있겠지만, 사업은 상당한 자본을 필요로 하는 거라 '(시간과 돈을) 빼앗다, 흡수하다'라는 뜻으로 해석할 수 있습니다. 결국, 위의 영어 문장은 '이 사업에 많은 자본이 투입되었다'는 뜻임을 알 수 있습니다.

absorb는 '(충격 따위를) 흡수하다, 완화하다'라는 의미도 있습니다. 용수철(spring)을 사용해 자동차 바퀴에서 전달되는 진동, 충격을 흡수하여 완충시키는 장치를 '쇼바'라고 합니다. 쇼바는 shock absorber(쇼크업소버, 충격흡수장치)에서 'sho(ck) + (absor)ber'식으로 조합한 말입니다.

- Bumpers **absorb** the shock of car accident.
  범퍼는 자동차 사고의 충격을 흡수한다.

쇼크업소버에는 오일 쇼크업소버와 가스 쇼크업소버가 있습니다. 용수철을 감싸고 있는 실린더 내부를 오일이나 질소가스로 채워 넣습니다. 스프링이 위아래로 반복 운동할 때, 오일 또는 질소가스는 스프링이 원상태로 천천히 돌아가도록 해서 충격을 완화해 줍니다.

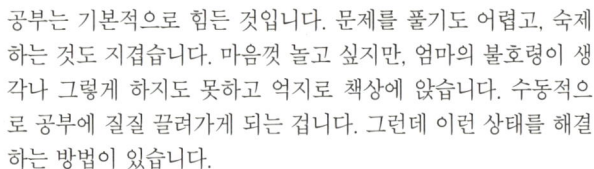

공부는 기본적으로 힘든 것입니다. 문제를 풀기도 어렵고, 숙제하는 것도 지겹습니다. 마음껏 놀고 싶지만, 엄마의 불호령이 생각나 그렇게 하지도 못하고 억지로 책상에 앉습니다. 수동적으로 공부에 질질 끌려가게 되는 겁니다. 그런데 이런 상태를 해결하는 방법이 있습니다.

바로 '몰입(immersion)'입니다. 게임이 재미있는 이유는 모든 것을 다 잊고 그 상황에 집중하기 때문입니다. 마찬가지로 세상의 많은 즐거움이 몰입에 기반을 두고 있습니다. 몰입이란 어떤 행위에 깊이 빠져서 시간의 흐름이나 공간, 자기 자신에 대한 생각마저 잊어버리는 심리적 상태를 말합니다. 몰입하는 순간 모든 것이 평온해지고 그 자체에 행복을 느끼며 계속 그 상태로 남아있기를 원하게 됩니다.

몰입상태는 감각적인 기쁨보다 더 완벽한 심리적 상태라고 할 수 있습니다. '피할 수 없으면 즐겨라'라는 말도 비슷한 맥락입니다. 공부의 지겨움, 경쟁에 대한 두려움, 엄마의 잔소리에서 자유로워지고 싶으면 마지못해 하는 게 아니라 자신을 잊을 만큼 공부에 푹 빠져보길 바랍니다. 진정한 안식처는 나에게 괴로움을 주는 대상 밖에 있는 것이 아니라 그 대상 안에서 찾을 수 있음을 기억해 두세요.

soak 담그다, 흠뻑 적시다   absorb 흡수하다, 받아들이다, 완화시키다   sorb 흡수하다   absorbed ~에 몰두한, 빠져있는   absorbing 몰입하게 만드는, 빠져들게 하는   shock absorber 충격흡수장치   immersion 담금, 몰두, 몰입

28 브랜드와 브랜디

'상표'를 뜻하는 영단어에는 trademark와 brand가 있습니다. 브랜드(brand)라고 하면 원래 특정 제품 및 서비스를 식별하는 데 사용되는 명칭이나 로고 혹은 디자인 등을 총칭하는 말입니다. 샤넬, 루이뷔통, 프라다, 구찌와 같은 것을 명품이라고 합니다. 브랜드는 제품보다 먼저 떠오르는 이미지나 상징입니다. 형태는 없지만 (intangible) 높은 가치를 지닌 자산(asset)입니다.

브랜드가 지금과 같은 상표의 뜻으로 사용되기 시작한 건 19세기 후반부터입니다. brand는 '달구어 지진다'는 뜻의 노르웨이의 옛말 'brandr'에서 나왔습니다. 태운다는 뜻의 burned에서 자음과 모음의 자리가 바뀐 것입니다. 브랜드(brand)는 말과 같은 가축의 엉덩이에 뜨겁게 달군 쇠로 낙인을 찍은 것에서 유래합니다.

원래 brand에는 '낙인을 찍다'라는 뜻이 있습니다. 죄인에게 형벌로 찍어 일생의 오명으로 따라다니던 '낙인'을 가리키는 말입니다. 이후 이 낙인이 가축에 사용되었는데 소유권을 표시하기 위해 인두를 불에 달궈 가축의 엉덩이에 찍게 되었고, 최종적으로 상표를 의미하게 된 것입니다. 불에 달궈 낙인을 찍던 brand와 비슷하게 불에 탄 것 같은 갈색을 영어로 brown이라고 하고, 밀가루 반죽을 불에 구운 빵을 bread라고 합니다.

자기 것에 대한 표시가 오늘날의 상표(trademark)가 된 것입니다. 브랜드 상표를 자세히 살펴보면 상표에 바로 이어서 (R)이나 TM이란 글자가 보입니다. (R)이라고 표시하는 것은 특허청에 등록된 상표(Registered trademark)라는 뜻으로 이 브랜드는 법에 따라 강력한 보호를 받습니다. '만약 같거나 유사한 상표를 사용하여 우리의 상표권을 침해하면 민형사상의 책임을 묻겠다'는 일종의 경고입니다.

TM(trademark)은 아직 등록되지 않은 상표로 등록상표와 같은 보호는 받을 수 없습니다. 다만 부정경쟁방지법과 상표법에 의해 미등록 상표도 널리 알려진다면 일정 수준 보호받을 수 있습니다. 상표가 널리 알려졌을 때, '이것은 물품의 명칭인 보통명사가 아니라 우리의 상표입니다'라고 알려주는 기능을 합니다.

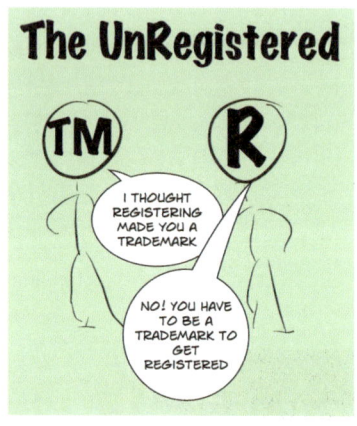

우리가 흔히 말하는 메이커 옷은 maker clothes라 하지 않고 brand-name clothes라고 합니다. 또한, 유명 회사에서 만든 옷은 designer brand 라고도 하고, 최신에 나온 메이커 제품은 the latest brand라고 표현합니다.

brand-new라고 하면 '새로 나온, 신품의, 갓 들여온'의 뜻으로 쓰입니다.

- a **brand-new** car 신형 자동차
- My **brand-new** shirt was stained by a ink.
  새로 산 셔츠가 잉크 때문에 얼룩졌어.

대표적인 식후주인 브랜디(brandy)는 포도를 증류해 만든 술인데 알코올(alcohol) 도수가 40~42도에 이를 정도로 독합니다. 브랜디란 '불에 태운(burned) 와인'이란 뜻으로, 보통 여덟 병 정도의 와인을 증류하면 한 병의 브랜디를 얻을 수 있습니다. 증류된 하얀색 브랜디를 5~10년간 참나무(oak)통 속에서 숙성시키면 참나무의 향과 색이 스며들어 짙은 갈색으로 변합니다. 와인 생산지라면 어디서나 생산할 수 있는데, 그중에서도 프랑스의 코냑 지방, 알마냑 지방의 브랜디가 유명합니다.

WORDS

trademark 상표, 트레이드 마크   brand 상표, 브랜드, 낙인(을 찍다)   brand-new 아주 새로운, 신품의   brand-name 상표가 붙은, 유명한   brandy 브랜디

29 물체와 목적과 반대

object를 해석하면 3가지 정도가 되는데, '물체, 목표, 이의를 제기하다' 등으로 의미가 아주 다릅니다.

- UFO (=Unidentified Flying **Object**) 미확인 비행 물체
- The best way to accomplish your **objectives** is to write them down.
  목표를 달성하는 가장 좋은 방법은 그것들을 써 보는 것이다.
- He **objected** that the police had arrested him without sufficient evidence.
  그는 경찰이 충분한 증거도 없이 자기를 체포했다고 항의했다.

첫 번째 뜻으로 object는 '앞(ob)에 던져진(ject) 물건이나 일'이란 의미에서 '대상(對象), 사물, 물질'이라는 뜻을 가집니다. 철학에서는 이 object를 '객체, 객관, 대상'으로 해석하고, 법학에서는 '법적 대상, 객체'라는 용어로 풀이합니다. objective는 '나(subjective)의 바깥에 던져져 있는'이란 의미에서 '객관적인, 실재의, 물질적인, 외부의'라는 뜻이 됩니다. objectify는 '객관화하다, 구체화하다, ~을 상품화하다'의 뜻으로 쓰입니다.

- The culture that **objectifies** women should be criticized.
  여성을 상품화하는 문화는 비난받아야 한다.

두 번째로 object는 첫 번째 의미에서 확장된 것이지만 해석상 큰 차이가 납니다. 즉, 영어에서는 뭉뚱그려 쓴 셈이지만 국어에서는 의미 분화가 더 진행된 것입니다. '앞에 던져진 것, 쏘아 맞혀야 할 것, ~을 향해서'라는 의미에서 '목표, 목적'이라고 해석합니다. 같은 의미의 단어로는 aim, goal, target 등이 있습니다.

- I have no **object** in my life. 나는 아무런 삶의 목적이 없다.

마지막으로 object는 앞의 두 해석과는 전혀 다른 어원을 가지며, 뜻도 다릅니다. 이 경우 '어떤 것에 반대로(ob=against) 던지다(ject)'라는 의미에서 '반대하다, 이의를 제기하다, 항의하다, 비난하다'의 뜻으로 쓰이게 됩니다. objector는 '반대자'의 뜻입니다. 미드의 법정 장면에서 많이 듣는 'Objection!'이란 말은 '이의 있습니다!'의 뜻이 됩니다.

- He raised valid **objections** to the scheme. 그는 그 계획에 대해 타당한 이의를 제기했다.

동사는 자동사(自動詞)와 타동사(他動詞)로 분류할 수 있습니다. 자동사(intransitive verb)는 동사의 의미나 작용이 주어에만 미칩니다.

- I am happy. 나는 행복하다.

이 문장에서 '~이다'라는 Be동사는 주어에만 관여합니다. 주어(subject)에 스스로(自) 영향을 미친다는 뜻에서 자동사입니다.

타동사(transitive verb)는 동사가 행위의 대상인 객체(object)가 있어야 하는 동사입니다.

- I eat the bread. 나는 빵을 먹는다.

이 문장에서 eat는 주어의 바깥에 던져져 있는 '빵'이 행위의 대상이 됩니다. 주어(subject) 이외의 다른(他) 대상(object)에 영향을 미친다는 뜻에서 타동사라고 합니다.

주어(subject) 이외의 바깥에 있는 다른(他) 대상인 object를 영문법에서는 '목적어'라는 용어로 해석하여 사용하고 있습니다. 그런데 object의 3가지 뜻에 비춰보면 이때의 목적어는 '목적'이 아니라 '대상'으로 해석해야 합니다. 타동사의 의미를 고려할 때 영문법에서도 '목적어'가 아니라 '대상어'로 용어를 바꿔 쓰는 것이 어떨까요?

WORDS

object 물체, 반대하다, 목표, 목적   UFO(Unidentified Flying Object) 미확인 비행 물체   objective 목적, 목표, 객관적인
objectify ~을 객관화하다, ~을 물건 취급하다   aim (goal, target) 목표, 목적   objector 반대자

30 주관과 주어

subject는 '아래로(sub) 던져진(ject) 것'이라는 의미에서 '지배를 받는, 복종하는, 종속된, 의존하는' 등의 뜻을 가집니다. subjection은 '정복, 복종, 종속'이 됩니다.

- We are all **subject** to the law of nature.
  우리는 모두 자연 법칙의 지배를 받는다.
- The schedule is **subject** to change according to the local situations.
  일정은 현지상황의 영향을 받아 변경될 수 있다.
- All nuclear installations are **subject** to international safeguard.
  모든 핵 설비는 국제적인 안전 보장 조항에 종속된다.

subject는 무언가의 지배를 받는다는 의미에서 파생되어 '~을 당하기 쉬운, 받기 쉬운, 하기 쉬운'의 뜻으로도 쓰입니다.

- He is **subject** to cold. 그는 감기에 걸리기 쉽다.
- All flights are **subject** to delay. 모든 항공편은 지연되기 쉽다.

subject는 '지배를 받는, 복종하는'의 뜻에서 파생되어 지배를 받는 '국민, 백성, 신하' 등의 뜻으로 쓰입니다.

- the Queen's **subjects** 여왕의 신하들
- The **subject** offered sincere advice to the emperor.
  그 신하는 황제에게 간곡한 충언을 올렸다.

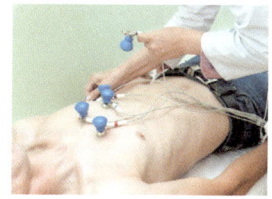

subject는 실험할 때 '실험대상, 피실험자'의 뜻이 됩니다.

- The **subjects** of this experiment are all men aged 18 to 25.
  이 실험의 피실험자는 모두 18세에서 25세 사이의 남성이다.

subject의 가장 대표적인 뜻인 '주제(topic)'는 '다루어지는 것, 이야기되는 것, 제시되는 것'을 의미합니다. 구체적으로 '주제, 논제, 제목, 학과, 과목' 등의 뜻으로 쓰입니다.

- Money is a touchy **subject** with me. 돈은 나에게 민감한 주제이다.
- English is my favorite **subject**. 영어는 내가 좋아하는 과목이다.

subject에는 object와 상대되는 뜻으로 '주체, 주관의, 사적인, 내성적인'이란 뜻도 있습니다.

- The criticisms are purely **subjective**.
  그 비평들은 완전히 주관적이다.
- Sensation is **subjective**. 감각은 주관적이다.

철학에서는 subject를 '주체, 자아'라는 의미로 쓰며, 언어 문법에서는 '주어, 주격의, 주격'의 뜻으로 씁니다.

- A **subject** is an observer and an object is a thing observed.
  주체는 관찰자이고, 객체는 관찰을 당하는 대상이다.
- In English, the **subject** precedes the verb.
  영어에서는 주어는 동사보다 앞에 나온다.

WORDS

subject 주제, 문제, 대상, 실험대상, 주어, 과목, ~의 지배를 받는   subjection 정복, 복종, 종속

SECTION 3

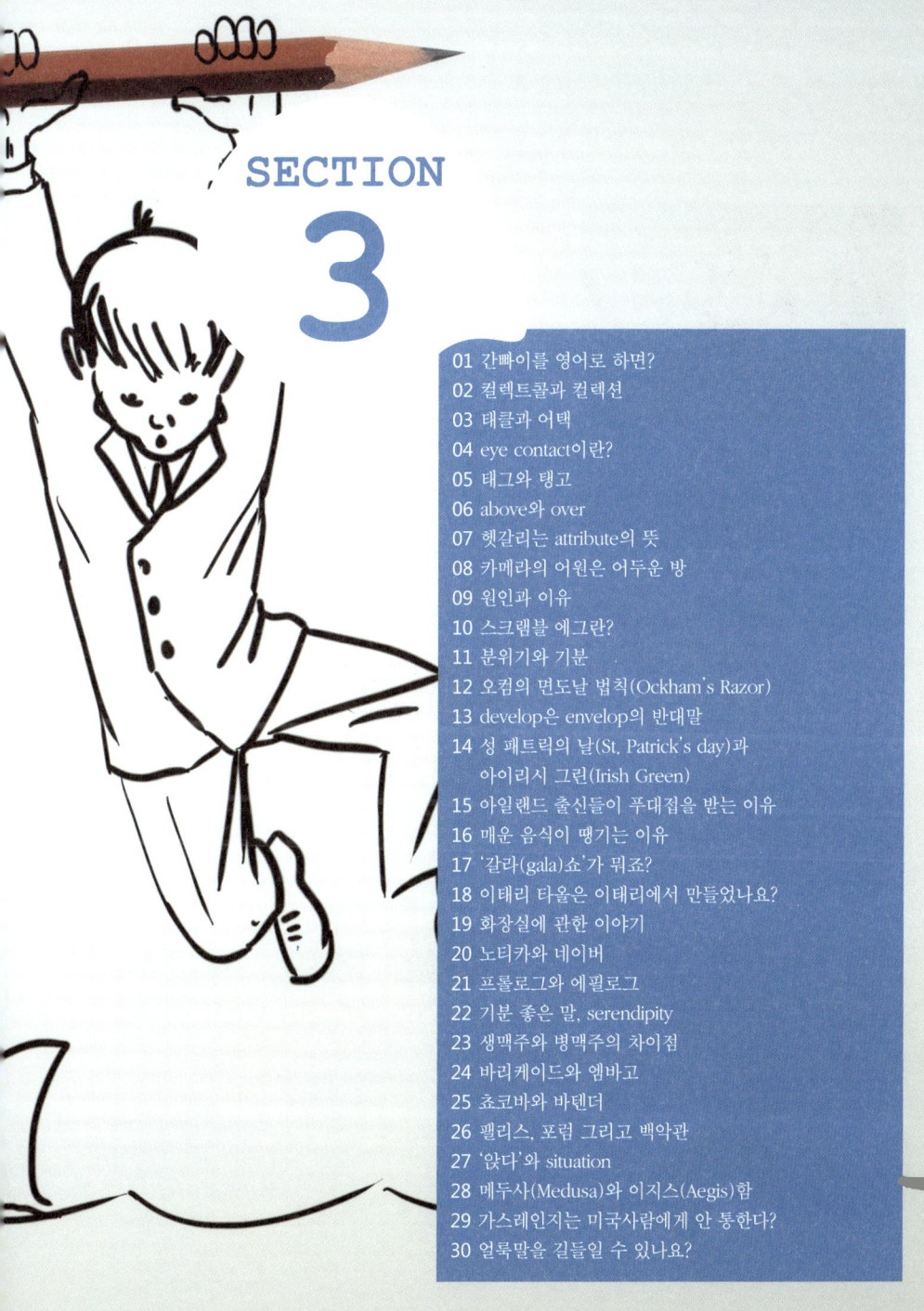

01 간빠이를 영어로 하면?
02 컬렉트콜과 컬렉션
03 태클과 어택
04 eye contact이란?
05 태그와 탱고
06 above와 over
07 헷갈리는 attribute의 뜻
08 카메라의 어원은 어두운 방
09 원인과 이유
10 스크램블 에그란?
11 분위기와 기분
12 오컴의 면도날 법칙(Ockham's Razor)
13 develop은 envelop의 반대말
14 성 패트릭의 날(St. Patrick's day)과 아이리시 그린(Irish Green)
15 아일랜드 출신들이 푸대접을 받는 이유
16 매운 음식이 땡기는 이유
17 '갈라(gala)쇼'가 뭐죠?
18 이태리 타올은 이태리에서 만들었나요?
19 화장실에 관한 이야기
20 노티카와 네이버
21 프롤로그와 에필로그
22 기분 좋은 말, serendipity
23 생맥주와 병맥주의 차이점
24 바리케이드와 엠바고
25 쵸코바와 바텐더
26 팰리스, 포럼 그리고 백악관
27 '앉다'와 situation
28 메두사(Medusa)와 이지스(Aegis)함
29 가스레인지는 미국사람에게 안 통한다?
30 얼룩말을 길들일 수 있나요?

01 간빠이를 영어로 하면?

축구나 농구 경기에서 자주 들을 수 있는 '슛(shoot)'은 '쏘다, 발사하다, 슛을 하다' 등의 뜻이 있습니다. '사격, 사냥'을 shooting이라고 합니다. shootout은 '총격전' 또는 축구에서 '승부차기'라는 의미로 쓰입니다.

- The whale **shoots** water into the air. 고래는 공기 중에 물을 뿜는다.
- He went out **shooting** and came back with a couple of rabbits.
  그는 사냥하러 가서 두 마리의 토끼를 가지고 돌아왔다.
- miss one's kick in a penalty **shootout** 페널티 킥을 실축하다

태양계를 떠돌던 티끌, 먼지 등이 지구 중력에 이끌려 대기 안으로 들어오면서 대기와의 마찰로 불타는 것을 '별똥별, 유성(流星)'이라고 합니다. 별똥별을 영어로는 shooting star, falling star, meteor 등으로 표현합니다.

- **shooting star**: a small piece of material from space which burns brightly as it passes through the Earth's air
- Make a wish when you see a **shooting star**. 별똥별을 보면 소원을 빌어라.

'룰렛(roulette)'은 프랑스어 roue(바퀴)와 이탈리아어 ette(작은)의 합성어로 '돌아가는 작은 바퀴'를 뜻합니다. 러시안룰렛(Russian roulette)이란 6~8연발 리볼버(revolver) 권총에 탄약 하나만 넣고 돌린 후 2명 이상과 번갈아 가며 자신의 머리

에 대고 방아쇠를 당기는 게임입니다.

- dangerous game in which one **shoots** at one's own head a gun with a bullet in only one of the chambers(=set of spaces for bullets), without knowing whether it will fire or not (하나만 장전된 총알이 발사될지 아닐지를 모른 채 한 명이 자신의 머리에 권총을 대고 방아쇠를 당기는 위험한 게임)

'슛(shoot)'에서 모음 변화로 생긴 말이 '샷(shot)'인데, '발사, 발포' 등의 뜻이 있습니다. 골프에서 공을 한 번 치는 것도 '샷'이라고 합니다.

- double barrel **shotgun**
  더블 배럴 샷건 (총열이 2개인 산탄총)

- He fired a few **shot** in the air.
  그는 공중에 몇 발을 쏘았다.

사진 찍는 방법 중에 '스냅 샷(snapshot)'이 있는데, 연출 없이 실감 나는 장면들을 '순간적으로 찍는 기법'입니다. snap은 '찰싹 소리 내다, 덥석 물다, 딱 때리기' 등의 뜻인데, 순간적으로 모습을 '잡아내다'라는 의미로 쓰는 말입니다.

'Give it a shot.'은 어떤 일을 해보고 싶어하는 상대에게 해 보라고 권하는 표현입니다. 'Give it a try.'와 같은 의미입니다. 이때 it은 일반적으로 '달성하기 어려운 것'을 의미하므로 Give it a shot에는 '밑져야 본전'이라는 뉘앙스가 있습니다. 친구가 입사 시험을 볼지 말지 고민하고 있다면 다음과 같이 격려해 주세요.

- **Give it a shot!** You might make it.
  한번 해봐! 해낼 수 있을 거야.

건배(마를 乾, 잔 杯)란 가득 찬 술잔의 술을 다 마셔 비워버린다는 뜻입니다. 건배를 일본어로는 '간빠이'라고 합니다. 우리말 건배와 가장 일맥상통하는 영어는 뭘까요? 여럿이 술을 마실 때 '바닥이 드러날 때까지 쭉 들이켜라'라는 의미로 흔히 '원샷'이라는 구호를 외치는데 이는 콩글리시이고, 술잔을 한 번에 들이키라는 뜻의 영어는 'Bottoms up'이라고 해야 합니다. bottoms up은 직역하면 '밑바닥을 위로 하자'라는 뜻입니다.

술잔을 부딪치며 그냥 '위하여!'라고 할 때에는 'Cheers!'라고 합니다. '당신의 건강을 위하여!'라고 하고 싶으면 'Cheers to your health!'라고 하면 됩니다. 그리고 건배를 제의할 때는 'Let's toast!' 또는 'Let's make a toast!'라고 합니다.

19세기 말 이탈리아 장군이었던 가리볼디(Gariboldi)가 지휘하는 군대는 90mm가 넘는 대형 대포로 오스트리아 군대를 공격해 많은 전투에서 승리를 거두었습니다. 이 대포는 미국 군대에서 만든 것으로 '큰 발사, 발포'를 뜻하는 big shot이라는 이름이 붙었습니다. 그 후 상황이 변하면서 big shot은 대포처럼 주변에 큰 영향을 끼치는 중요한 인물이나 명사의 뜻으로 사용되면서 일반인들도 많이 사용하는 말이 되었습니다. 또한, 전쟁의 승리를 위해 큰 대포가 필요했듯이 성공을 위한 노력이 필요하다는 의미로 big shot이 쓰이기도 합니다.

● He is a **big shot** in business circles. 그는 실업계의 거물이다.

WORDS

shoot 총을 쏘다, 발사하다, 사격하다　shooting 발사, 총격, 사냥, 촬영　shooting star (falling star, meteor) 별똥별　shot 발사, 발포, 총성, 포성　snapshot 스냅사진　give it a shot 시도해봐, 한번 해봐　bottoms up, toast, cheers 건배　big shot 거물, 유력자

02 컬렉트콜과 컬렉션

collect는 '한 곳에 함께(com) 모으다(lect)'라는 의미에서 '수집하다, 대금을 징수하다, 집중하다, 기부금을 모금하다'라는 뜻을 가집니다. collection은 '수집(채집)물, 소장품, 수금, 헌금, 퇴적'의 뜻으로, collector는 '수집가, 수금원'이라는 뜻으로 쓰입니다.

- **collect** stamps 우표를 수집하다
- She has a beautiful **collection** of china. 그녀는 훌륭한 도자기 소장품을 가지고 있다.

골동품이나 우표, 화폐, 책 등 가치 있는 것을 수집한다고 할 때 collect라고 합니다.

- I am **collecting** various selection of antiques. 나는 여러 가지 골동품들을 수집 중이다.
- He **collected** coins, medals and things of that description.
  그는 동전, 메달과 그런 종류의 물건들을 수집했다.
- He enjoys **collecting** exquisite pieces of art work.
  그는 정교한 예술 작품을 모으는 것을 즐긴다.

패션 디자이너들이 한 계절을 앞서 개최하는 작품 발표회를 컬렉션(Collection)이라고 합니다. 특별한 주제 없이 여러 디자이너가 발표한 작품의상들을 한자리에 모았다는 의미에서 컬렉션이라 불립니다. 디자이너가 자신의 작품들 중 마음에 드는 것들을 특별히 골라서 발표하는 것을 뜻하는 말이라고 할 수 있겠습니다.

세계적으로 가장 권위 있는 컬렉션은 파리, 밀라노, 뉴욕, 런던, 도쿄컬렉션이며, 한국에는 스파(SFAA)컬렉션과 서울컬렉션이 있습니다. 해마다 2번씩 열리는 박람회를 통하여 세계의 디자이너들은 자신의 창작 의상을 소개하여 세계의 패션을 이끌어갑니다. 가끔 의류나 구두 등과 같은 상품 카탈로그를 보면 collection이라는 단어가 등장합니다. 디자이너들이 자신의 디자인 컨셉이 같은 상품들을 모은 것을 컬렉션이라고 부르기도 합니다.

가장 역사가 오래된 파리 컬렉션(Paris Collection)은 아직도 전 세계 유행을 좌우할 만큼 영향력이 큽니다. 파리의 오트쿠튀르(haute couture)는 크리스챤 디오르, 피에르 카르댕, 이브 생 로랑 등과 같은 고급의상실을 합니다. 오트쿠튀르의 맞춤형 옷은 너무 비싼데, 이와 비슷하게 만든 기성복을 프레타포르테(Pret-A-Porter) 라고 합니다. 오트쿠튀르나 프레타포르테에 참여하는 디자이너들은 약 100점에서 200점의 신작을 자신의 매장에서 발표합니다.

이탈리아의 밀라노컬렉션(Milano Collection)은 부유한 성인 취향을 따르는 실용적인 패션으로 이름난 컬렉션입니다. 질이 좋은 섬유와 소재를 기반으로 하여 파리 프레타포르테와 함께 세계 패션을 주도하고 있는 컬렉션으로 꼽습니다. 대표 브랜드로는 구찌, 프라다, 베르사체, 펜디, 엠포리오 알마니, 돌체앤가바나, 페라가모 등이 있습니다.

collect의 어근 lect는 '모으다, 묶다'라는 뜻인데, '법률과 관련된'이란 뜻의 legal과 같은 어원입니다. 사회에서 일어나는 모든 책임, 권리와 의무 등을 기록한 것이 법입니다. 즉, legal은 lect에서 약간 변형된 형태로 규칙이나 법률에 '묶여 있는 것'이라는 뜻이었습니다.

collect는 단순히 '모으다'라는 뜻뿐만 아니라 '약속이나 계약'의 개념이 더해져서 '(세금, 집세 등을) 징수하다'라는 뜻을 만들어냅니다. 카드회사에 보면 연체대금 컬렉션(collection) 팀이 있습니다. 여기서 collection은 강력한 의미의 연체대금 '회수'를 뜻합니다.

공중전화로 전화를 거는 데 당장 돈이 없어도 통화가 가능한 전화를 컬렉트콜(collect call)이라고 합니다. 컬렉트콜은 요금을 수신자가 부담하는 전화인데, 여기서 컬렉트는 수신인에게 '징수하다'라는 뜻에서 쓰인 말입니다.

미국의 학교 게시판에 'Rooms for Rent'라는 종이가 붙었다면 빈방을 임대하겠다고 알리는 광고입니다. 여기서 rent는 '집세, 방세 등의 임대료'를 의미합니다. 집세를 받는다고 할 때는 '~을 모으다, 징수하다'라는 뜻을 가진 collect를 사용하여 collect rents라고 합니다. 반대로 집세를 낸다는 표현은 pay rent for a house라고 합니다.

- How much is the apartment **rent** per month? 그 집 월세가 얼마입니까?

WORDS

collect 수집하다, 모으다   collection 수집품. 소장품. 모음집. (의류의) 신상품들, 컬렉션   collector 수집가, 징수원
collect call 수신인 요금 지불 통화   collect rents 집세를 수금하다

03 태클과 어택

무엇을 두드릴 때 나는 소리를 영어에서는 'tac, toc'이라고 표현하는데, 'tack, tact, tach' 등의 어근은 여기에서 유래했습니다. 압정(thumbtack)을 박을 때면 엄지손가락(thumb)을 압정 머리에 대고 누르면 됩니다. tack은 '접촉하다(tact)'가 변형된 말로, '못, 압정으로 고정하다, 추가하다, 붙이다' 등의 뜻이 있습니다.

- He hammered a **tack** into the wall and hung a small picture on it.
  그는 벽에 못질하고 작은 그림을 걸었다.

축구나 럭비, 아이스하키 등에서 수비수들은 공을 가진 공격수에게 덤벼들어서 태클(tackle)합니다. 상대방의 공격을 차단하거나 공을 빼앗기 위하여 사용하는 기술입니다. tackle은 '고정하다, 붙잡다'의 의미와 '공격하다, 덤벼들다, 부딪치다'의 의미로도 쓰입니다. 태클(tackle) 공격을 하기 위에서는 상대방과 접촉(tact)을 해야만 합니다.

attack은 '(적)에게(at) 접촉하다(tack)'라는 의미에서 '공격하다, 습격하다'로 쓰이는 말입니다. 기습 공격은 surprise attack이라 하고, 해변에 파도가 치듯이 차례차례 공격하는 것을 파상공격이라 하는데 wave attack 또는 attack in waves이라고 표현합니다.

- **Attack** is the best defense.
  공격이 최선의 방어이다.

'접촉해 있다'는 뜻의 tag가 변형된 형태인 tangible은 '만질 수 있는(touchable)'이란 뜻입니다. tangible은 '만져서 알 수 있는, 실체적인, 이해될 수 있는, 명백한, 현실의'라고 해석됩니다.

- **tangible** assets 유형자산

intangible은 반대의 뜻을 가진 접두사 in이 쓰여 '만질 수 없는, 무형의, 파악하기 어려운'의 뜻으로 쓰입니다.

- brand: an **intangible** asset
- Stocks and bonds are **intangible** property.
  주식과 채권은 무형의 재산이다.

수학 용어인 '탄젠트(tangent)'는 '접선의'라는 뜻인데, 두 개의 곡선이 한 점에서 만나는 것을 말합니다. '(한 점에) 접촉하는, 접선의, 본래의 목적에서 벗어난'의 뜻으로 해석됩니다. tangent는 sin, cos와 더불어 삼각함수 중의 하나이기도 한데, 직각삼각형에서 '밑변 분의 높이'를 지칭하기도 합니다.

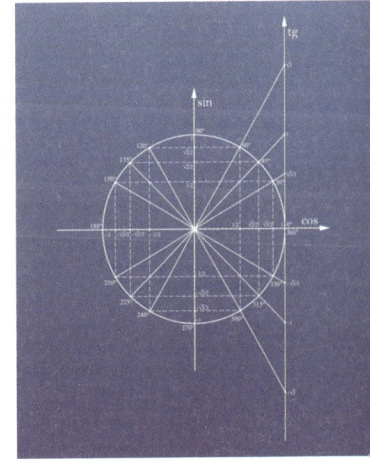

WORDS

tack 압정으로 고정하다, 방침, 방향　thumbtack 압정, 제도 핀　tackle 태클하다, 맞붙다, 씨름하다, 솔직하게 말하다　attack 폭행, 공격　tangible 실재하는, 만질 수 있는　tangible assets 유형자산　intangible 꼬집어 말할 수 없는, 무형의　tangent 접선, 탄젠트

04 eye contact이란?

무엇을 두드릴 때 나는 소리를 영어에서는 'tac, toc'이라고 표현하는데, 'tack, tact, tach' 등의 어근은 여기에서 유래했습니다. tact의 본래 의미는 '감촉, 감수성, 감각'인데, the sense of touch의 의미로 쓰였던 말입니다. '감각이 있음' 등의 뜻에서 '최적의 시간에 최적의 것을 말하거나 할 수 있음'의 뜻이 되어, '재치, 기지, 솜씨' 등으로 의미가 바뀐 말입니다.

- It's a rather delicate situation and you will need a lot of a **tact** to handle it.
  그건 다소 미묘한 상황이라 조정하려면 꽤 감각이 있어야 할 거야.

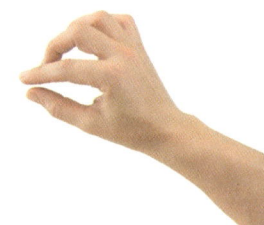

tactile은 '촉각의, 만져서 알 수 있는'의 뜻입니다. intact는 '건드리지(tact) 않은(in)'이라는 의미에서 '본래대로의, 손대지 않은, 빠지거나 훼손된 것이 없는'이라는 뜻으로 쓰입니다.

- the **tactile** organs 촉각기관
- The fragile parcel arrived **intact**. 깨지기 쉬운 화물이 온전하게 도착했다.

tactic은 '만져서 흐트러진 것을 정리하다'라는 의미에서 어떤 일을 달성하기 위한 '전략, 작전, 수단'의 뜻이 됩니다. tactics는 군대에서 전쟁을 위해서 병력을 배치하고 이동시키기 위한 병법의 뜻으로도 쓰입니다. tactical은 '군사학의, 전술상의, 책략이 능수능란한'의 뜻입니다.

- An army commander must be skilled in **tactics**. 군 지휘자는 전략에 능해야 한다.
- This is purely a **tactical** withdrawal, when we have strengthened our forces we will attack again. 이건 순전히 전략적인 철수다. 우리의 힘이 강화되면 다시 공격할 것이다.
- **tactical** retreat 작전상 후퇴

contact는 '함께(con) 접촉하다(tact)'라는 의미에서 '접촉, 접선, 연락, 교제' 등의 뜻이 된 말입니다. contact가 동사로 쓰일 경우는 '접촉시키다, 연락하다, 교제하다'라는 뜻이 되는데, 타동사로 쓰이므로 목적어가 바로 와야 합니다.

- If you have any questions, please do not hesitate to **contact** me.
  의문 사항이 있으면, 주저하지 말고 저에게 연락 주십시오.

콘택트렌즈(contact lens)는 눈과 직접 접촉하여 시력을 교정시키는 얇고 작은 렌즈를 말합니다.

- wears **contact lenses** 콘택트렌즈를 끼다

'눈은 입만큼 말을 한다'고 할 정도로 커뮤니케이션에서 중요한 것이 시선입니다. 서양인들과 대화를 할 때는 상대방의 눈을 쳐다보며 말에 귀를 기울여야 합니다. 이것을 눈 맞춤(eye contact)이라고 하는데, 가벼운 미소와 함께 눈을 마주침으로써 상대방에 대한 관심을 표현하고 신뢰감을 줄 수 있게 됩니다. 사람들 앞에서 강연이나 발표(presentation)를 하는 경우에도 청중을 바라보고 이야기하는 것이 좋습니다.

서양 사람들과 대화할 때 상대방의 눈을 피하거나 마주치지 않으면 오해를 살 수도 있습니다. 자기를 무시하거나 무엇을 숨기고 있는 사람이라고 생각하는 것입니다.

- You're not listening to me. 넌 내 말을 듣지 않는군.
- You're not telling me the truth. 내게 거짓말을 하고 있구나.

한국에서는 어른이 야단칠 때 고개를 숙이는 것은 반성과 공손함의 표시입니다만, 서양의 아버지들은 시선을 회피하는 아이에게 "You look me in the eyes. (내가 말할 때는 내 눈을 똑바로 쳐다봐라.)"라고 훈계합니다.

WORDS

tact 요령, 눈치, 재치 tactile 촉각(감)의 intact 온전한, 훼손되지 않은 tactic 전략, 작전, 전술 tactics 전술학, 병법, 작전 행동 tactical 작전의, 전략적인, 전술적인 contact 연락, 접촉, 관계 contact lens 콘택트렌즈 eye contact 눈을 맞추다

05 태그와 탱고

옷 등에 붙어 있는 '꼬리표, 가격표, 술래잡기' 등의 뜻인 tag는 '접촉해 있다, 매달려 있다'는 의미로도 사용됩니다.

- **tag**: a small piece of paper fixed to something to show what it is, who owns it, what it costs, etc.
- a car with a $2,500 price **tag** 가격이 2,500달러인 차

태그(tag)는 야구에서 수비수가 공격수를 아웃 시키는 방법의 하나입니다. 수비수가 공을 들고 있는 손으로 베이스를 밟고 있지 않은 공격수를 태그 하면 그 공격수는 아웃 판정을 받습니다. 프로레슬링에서, 두 사람 혹은 세 사람씩 한편이 되어 싸우는 경기를 '태그매치(tag match)'라고 합니다. 선수를 교체하려면 같은 편끼리 '태그(tag)'를 하면 됩니다.

무엇을 두드릴 때 나는 소리를 영어에서는 'tac, toc'이라고 표현하는데, 'tack, tact, tach' 등의 어근은 여기에서 유래했습니다. tag는 '손을 대다, 접촉하다'의 뜻을 가지는데, touch나 taste와 같은 어원을 갖습니다. touch는 '만지다, 닿다, 접촉하다'의 뜻으로 쓰입니다. taste는 '맛, 미각' 등의 뜻인데, 맛을 보려면 혀를 음식에 접촉(touch)시켜야 합니다.

contagion은 '전염, 감염'이란 뜻인데, tag에서 파생된 말입니다.
contagious는 '접촉으로 전염되는, 전파하는, 옮기 쉬운'의 뜻이며,
contagious disease는 '전염병'을 뜻합니다.

- Laughter is **contagious**. 웃음은 전염된다.
- The child was diagnosed with a **contagious** disease.
  그 아이는 전염병에 걸린 것으로 진단되었다.

탱고(tango)는 남녀가 서로 '접촉하고 뒤엉키며 추는 춤'을 가리킵니다. 1880년 무렵 아르헨티나 부에노스 아이레스의 하층민 지역에서 나타나 유럽에서 큰 인기를 끌었던 댄스리듬과 음악입니다. 탱고는 유럽 계통의 무곡과 아프리카계 주민의 민속 음악이 혼합된 것이라고 전해집니다.

탱고는 가난한 유럽이민자들이 사는 도시 외곽에서 시작됐으며 칼싸움과 섹시함을 표현하는 동작이 댄스로 발전된 것입니다. 1915년 유럽에 전해질 무렵의 초기 탱고 음악은 기타와 바이올린, 플루트 연주로 구성되어 경쾌하고 활기찬 분위기를 나타냈습니다. 그런데 1925년 무렵부터는 아코디언, 바이올린 등이 가세하면서 탱고의 분위기가 바뀌어 우수의 정서를 띠게 되었습니다. 고향을 떠나 아르헨티나에 정착한 이방인들은 선술집에 모여 탱고를 추면서 고달픈 삶을 잊고, 고향에 대한 그리움을 달래기도 했습니다.

tangle은 '손으로 마구 섞어 놓다'라는 의미에서 '뒤엉키다, 얽힘, 혼잡'이란 뜻이고, entangle은 '얽히게 하다'의 뜻입니다.

- A long thread is easily **entangled**. 긴 실은 엉키기 쉽다.
- Don't **entangle** my brother in your schemes.
  내 동생을 너의 계략에 끌어들이지 말라.

왕가위 감독의 영화 '해피투게더'에서는 양조위와 장국영의 탱고를, '여인의 향기'에서는 눈먼 알 파치노의 탱고를 볼 수 있습니다.

- If you make a mistake, if you get all **tangled** up, you just tango on.
  만약 실수하면 스텝이 엉키게 되는데, 그게 바로 탱고입니다. – 여인의 향기(Scent Of A Woman, 1992) 중

WORDS

tag 태그, 꼬리표   touch 만지다, 닿다, 접촉하다   taste 맛, 미각, 입맛   contagion 전염, 감염, 전염병   contagious 전염되는   contagious disease 전염병, 접촉전염병   tango 탱고   tangle 얽힌 것, 엉킨 것, 꼬인 상태   entangle 얽어매다, 꼼짝 못하게 하다, 얽히게 만들다

06 above와 over

above와 over는 둘 다 '~의 위에'라는 뜻으로 보다 더 높은 위치에 있는 것을 가리킬 때 씁니다. 비슷한 의미이기 때문에 둘 다 혼용해서 쓰기도 하지만 경우에 따라 구분해서 사용합니다.

- They built a new room **above** the garage.
  (=They built a new room **over** the garage.)
  그들은 차고 위에 새 방을 하나 만들었다.

위치와 관련하여 above는 주로 대상물과 접촉하지 않은 상태에서 보다 위에 있다고 표현할 때 사용합니다. 구름 위에 떠 있다고 표현하고 싶으면 구름 위를 접촉하지 않고 떠 있는 상태이기 때문에 above를 써야 합니다.

- The balloon went **above** the clouds. 그 풍선들은 구름 위로 날아갔습니다.

over는 대상물과 접촉하여 위에 있을 때, 덮어서 가리고 있을 때 사용합니다. 스폰지 케이크 위에 크림을 바른다고 표현하고 싶다면 접촉하여 위에 있는 상황이므로 over를 사용하면 됩니다.

- Spread cream **over** the sponge cake. 스폰지 케이크 위에 크림을 바르세요.
- He put a newspaper **over** his face.
  그는 신문으로 얼굴을 덮었다.

한쪽 편에서 다른 편으로의 이동 즉, 대상물의 위를 넘어가는 동작을 나타낼 때는 over를 씁니다.

- I threw a newspaper **over** the wall.
  담장 너머로 신문을 던졌다.
- They jumped **over** the stream.
  그들은 개울을 뛰어넘었다.
- He put a blanket **over** the sleeping child.
  그는 잠자는 아이에게 담요를 덮어주었다.

above와 over는 숫자와도 같이 사용됩니다. above는 주로 개수나 나이 등이 기준점을 넘는 경우에 씁니다.

- **above** average   평균 이상
- 2,000 feet **above** sea level   해발 2,000피트 이상
- Temperatures will not rise **above** zero tonight.
  오늘 밤은 기온이 0도 이상으로 올라가지 않을 것이다.

over는 숫자, 나이, 돈, 시간 등과 함께 쓰이며 '~보다 많이'라는 뜻을 나타냅니다.

- **over** ten thousand stores   만 개 이상의 가게
- He's **over** 50.   그의 나이는 50이 넘었다.
- It costs **over** $100.   비용이 100달러를 넘는다.
- We waited **over** 2 hours.   우리는 두 시간 이상 기다렸다.

WORDS

above ~보다 위에, 위로(대상물과 비접촉)   over ~위에(대상물과 접촉)

07 헷갈리는 attribute의 뜻

'부족, 종족'이란 뜻을 가진 tribe는 로마 시대에 만들어진 말입니다. 로마 제국은 라틴(Latins), 사빈(Sabines), 에트루리아(Etruscans) 세 종족이 장악하고 있었습니다. tribe는 'tri(three)'와 'be(있다, 존재)'가 결합하여 '셋이 있다'는 뜻인데, 로마를 통치하던 세 종족을 의미한 것입니다. tribute는 '공물, 조세, 현물지급'이란 뜻으로, 로마의 세 부족이 군주에게 자기네 '공물'을 바치던 풍습에서 나온 말입니다. tribute는 pay, give라는 개념을 전달하는 어근이 됩니다.

contribute는 '함께(con) 바치다(tribute)'라는 의미에서 '기부하다, 공헌하다, 기고하다' 등의 뜻이 된 말입니다. 빌 게이츠와 워런 버핏은 대가를 바라지 않고 자신이 가진 것을 남들과 함께 나누면서 contribute의 의미를 그대로 실천하고 있는 사람들입니다. 어떤 사람이 국가나 사회, 예술, 학문과 같은 분야에 지대한 공헌을 한 경우에도 contribution을 쓸 수 있습니다.

- **contribute** food for the poor 빈민에게 식량을 제공하다
- This book **contributes** a lot to our understanding of the subject.
  이 책은 우리가 그 주제를 이해하는 데에 기여한 바가 크다.

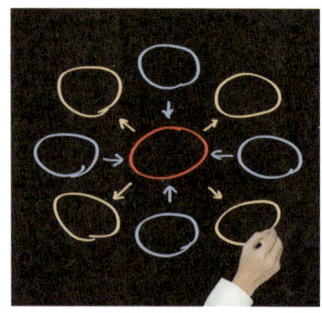

distribute는 '떼어내서(dis) 나누어 주다(tribute)'라는 의미에서 '나누어주다, (상품을) 유통하다, ~에 할당하다, 분할하다' 등의 뜻이 된 말입니다

- The government **distributed** free food to flood victims. 정부는 수재민들에게 무상으로 음식을 배급했다.
- The government is concentrating on growth rather than even **distribution**.
  정부는 분배보다는 성장에 치중하고 있다.

- How big is our domestic **distribution** market?
  국내 유통시장의 규모는 얼마나 됩니까?

attribute는 '어디로(at) 바치다(tribute)'라는 의미에서 '누구 또는 무엇에게 주다'라는 기본적인 뜻이 있습니다. 문장에 따라서 '~의 탓으로 돌리다, ~ 덕분이라 생각하다, ~에게 속해있다고 추정하다' 등 다양하게 해석할 수 있습니다. 해석을 달리하더라도 attribute의 본질적 개념인 '~을 주다'라는 기본적인 뜻은 변하지 않습니다.

- He **attributed** his success to other people's help.
  그는 자신의 성공을 다른 사람들의 도움 덕택으로 돌렸다.

단, attribute는 give와 같이 수여동사의 의미가 있지만, 반드시 3형식으로만 사용할 수 있습니다. 즉, attribute의 목적어는 직접 줄 수 있는 대상만을 취하게 되고, 수여를 받는 대상은 전치사 'to' 이하에 표시하게 됩니다.

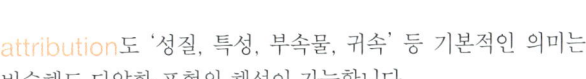

- Most experts have **attributed** the drawing to Michelangelo.
  대부분 전문가는 이 그림을 미켈란젤로의 것으로 추정해왔다.

- We **attributed** prudence to James. 제임스는 분별력이 있다고 생각했다.

attribution도 '성질, 특성, 부속물, 귀속' 등 기본적인 의미는 비슷해도 다양한 표현의 해석이 가능합니다.

- Mercy is an **attribute** of God. 자비는 신의 속성이다.
- Patience is an essential **attribute** for generous teachers.
  인내심은 관대한 교사에게 필수적인 자질이다.
- What **attributes** should a good manager possess?
  훌륭한 매니저가 지녀야 할 특성들은 무엇인가?

WORDS

tribe 부족, 종족   tribute 공물, 조세, 헌사, 찬사   contribute 기부하다, 기여하다   contribution 기부금, 기여   distribute 나누어주다, 분배하다, ~에 할당하다, 분할하다   attribute ~의 결과로 보다, ~의 탓으로 돌리다   attribution 속성, 특성, 귀속

08 카메라의 어원은 어두운 방

체임버(**chamber**)는 '아치형 천장이 있는 방'이라는 의미인데, 더 정확히 해석하자면 궁전 같은 곳의 방입니다. chamber는 '방'을 뜻하는 라틴어 camera가 프랑스어로 넘어가서 변형된 형태이며, 영어로도 외래어로 수용되어 쓰입니다. chamber는 궁중, 판사실, 회의장 등 공공건물의 회의실이라는 의미가 강한 데 반해 room은 개인의 방이란 뜻으로 구분됩니다.

- A **chamber** is a large room, especially one that is used for formal meetings.
  체임버는 아주 큰 방으로 특히 회의장으로 쓰이는 방이다.
- Harry potter and **Chamber** of Secrets 해리포터와 비밀의 방

obscure는 '하늘을(sky) 덮다(ob)'라는 의미에서 '어두운, 흐린, 불분명한' 등의 뜻이 된 말입니다. 유사한 의미로 '잘 알려지지 않은, 무명의, 애매한'이라는 뜻으로 쓰입니다.

- Hyorin used to be an **obscure** dancer.
  효린은 원래 무명의 댄서였어요.
- The details of his life remain **obscure**.
  그의 구체적인 삶에 대해선 알려지지 않아요.

사진기의 최초의 형태라고 할 수 있는 카메라 옵스큐라 (camera obscura)는 '빛을 가린 방' 또는 '어두운 상자'라는 뜻입니다. 카메라의 전신으로 알려진 카메라 옵스큐라는 camera(방)와 obscura(어두운)가 합쳐진 단어입니다. 카메라 옵스큐라는 요즈음의 카메라하고는 비교할 수 없을 정도로 컸기 때문에 '방'이라는 뜻의 camera가 어울리는 이름이었습니다. 이후 이 상자에 렌즈를 장착한 사진기가 만들어졌음에도 camera라는 이름이 그대로 사용되었습니다.

방에서 연주하기에 적합한 음악을 '실내악 (chamber music)'이라고 합니다.

- **chamber** orchestra 실내악단
- **chamber** concert 실내악 연주회

지금도 이탈리아에서는 호텔 방을 camera라고 합니다. '판사(judge)의 방'도 camera라고 하는데, 여기서 양측 변호사와 법정에서 할 수 없는 얘기를 나누며 사건을 해결하기도 합니다. in camera는 '판사의 방에서'라는 의미에서 '밀실에서, 비공개로, 비밀로'라는 뜻으로 쓰입니다.

서양사람의 성으로 쓰이는 Chamberlain(체임벌린)은 옛날 궁중에서 '시종(attendant)'을 뜻하는 말이었습니다. 카바레(cabaret)는 음악과 쇼를 즐기며 음주, 식사할 수 있는 주점이나 선술집입니다. chamber와 같은 어원으로 원래 '방'을 뜻하는 말이었습니다.

'동료, 친구, 전우' 등을 뜻하는 comrade는 스페인어의 camarade에서 나온 말입니다. 스페인어 camara는 '방'을 뜻하는 라틴어 camera가 변형된 것입니다. 중세의 여관에서는 한 방에 여러 명이 함께 잤는데, 같은 방을 쓰게 된 동지를 'camarada(카마라다)'라고 했습니다. 이 말은 다시 프랑스어 camarade(카마라드)를 거쳐 영어 comrade가 되었습니다. comrade는 '한 방을 쓰면서 동지 의식을 키운 사람'에서 '친구, 동료'의 뜻이 된 것입니다.

WORDS

chamber 회의실   room 방, 여지   obscure 잘 알려지지 않은, 무명의, 이해하기 힘든, 모호한   camera obscura 초창기의 카메라, 카메라 옵스큐라   chamber music 실내악   in camera 비공개로   attendant 시종   comrade 동지, 전우, 동료

09 원인과 이유

이 세상의 모든 일에는 원인과 이유가 있습니다. 시험을 망친 것은 내가 공부를 효과적으로 하지 못해서이고, 부모님께 꾸중을 듣는 것은 내가 잘못한 일이 있어서입니다. 어떠한 경우이든 원인과 이유가 존재하는데, 이를 나타내는 단어로는 cause와 reason이 대표적입니다. 두 단어는 비슷한 의미이지만 용례에서 미묘한 차이를 보입니다.

cause는 어떤 결과를 초래하는 객관적이고 일반적인 원인을 나타냅니다. 예를 들면 '왜 번개가 천둥소리보다 빠른가?'와 같이 자연현상의 원인을 밝힐 때 사용됩니다. 부익부 빈익빈과 같은 사회현상의 원인을 나타낼 때도 사용할 수 있습니다.

- Drunk driving is one of the most common **causes** of traffic accidents.
  음주운전은 교통사고의 가장 흔한 원인이다.
- Carelessness is often a **cause** of accident. 부주의는 흔히 사고의 원인이 된다.

reason은 '어떤 상황의 발생에 관한 논리적 설명, 어떤 사실에 대한 배경, 유래에 관한 설명'을 뜻합니다. 개인적인 해명이나 추론과 같이 주관적이고 서술적인 현상의 이유를 밝힐 때 씁니다.

- We'd like to know the **reason** why you're late.
  우리는 네가 늦은 이유에 대해 알고 싶다.
- She had a **reason** for getting angry.
  그녀는 화낼 만한 이유가 있었다.

WORDS

cause 원인, 이유, 근거, 정당한 이유   reason 이유, 변명, 도리, 이성

10 스크램블 에그란?

'scr'로 시작하는 말은 긁거나 뜯어내는 모양 혹은 소리를 표현합니다. scrub은 '박박 문지르다, 씻다'라는 뜻입니다. scrub은 '덤불, 관목 숲, 잡목지대'의 뜻으로도 쓰이는데, 덤불은 마치 무언가로 긁어서 생긴 것과 같은 모습에서 만들어진 단어입니다.

- She was on her hands and knees **scrubbing** the floor.
  그녀는 손과 무릎으로 바닥을 문지르고 있었다.

- He paid his way through college by **scrubbing** dishes at a diner.
  그는 조그마한 식당에서 접시를 닦으며 대학까지 고학했다

scratch는 '가려운 데를 긁다, 할퀴다, 비비다'의 뜻으로 많이 씁니다. scrapes, scratches, abrasions는 긁혀서 생긴 상처인 찰과상을 의미합니다.

- Superficial **scratches** can be easily removed.
  깊지 않게 긁힌 상처는 쉽게 없어진다.

- She irritated her skin by **scratching** too much.
  그녀는 너무 심하게 긁어서 피부에 자극이 됐다.

'How about starting from scratch?'는 무슨 뜻일까요? '긁는 것부터 시작하는 것이 어때요?'라는 해석이 아니라 '처음으로 되돌아가는 것이 어떻습니까?' 라는 뜻입니다. 어린 시절 달리기 경주를 할 때 땅을 긁어서(땅에 빗금을 그어서) 출발선을 표시했던 기억 다들 있겠지요? from scratch는 '출발선에서, 처음부터, 백지상태에서'라는 뜻입니다.

- make from scratch, start **from scratch** 처음부터 무에서 다시 시작하다, 바닥에서 시작하다
- I baked the Christmas cake **from scratch**. 크리스마스 케이크를 처음부터 새로 만들었다.

신문 스크랩(scrap)은 책자나 신문기사 중에서 중요한 기사를 뜯어내거나 오려내는 것을 뜻합니다. scrap은 '조각, 단편, 발췌, 찌꺼기' 등의 뜻을 가집니다.

scramble은 '긁어모으다, 기어오르다' 등의 뜻이 있는 말입니다. 미국인들이 즐겨 먹는 아침 식사 중에 'scrambled egg'라는 것이 있습니다. '계란을 풀어서 우유, 야채와 치즈 등을 섞어 프라이팬에서 볶는 요리'입니다.

scroll은 '긁다'라는 뜻의 scr와 '두루마리'를 뜻하는 roll이 합쳐져 '두루마리를 말았다 폈다'하는 것을 표현합니다. 예전에는 양피지로 만든 scroll에 글을 써서 책을 만들기도 했습니다. 컴퓨터에서 스크롤(scroll)한다는 말은 마우스를 이용해서 페이지를 올리거나 내리는 것을 말합니다.

scrape는 '긁다, 찰과상을 내다, 문질러서 벗겨 내다' 등의 뜻입니다.

- **scrape**: to remove something from a surface using the edge of a knife, a stick etc.
- **Scrape** the carrots and slice them thinly.
  당근 껍질을 벗겨 내고 얇게 썰어라.

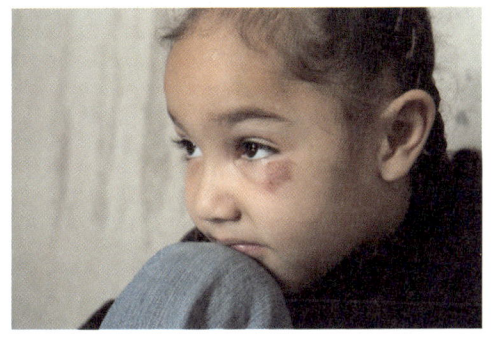

뉴욕 중심가에 우뚝 솟은 102층짜리 엠파이어 스테이트 빌딩(Empire State Building)은 고층건물(skyscraper)의 상징과도 같은 존재입니다. 뉴욕을 방문하는 사람들이 꼭 한 번은 방문하게 되는 곳으로 Observation Tower의 정상에서 창문을 통해 Manhattan을 내려다볼 수 있습니다. skyscraper는 '하늘(sky)을 할퀴는(scrape) 것'이라는 뜻으로 초고층 건물을 의미합니다.

한자어로는 마천루(摩天樓)라고 하는데, 글자 그대로 하늘에 닿을 만큼 높은 건물이란 뜻입니다. 마(摩)는 마찰, 마모 등에 쓰이듯이 '갈다, 문지르다, 닿다'라는 뜻이고, 천(天)은 하늘, 루(樓)는 누각이나 건물을 뜻합니다.

- Tokyo and New York City have many tall and beautiful **skyscrapers**.
  도쿄와 뉴욕에는 높고 아름다운 고층빌딩이 많다.

scribe는 '적다, 쓰다' 등의 뜻인데, 글씨를 쓰는 것은 종이를 '긁는(scrape)' 작업입니다. scribe는 '필기자, 서기, 율법학자, 저술가' 등 글 쓰는 사람을 뜻하기도 합니다. describe는 '아래에(de) 쓰다(scribe)'라는 의미에서 '서술하다, 묘사하다, 설명하다'의 뜻으로 쓰입니다.

- Words cannot **describe** the beauty of the scene. 말로는 그 장면의 아름다움을 묘사할 수 없다.

WORDS

scrub 문질러 씻다, 청소하다, 관목   scratch 긁다, 할퀴다   from scratch 아무런 사전준비(지식) 없이   scrap 조각, 파편, 단편, 폐기하다, 버리다   scramble 스크램블을 만들다   scroll 두루마리, 스크롤하다   scrape 긁다, 긁어내다, 찰과상을 내다   skyscraper 고층건물, 마천루   scribe 선을 긋다, ~을 쓰다   describe 말하다, 묘사하다, 만들다

11 분위기와 기분

sphere는 공(ball)같이 생긴 물체, 구(球), 지구라는 뜻을 가집니다. atmosphere는 공 모양의 지구(sphere)를 아주 얇게 둘러싸고 있는 '공기, 대기, 대기권' 등을 뜻하는 말입니다. atmo는 그리스어로 공기 중의 증기(vapor)라는 뜻의 그리스어에서 온 말입니다.

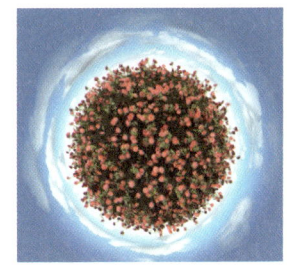

- A **sphere** is a ball-shaped object.
  구(球)는 공 모양의 물체이다.

- A warm, moist **atmosphere** is best for these plants.
  따뜻하고 습한 공기는 이런 식물에 가장 적합하다.

atmosphere는 '기압'이란 뜻으로도 쓰입니다. 기압은 지표면 위에 쌓인 대기의 무게로 결정되는데, 1기압(atm.)은 0℃의 수은주 760㎜(1.033㎏/㎠)에 상당하는 압력을 말합니다.

- The **atmospheric** pressure becomes lower with higher altitude.
  고도가 높아질수록 기압은 낮아진다.

- It rapidly increases gas pressures on the human body by 1 **atmosphere** for every 10 meters of depth in seawater.
  이것은 바닷물 10m의 깊이마다 1기압씩 사람의 몸에 대한 기체 압력을 급격히 증가시킨다.

atmosphere는 '분위기, 정취, 기분'을 나타내기도 합니다.

- This restaurant has a luxurious **atmosphere**.
  이 식당은 호화로운 분위기를 지닌다.
- **Atmosphere** is going a bit awkward.
  분위기가 좀 썰렁해진다.
- This room has a warm, cozy **atmosphere**.
  이 방은 분위기가 포근하고 아늑하다.

무드(mood)라는 단어는 흔히 '분위기'라는 뜻으로 사용되지만, 사실은 '기분'이라는 의미에 더 적합합니다. 어떠한 기분이 들게 하는 것이 분위기이기 때문에 같은 뜻처럼 사용되는 것일 뿐, 이 둘은 엄연히 다릅니다.

무드(mood)는 일종의 막연한 감정의 흐름인데, 미약하면서 지속적인 정서, 기분을 말합니다. 이러한 감정들을 우리는 a merry mood(들뜬 기분), a gloomy mood(우울한 기분) 등으로 표현할 수 있습니다.

- Sea has so many **moods**. 바다는 다양한 느낌이 있다.

또 한가지 알아두어야 할 것은 'in a mood'라는 숙어인데, '기분이 좋지 않은'의 의미가 있습니다. 'in a mood'와 구별해서 알아둘 것은 '~ 할 기분이 되어'라는 뜻의 'in a mood for~'입니다. for 이라는 전치사 하나로 의미가 전혀 달라집니다. 형용사형 moody는 '변덕스러운'이라는 뜻을 가집니다.

- Do not touch her. She is **in a mood**.
  그녀를 건들지 마라. 그녀는 기분이 좋지 않다.
- I'm **in the mood for** eating out in a nice place with you today.
  오늘은 그대와 근사한 데서 외식하고 싶어요.
- He is **moody**. 그는 변덕쟁이다.

WORDS

sphere 구(둥근 것) atmosphere 대기, 공기, 분위기, 기운, 기압 mood 기분, 감정, 심기 in a mood 기분이 좋지 않은 a mood for ~할 기분 moody 변덕스러운, 기분이 안 좋은

12 오컴의 면도날 법칙 (Ockham's Razor)

rub는 '붉음, 강함'이라는 의미의 red와 같은 유래를 가지고 있습니다. rub는 '문지르다, 지워버리다, 떼어 내다'라는 뜻인데, '문지르면 붉게 변하다'라는 느낌에서 나온 의미입니다. rubber는 rub에서 나온 말로, 연필로 쓴 글씨를 문질러서 지우는 '고무제품, 지우개'라는 뜻입니다.

- Wear **rubber** gloves, please. 고무장갑 좀 끼세요.

rubbish는 rub에서 '떼어 낸 것, (오래되어 녹슬어) 붉어진 것'의 뜻에서 '쓰레기, 잡동사니, 부스러기' 등의 뜻을 가집니다.

- A lot of **rubbish** doesn't decay naturally.
  많은 쓰레기는 자연적으로 부패하지 않는다.

rubber와 eraser는 둘 다 '지우개'란 뜻으로 쓰입니다. erase는 '문질러 지우다, 지워 없애다' 등의 뜻으로, eraser는 '고무 지우개, 칠판 지우개' 등을 뜻하는 말입니다.

- An **eraser** is a piece of **rubber** used for rubbing out writing.
  지우개는 글씨를 지우는 데 사용하는 조각이다.

raze는 eraser와 같은 어원으로 '긁다, 밀다, 깎다' 등의 의미에서 '지우다, 없애다, 파괴하다'라는 뜻으로 사용됩니다.
razor는 '면도기, 면도칼'을 뜻합니다.

- The Barbarian had burned and **razed** most of the cities in the Roman Empire.
  야만인들은 로마 제국 대부분 도시에서 불태워지고 제거되었다.

오컴의 면도날 법칙(Ockham's Razor)은 '복잡한 의견은 필요하지 않다. 단순한 것이 진리이다.'라는 설명입니다. 항상 그런 것은 아니겠지만, 일반적으로 특정사실과 관련하여 두 가지 가설이 있다면 이중 더 단순한 가설이 사실이라는 원리를 말합니다. 여기서 면도날은 '필요하지 않은 가설을 잘라내 버린다'는 의미로 사용된 비유입니다.

그리스 신화의 태양신 헬리오스(Helios)는 달의 여신 셀레네(Selene), 새벽 여명의 여신 에오스와 남매지간입니다. 헬리오스는 네 마리의 말이 달린 불의 수레를 끌고 여명의 여신인 에오스가 인도하는 길을 따라 매일 동쪽에서 서쪽으로 하늘을 가릅니다. 그리스인들은 지구를 중심으로 천체가 회전한다는 천동설(天動說)을 믿었습니다. 천동설은 '지구 중심설(geocentric theory)' 이라고도 합니다.

16세기 코페르니쿠스(Copernicus)가 "지구는 스스로 돌면서 태양 주위를 1년에 한 번 도는 행성에 지나지 않는다"고 하며 지동설(地動說)을 주장했습니다. 지동설은 지구가 태양을 돈다는 '태양 중심설 (heliocentric theory)'이라고도 합니다.

당시에는 천체의 움직임을 설명할 때 천동설과 지동설이 모두 가능했습니다. 단 천동설을 통한 증명은 그 사실 자체의 오류로 인해 매우 복잡한 가설이 필요했지만, 지동설은 간단명료하게 설명이 가능했습니다. '같은 현상을 설명하는 두 개의 주장이 있다면, 간단한 쪽을 선택하라'라는 오컴의 면도날 법칙처럼 후에 지동설이 확실하다는 것이 밝혀졌습니다. 물론 천동설 대신 지동설이 받아들여지게 되었습니다.

WORDS

rub 문지르다, 비비다   rubber 고무제품, 지우개   rubbish 쓰레기   eraser 지우개   raze 지우다, 없애다, 파괴하다
razor 면도기, 면도칼   geocentric theory 지구 중심설   heliocentric theory 태양 중심설   theory 이론, 학설

develop은 envelop의 반대말

roll은 '구르다, 굴리다, 둘둘 만 것'이라는 의미에서 종이, 옷감, 필름 등을 둥글게 말아 놓은 두루마리를 의미합니다. 긴 종이에 여러 항목을 쓴 다음 그것을 둘둘 말아서 보관한다는 의미에서 '목록이나 리스트, 문서, 인명부'도 지칭하게 되었습니다.

컴퓨터에서 스크롤(scroll)한다는 말은 마우스를 이용해서 페이지를 올리거나 내리는 것을 말합니다. '긁다'라는 뜻의 스크래치(scratch)에서 보듯이 'scr'로 시작하는 말은 긁거나 뜯어내는 모양이나 소리를 표현합니다. scroll은 '긁다'라는 뜻의 scr와 '두루마리'를 뜻하는 roll이 합쳐져 '두루마리를 말았다 폈다'하는 것을 표현합니다.

중세 유럽에서는 종이가 아닌 양의 가죽을 펴서 만든 양피지에 글을 써서 책을 만들었습니다. 양피지는 두루마리 형태를 하게 되는데, 그 하나가 책 한 권이 됩니다. 그리고 둘둘 말게 되는 책의 단위는 volume(볼륨)이라고 했습니다.

리볼버(revolver)는 탄창이 회전식으로 되어 있는 연발 권총을 말합니다. volve라는 어근은 '돌다, 구르다' 등의 뜻인데, 유명한 자동차 회사 볼보(Volvo)도 여기에서 유래된 것입니다. involve는 '~에 연루되다, 관련되다'라는 뜻인데, 굴린다는 뜻에서 '말려들다' 등의 뜻으로 발전된 말입니다. evolve는 '진화하다, 발달하다'라는 뜻이고, evolution은 '진화, 발전'입니다. revolve는 '회전하다, ~의 주위를 돌다'라는 뜻이고, revolution은 '혁명, 회전운동, 천체의 공전'이라는 뜻으로 쓰입니다.

envelope는 '봉투'라는 뜻이고, envelop는 '싸다, 뒤덮다, 봉하다, 봉투에 넣다' 등의 뜻입니다. velop이라는 어근은 '감싸다, 굴리다'라는 뜻으로 volve와 같은 뜻을 가집니다. envelop는 지금은 '봉투에 넣다'라는 뜻이지만 원래 뜻은 '양피지를 굴려서 감다'를 뜻했습니다.

과거 서양에서는 종이나 인쇄술이 보급된 이후에도 외교문서나 왕의 칙서 등은 이처럼 둘둘 말아서 전달했습니다. 요즘도 미국의 일부 대학교에서는 박사학위 증서를 둘둘 말아 주는 것을 볼 수 있습니다.

develop은 '반대로(de) 감싸다(velop)'의 의미에서 '감싼 것을 펴다, 풀어놓다, 나타내다, 전개하다'라는 뜻입니다. '개발하다, 발전하다'라는 뜻으로 알고 있는 develop은 '봉투에 넣다'라는 뜻의 envelop의 반대말인 셈입니다.

develop는 속에 숨겨둔 꿈을 밖으로 펼쳐 보일 수 있도록 '능력을 발전시키다, 개발하다'라는 뜻입니다. '감았던 양피지를 펴다'라는 기본적인 의미에서 발전된 것으로 이해하면 됩니다.

- Studies **develop** the mind. 학문은 지성을 발전시킨다.
- Researchers are collaborating to **develop** the vaccine.
  연구원들은 백신을 개발하기 위하여 협력 중이다.

요즘은 디지털카메라를 많이 사용하기 때문에 필름을 잘 쓰지 않습니다. 예전에는 필름 한 통을 찍고 사진 현상소에 맡기면 2~3일 후에 사진을 찾을 수 있었습니다. 필름을 인화해서 종이로 현상하는 절차를 거쳤는데, '사진을 현상한다'는 표현을 develop라고 합니다. '필름 속에 담겨 있는 모습을 드러내 보이다, 전개하다'라는 뜻으로 이해하면 됩니다.

- **develop** a roll of film 필름 한 통을 현상하다

develop을 사전에서 찾아보면 '(병이나 문제가) 생기다, 발병시키다, 발생하다'라는 뜻이 있습니다. 몸 안에 있던 병이 '밖으로 드러나다'라는 의미에서 이해하면 됩니다.

- He **developed** complications after the surgery.
  그는 수술 후에 합병증이 생겼다.
- Her cold **developed** into pneumonia.
  그녀는 감기가 악화되어 폐렴이 되었다.

WORDS

roll 구르다, 굴리다, 둘둘 만 것   scroll 두루마리, 소용돌이 모양, 스크롤   scratch 할퀴다, 긁다   volume 책, 볼륨, 권, 부피   revolver 회전식 연발권총, 리볼버   volve 돌다, 구르다   involve ~에 연루되다, 관련되다   evolve 진화하다, 발달하다   evolution 진화, 발전   revolve 회전하다, ~의 주위를 돌다   revolution 혁명, 회전운동, 천체의 공전   envelope 봉투   envelop 싸다, 뒤덮다, 봉하다, 봉투에 넣다   develop 펴다, 풀어놓다, 전개하다, 개발하다, (사진을) 현상하다, (병이) 발병하다

성 패트릭의 날(St. Patrick's day)과 아이리시 그린(Irish Green)

3월 17일은 성 패트릭의 날(St. Patrick's day)인데, 4세기 아일랜드에 기독교를 포교한 성 패트릭을 기념하는 날입니다. 이날 미국의 초등학교에서는 아일랜드(Irish) 문화를 소개하고 그 사람들이 미국에 공헌한 내용들을 가르쳐 줍니다.

성 패트릭은 주교로 파견되어 아일랜드(Ireland)에서 가톨릭 포교활동을 하며 인생을 보냈습니다. 온 나라를 돌아다니면서 수도원을 개설하고 많은 제자를 양성하여 많은 섬을 가톨릭화하였습니다. 여러 가지 기적을 일으키기도 했는데 그중 하나가 아일랜드에서 뱀 무리를 모두 추방했다고 합니다.

뉴욕, 보스턴, 필라델피아, 애틀랜타 등 아일랜드계 주민이 많은 동부에서는 성대한 행사가 벌어집니다. 뉴욕에서는 초록 의상을 입은 15만 명가량의 참가자들이 성 패트릭 사원을 지나 5번가(Fifth Avenue)를 행진합니다. 도로 중앙은 초록색 줄무늬로 장식되고 엠파이어 스테이트 빌딩(Empire State Building) 맨 꼭대기의 불빛도 모두 초록색으로 켜집니다. 이날은 초록색의 옷을 입고 빵, 아이스크림, 파스타, 셰이크 등 음식도 초록색으로 만들어 먹습니다.

아이리시 그린(Irish Green)이라 하여 초록색은 아일랜드 사람들을 상징하는 색입니다. 우리가 '토끼풀'이라고 부르는 클로버(clover)라는 식물과 관련이 있는데, 클로버를 아일랜드에서는 shamrock이라고 합니다. 성 패트릭은 풀밭에서 잎이 세 개인 shamrock을 뽑아서 자신의 신도들에게 삼위일체(trinity)에 대한 교리를 설명했습니다. 클로버는 잎은 세 갈래이지만 하나의 줄기에서 나온 모습으로 성부와 성자와 성령은 각각 다르지만 동시에 하나임을 설명했습니다.

아일랜드와 스코틀랜드는 켈트(Celts)족으로, 앵글로 색슨족인 영국본토인과는 다른 민족입니다. 특히, 아일랜드 사람들은 영국으로부터 심한 핍박을 받아서인지, 조국에 대한 애국심과 자부심이 대단합니다. 성(last name)이 O'Reilly처럼 'O'로 시작되거나 MacDonald처럼 'Mac'으로 시작되는 사람들은 아일랜드에서 온 후손들입니다. 존 F. 케네디(Kennedy)와 레이건(Reagan)은 아일랜드계 출신의 미국 대통령으로 유명한 인물들이라 할 수 있습니다.

미국 프로농구(NBA) 우승컵을 래리 오브라이언 컵(Larry O'Brien Championship Trophy)라고 합니다. 이 우승 트로피를 가장 많이 획득한 팀 중의 하나가 보스턴 셀틱스(Boston Celtics)입니다. 연고지인 매사추세츠 주 보스턴에는 아일랜드계 이민자들이 많은데, 자신들이 자랑스러운 켈트족임을 표현하기 위해서 정한 이름입니다. 프로 스포츠나 국가대표 경기의 경우 홈팀은 원칙적으로 흰색 유니폼을 입지만, 보스턴 셀틱스는 녹색 유니폼을 입습니다.

국가대표 축구선수 기성용 선수는 스코틀랜드 셀틱 FC(Celtic Football Club)에서 활동한 바 있습니다. 스코틀랜드 글래스고에 연고를 둔 이 팀은 녹색 줄무늬 유니폼을 입습니다. 셀틱의 서포터는 아일랜드 가톨릭 신자들이 열광적인 지지를 해주고 있습니다. 종교적인 이유에서 인지 가톨릭 국가인 아일랜드, 프랑스, 포르투갈, 스페인, 이탈리아 등에서 전 유럽적인 인기를 얻고 있습니다.

WORDS

Ireland 아일랜드 Irish 아일랜드 말, 아일랜드 국민, 아일랜드군

15 아일랜드 출신들이 푸대접을 받는 이유

민주주의와 산업혁명, 자본주의의 발생지인 영국은 '신사의 나라'라는 별명으로 온화한 인상을 풍기지만 사실은 불안정한 사회입니다. 영국의 공식 명칭은 대 브리튼 및 북아일랜드 연합 왕국(the United Kingdom of Great Britain and Northern Ireland)입니다. 복잡한 공식 명칭만큼이나 영국의 역사는 복잡했고 그로 인해 현재의 정치 상황도 안정적이지 않습니다.

영국은 대 브리튼 섬과 북아일랜드로 구성된 국가입니다. 대 브리튼 섬은 세 지역으로 나뉘는데, 잉글랜드와 스코틀랜드 그리고 웨일즈 지역으로 구성됩니다. 그리고 아일랜드 중에서도 북부 지역이 더해져 영국 국토가 완성됩니다.

아일랜드는 대 브리튼 섬 왼쪽에 있습니다. 성 패트릭 덕분에 전통적으로 가톨릭계가 강했으며 수 세기 동안 공식적인 독립 왕국을 유지했습니다. 영국은 종교분쟁을 빌미로 아일랜드에 대한 통제권을 행사하다가 마침내 1801년 아일랜드를 합병합니다. 그리하여 대 브리튼과 아일랜드 연합 왕국(the United Kingdom of Great Britain and Ireland)이라는 국가가 생겨난 것입니다. 명칭에서 알 수 있듯이 당시에는 아일랜드 전체 지역이 영국의 영토였습니다.

19세기 말까지 아일랜드인들은 오랜 세월 영국의 통치하에 있으면서 가혹한 박해와 차별을 받았고, 영국인 지주로부터 각종 수탈을 당하기도 했습니다. 1845년에서 51년까지는 감자 농사가 흉작을 거듭했던 시기입니다. 주 식량원인 감자가 바닥나면서 아일랜드인들은 극심한 기근을 겪었고, 전체 800만 명 중 100만 명 이상이 굶어 죽었습니다. 300만 명 정도는 '아일랜드의 감자기근(the Irish Potato Famine)'을 피해 신대륙 미국에 이민을 갔고, 이 때문에 인구가 순식간에 절반으로 줄어들어 버립니다. 당시 미국은 영국, 독일, 프랑스, 스페인계 사람들이 이미 자리를 잡고 있었고, 아일랜드인들은 유럽인에게도 천시를 당하게 됩니다.

감자기근 당시 정치적, 경제적 지배자였던 영국은 아일랜드에 아무런 지원도 하지 않았습니다. 오히려 돈벌이 기회로 삼아 곡물을 비싼 가격에 파는 바람에, 아일랜드인에게 씻을 수 없는 상처와 분노를 남겼습니다.

보이콧(boycott)은 불만을 표시하거나 어떠한 조건에 대한 수용을 강요하기 위한 '배척, 따돌림, 불매운동'의 뜻을 가집니다. 이 말은 아일랜드의 지주 대리인 보이콧의 이름에서 유래했습니다. 영국의 영주들은 조세를 가혹하게 부과하고 납세가 밀린 소작인들을 그 토지에서 추방하려고 했습니다. 아일랜드 농민들은 악덕 대리인 보이콧을 조직적으로 고립시키며 불만을 표출하였습니다.

1922년 가톨릭계가 95%를 차지하던 남부 아일랜드는 영국으로부터 독립하였습니다. 하지만 신교도가 다수인 북아일랜드는 여전히 영국의 영토로 남겨져, 현재의 대 브리튼 및 북아일랜드 연합 왕국이 성립하게 되었습니다. 지금도 아일랜드 섬은 같은 민족이면서 남북으로 갈라져 있습니다.

영국은 지금도 아일랜드계 사람들의 치열한 저항 때문에 어려움을 겪고 있습니다. 인접국인 아일랜드 공화국의 마찰도 버겁지만, 자국 영토인 북아일랜드에서 발생하는 분쟁도 영국을 불안하게 합니다. 영국에서는 테러가 빈발하고 있으며 총격과 폭발 사고 때문에 희생되는 사람이 적지 않습니다.

정부 요인 암살뿐만 아니라 공공장소에 대한 무차별 테러도 거리낌 없이 자행하는 주범은 아일랜드 공화군, 즉 IRA(Irish Republican Army)입니다. IRA는 영국령 북아일랜드와 아일랜드 공화국의 통일을 주장하며 영국에 대한 각종 테러를 자행하고 있습니다. 아일랜드인들이 역사적으로 오랜 시간 쌓아 온 영국에 대한 분노를 IRA가 대변하고 있는 것입니다.

WORDS

the United Kingdom of Great Britain and Northern Ireland 영국(대 브리튼 및 북아일랜드 연합 왕국)
Potato Famine 감자기근   boycott 보이콧(하다)   IRA(Irish Republican Army) 아일랜드 공화군

16 매운 음식이 땡기는 이유

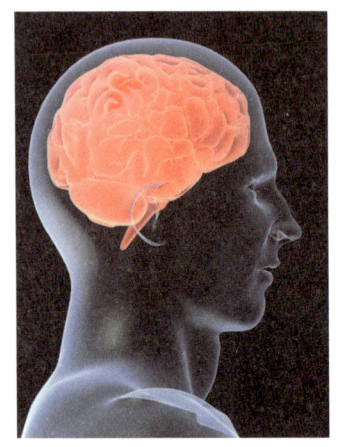

엔도르핀(endorphin)은 고통을 완화하는 일종의 마취 호르몬으로 뇌 속에서 자연적으로 분비됩니다. 엔도르핀은 '몸에서 생기는(endogenous) 모르핀(morphine)'이란 의미에서 만들어진 말로, 화학적으로 모르핀과 유사한 신경전달물질입니다. 모르핀은 고통을 덜어주면서 기분을 좋게 해주는 성분의 아편 추출물로 마약에 속하는 물질입니다. 뇌에서 스스로 분비되는 엔도르핀은 모르핀과 화학적으로 비슷한데, 효능은 모르핀보다 3배나 강합니다. 엔도르핀은 장거리 달리기를 하거나 웃을 때와 같이 육체적으로 흥분되어 있는 동안 자주 분비됩니다.

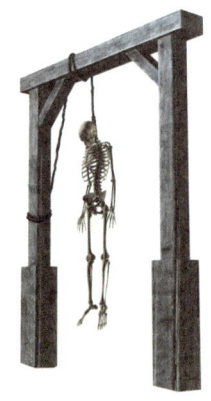

교수형을 당한 사람들이 웃고 있는 경우가 많은데, 죽기 직전 사람은 극한의 쾌락을 느끼게 된다고 합니다. 인간은 최후의 순간에 극한의 스트레스를 극복하기 위하여 최대치의 엔도르핀을 분비합니다. 인간의 뇌는 고통이 극한에 달했을 때 자신을 보호할 수 있도록 엔도르핀을 마구 뿜어내어 고통을 잊고 도리어 쾌락을 느끼게 되는 것입니다.

러너스 하이(Runners' High)란 통상 30분 이상 달릴 때 얻는 쾌감을 말하는데, 모르핀을 투약했을 때 나타나는 행복감과 비슷하다고 합니다. 운동선수에 대한 연구에서 운동 중에 발생하는 고통에 저항하기 위해 엔도르핀이 증가한다는 사실이 밝혀졌습니다. 러너스 하이는 마라톤뿐만 아니라 축구, 레슬링 등과 같이 육체적 스트레스와 고통을 겪는 선수들에게도 나타납니다.

고추에는 고추 특유의 매운맛을 내는 캡사이신 (capsaicin) 성분이 들어 있습니다. 캡사이신은 인체에서 신진대사를 활발하게 하고 혈류의 양을 증가시켜서 건강에 도움을 줍니다. 또한, 뇌신경을 자극해 엔도르핀을 분비시키며 스트레스를 해소하기도 합니다. 경제가 불황이 되면 매운 음식이 유행한다고 합니다. 많은 사람들이 스트레스를 받으면 자신도 모르게 매운 음식을 찾게 되는데, 고추를 먹으면 땀이 나면서 기분 전환이 되기도 합니다.

웃음은 병균을 막는 항체인 '인터페론 감마(interferon-gamma)'의 분비를 증가시켜 세균의 침입이나 확산을 막아주며, 정상 세포가 증식하도록 해줍니다. 이는 사람이 웃을 때 면역체를 강화해 주는 호르몬인 엔도르핀이 분비되기 때문입니다. 웃음은 인체의 면역력을 높여 감기와 같은 감염 질환은 물론 암과 성인병을 예방할 수도 있습니다.

WORDS

endorphin 엔도르핀(고통을 완화시켜 주는 호르몬의 일종) endogenous 몸에서 생기는, 내생의 morphine 모르핀(아편의 추출물, 마약의 일종) Runners' High 중간 강도의 운동을 30분 이상 계속했을 때 느끼는 행복감

'갈라(gala)쇼'가 뭐죠?

무언가를 만드는 곳, '공장(factory)'이라는 영단어에서 fact라는 어근은 '만들다, 행하다'라는 의미입니다. fact에서 유래된 어근 fict는 '만들어 낸 이야기, 꾸며낸 이야기'를 의미하고, 여기서 '소설, 허구, 창작, 가설' 등의 뜻인 fiction이 나왔습니다. fiction의 반대말인 nonfiction(논픽션)은 만들어진 이야기가 아닌 '실화, 기행문, 기록' 등을 뜻합니다.

- sci-fi (science **fiction**) 공상과학소설

fiction에서 파생되어 나온 것으로 'figure'라는 단어가 있습니다. figure는 '눈에 보이는 형상이나 형태, 사람이나 사물의 독특한 외관, 몸매(form, shape)' 등을 의미하는 단어입니다. 만화나 영화의 캐릭터를 실제 모양과 비슷한 형태로 만든 장난감을 '피규어(figure)'라고 합니다.

- She has a striking **figure**. 그녀는 멋진 몸매를 가지고 있다.

figure에는 사람의 모습이나 형상을 통해 '모양을 만들다'라는 의미에서 '(중요한)인물, 도형, 그림, 초상'이라는 뜻도 있습니다.

- She was the outstanding political **figure** of her time.
  그녀는 당시 매우 뛰어난 정치적 인물이었다.
- Lincoln is a legendary **figure** in American politics.
  링컨은 미국 정치에서 전설적인 인물이다.

또한, figure는 인물이나 초상의 수를 나타낸다는 의미로 확정되어 '숫자, 계산, 합계, 도표'를 의미하기도 합니다.

- The sales **figures** reached $10 million in January 2012.
  2012년 1월 판매 수치가 1,000만 달러에 도달했다.
- Let us pay attention to these **figures**. 이 수치에 주목해 주세요.

figure out은 모양을 구체적으로 형상화한다는 의미에서 '계산하다, (문제 따위를) 풀다, (해답을) 생각해 내다, 이해하다'라는 뜻이 되었습니다.

- You can use context to **figure out** word meaning.
  문맥을 통해 단어의 의미를 파악할 수 있다.
- You can magnify the map to help you **figure out** where you are.
  당신의 위치를 알아내는 데 도움이 되도록 그 지도를 확대할 수 있다.

configure는 '함께(con) 모양(figure)을 만들다'라는 의미에서 '배열, 배치, 지형, 구성'이라는 뜻으로 쓰입니다.

- Use this application to **configure** and test game controllers.
  게임 컨트롤러를 구성하고 테스트하려면 이 응용 프로그램을 사용하십시오.
- Any older **configurations** will eventually need to be updated, even though your current setting may seem to work fine.
  당신의 현재 세팅은 잘 동작할지라도, 오래된 구성품들은 언젠가는 업데이트될 필요가 있습니다.

팔등신(八等身)은 'eight-head-figure'를 직역한 말로, '키가 얼굴 길이의 여덟 배가 되는 사람'을 가리킵니다. 신체의 밸런스를 측정하는 기준의 하나로서 팔등신일 때 신체가 가장 조화를 잘 이룬다고 합니다. 예를 들어 머리 길이(머리끝에서 턱밑) 20cm, 신장 160cm일 경우, 머리와 신장의 비율이 1:8로 팔등신이 됩니다. 미의 여신 아프로디테(비너스)와 같은 고대 그리스시대의 조각품들을 보면 1:8의 비율을 하고 있습니다. 요즈음은 균형이 잘 잡힌 몸매(a well-proportioned figure)를 가진 미녀를 가리켜 팔등신이라고 합니다.

야구 경기장을 ball-park이라고 하는데, 여기서 'ball park figure'라는 표현이 나왔습니다. 야구 캐스터가 그 날의 관중이 대략 몇 명쯤 될 것 같다고 어림짐작으로 세는 데서 생겨난 말입니다. 넓은 구장(ball-park) 안에 있는 사람 수를 자세하게 세기는 어려우므로 '어림짐작으로 헤아린 근사치(approximation)'를 뜻하게 됩니다.

- Give me a **ball park figure**. 대략적인 수치를 알려주세요.
- I can only give you a **ball park figure**. 어림잡은 수치만 알려줄 수 있어.

피겨 스케이팅은 '빙판 위에서 figure(모양, 도형)를 그리는 스케이팅'이란 뜻에서 나온 말입니다. 스케이트 날과 몸짓으로 지정된 도형(compulsory figure)을 누가 더 아름답게 그려내는지를 겨루는 경기입니다.

피겨 스케이트 종목은 싱글 스케이팅(single skating)과 페어 스케이팅(pair skating) 그리고 아이스 댄싱(ice dancing)이 있습니다. 싱글 스케이팅은 김연아 선수가 활약했던 분야로 '피겨 스케이트!' 하면 가장 먼저 떠오르는 종목입니다. 가사가 들어간 음악을 사용할 수 없으며, 긴 시간 동안 혼자 연기를 해나가야 하는 만큼 개인의 역량이 중요합니다.

프로그램은 쇼트 프로그램과 프리 스케이팅 2가지로 나뉩니다. 쇼트 프로그램(Short Program)은 2분 50초의 짧은 시간 내에 강한 인상을 남길 수 있는 연출이 필요합니다. 프리 스케이팅(Free Skating, FS)은 롱 프로그램(Long Program, LP)이라고도 합니다. 남자의 경우 4분 30초, 여자의 경우 4분 정도의 다소 긴 시간을 연기하며 스토리가 있는 곡을 사용하는 경우가 많습니다.

대회가 끝나면 마무리행사로 상위권 선수들이 제약 없이 자신의 기량을 선보이는 쇼를 보여주는데 이것을 '갈라쇼'라고 합니다. '갈라'라는 말은 이탈리아 전통 축제 복장 'gala'에 어원을 두고 있으며, '축제, 향연'이라는 의미를 지닙니다. 일반적으로 대회의 하이라이트(highlight)인 여성 프리 스케이팅을 끝으로 대회가 마무리되고 관객들은 선수들의 화려한 갈라쇼를 감상하게 됩니다.

예쁘고 멋진 갈라를 하는 선수들도 있지만 기괴한 갈라를 연기하는 선수들도 많습니다. 보통 종목 1위 선수들에게는 자신의 프로그램 하이라이트 부분을 다시 보여주는 앙코르 무대가 함께 주어집니다. 개별 갈라가 끝나면 모든 선수가 나와서 함께 춤추고 훈훈한 분위기에서 피날레를 장식합니다.

WORDS

fiction 소설, 꾸민 이야기, 창작, 허구, 날조   nonfiction 논픽션, 소설·이야기 외의 산문 문학   figure 숫자, 계산, 형태, 모습   figure out 생각해내다, 이해하다   configure 형성하다, 배열하다, 설정하다   gala 축제, 잔치, 특별 개최, 나들이 옷

이태리 타올은 이태리에서 만들었나요?

우리나라 사람들은 옛날부터 때를 미는 목욕(bath)을 즐겼습니다. 불교의 영향으로 몸의 때를 깨끗이 밀어내는 목욕재계를 중요시했기 때문이라고 전해집니다. 우리가 자주 쓰는 이태리 타올로 때를 미는 목욕법은 일본에도 전해져 인기가 많다고 합니다.

사람의 피부는 물기가 몸속에 들어오는 것을 막고, 몸이 마르지 않도록 수분을 조절하는 역할을 합니다. 피부에서는 끊임없는 세포분열을 하는데, 이제 막 새롭게 태어나는 세포도 있고, 오래되고 낡아서 떨어지는 세포도 있습니다. 임무를 마치고 피부에서 떨어지는 오래된 세포들이 바로 때인데, 생각만큼 더러운 것이 아닙니다. 더럽다 하여 지나치게 때를 미는 것은 피부를 보호하는 각질층을 벗겨 내어 피부 손상의 원인이 되기도 합니다.

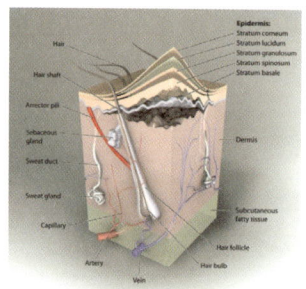

이태리 타올은 우리나라에서 처음 만든 것인데, 이탈리아와 직접적인 관련은 없다고 합니다. 김필곤이라는 사람이 어느 날 친척이 만든 천을 받아서 우연히 때를 밀었는데 때가 잘 밀렸습니다. 손에 끼우기 좋게 재봉질을 하고 주위의 사람들에게도 나누어 주었는데 반응이 좋아서 실용신안 특허를 냈습니다. 그 후 일본에서 직물기를 사들여 직접 때수건을 만들어서 시판했는데 이때 '이태리 타올'이라는 이름을 썼다고 합니다. 당시 이탈리아에서 수입한 비스코스(viscose)라는 실로 직물을 짰기 때문이었습니다.

비슷한 예로 터키탕(Turkish Baths)이라는 이름이 있습니다. 터키탕은 터키에서 생긴 것도 아니고, 목욕탕(bath)도 아닌, 로마에서 생긴 한증탕이라고 합니다. 터키국민들은 자신들과는 상관도 없는 한증탕이 터키탕이라고 불리는 것을 싫어한다고 합니다.

서양에서는 때를 미는 목욕 문화를 찾아볼 수 없으며 샤워가 일반적입니다. 원래 로마인들은 1천6백 명까지 수용 가능한 대중목욕탕을 세웠을 정도로 욕조에 몸 담그는 것을 좋아했습니다. 그런데 5세기부터 시작된 중세 기독교 교리 때문에 서양인들은 목욕파에서 샤워파로 전향합니다.

기독교에서는 당시 사람들에게 금욕적인 생활을 강요했는데, 욕조에 몸을 담그는 것도 금기목록 중 하나였습니다. '욕조에 들어가서 쾌락에 몸을 맡긴다는 것은 곧 죄'라는 개념이 생겨나고, 오히려 건강을 해친다고 믿게 되었습니다. 이런 까닭에 서양인들 중에는 욕조에 들어가서 목욕을 하면 불쾌하고 샤워가 편하다는 사람들이 많습니다.

미국인들이 목욕(bath)하는 방법을 가리켜 soaking and soaping이라 합니다. 욕조(bathtub)에 물을 틀어놓고 그 속에서 비누칠을 하고 난 다음, 밖에 나와서 샤워기로 씻어 흘려 버립니다. 욕조에서 얼굴을 씻는 일이 없으며 몸에 묻은 비눗물은 나와서 shower로 씻어내고, 얼굴은 세면기(wash basin)에서 씻는 것이 습관으로 돼 있습니다.

soak는 어떤 것을 일정 기간 물에 담가두는 것을 말합니다. 설거지 그릇을 물에 담가 불리는 것을 soak the dishes in the water이라고 합니다.

핀란드식 증기 목욕(steam bath)을 사우나(sauna)라고 합니다. 밀폐된 욕실에서 돌을 달구어 얻은 열기로 땀을 낸 뒤 냉수욕을 하는 것이 정통 핀란드식 증기 목욕법입니다. 추운 지방의 사람들은 목욕을 자주 하지 못하므로 사우나에서 땀을 흘려 노폐물을 빠지게 하는 것이 중요한 건강관리법 중의 하나였습니다.

사우나에 걸려있는 온도계가 100도 전후를 가리키는데도 화상을 입지 않습니다. 사우나실은 습도가 낮은 고온의 공기로 가열되기 때문입니다. 공기는 물이 비하여 열전도율이 낮아서 몸을 노출해도 열이 쉽게 전달되지 않습니다. 사람이 들어가서 땀을 흘리면 피부 표면에서 순식간에 증발하여 열을 빼앗아 가기도 합니다. 사우나실의 습도가 높으면 열탕에 가깝게 되어 열을 방출하지 못하고 화상을 입을 우려가 큽니다. 목걸이와 같은 귀금속을 착용하고 사우나에 들어가도 귀금속 온도가 올라가서 화상을 입게 됩니다.

WORDS

bath 목욕, 목욕시키다   bathtub 목욕통, 욕조   wash basin 세면기   shower 샤워, 샤워하다, 샤워기   soak 담그다
sauna 사우나   steam bath 증기 목욕

19 화장실에 관한 이야기

'화장실(化粧室)'은 toilet에서 나온 말로, 불어에서 '옷, 치장'을 뜻하는 toile에서 파생되었습니다. '옷을 가다듬고 치장하는 곳, 화장하는 곳' 등의 의미가 붙어 지금 우리가 쓰는 '화장실'을 뜻하게 되었습니다. 그래서 '화장실'은 얼굴만 곱게 단장하는 것이 아니라, '머리, 옷 등의 매무새를 가다듬어 맵시를 내는 곳'이란 뜻도 포함되어 있습니다.

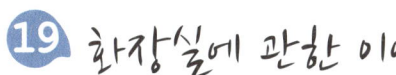

toilet은 어깨에 두르고 다니는 '망토'를 가리키는 프랑스어 뚜알(toile)에서 유래되었습니다. 18세기까지 유럽에는 공중 화장실이 없었기 때문에, 길을 가다가 화장실이 급하게 되면 큰 낭패였습니다. toile은 이럴 때를 대비해 존재했던 일종의 '이동식 화장실'이었습니다. 망토와 양동이를 들고 다니는 화장실 업자에게 돈을 내고 양동이에 볼일을 보면 업자는 망토로 가려주었습니다.

향수의 종류 중 하나인 '오드 뚜왈렛(eau de toilette)'을 해석해 보면, 'eau'는 '물', 'de'는 '~의', 'toilette'는 '화장실'이란 뜻입니다. 화장실이 향수와 무슨 관련이 있는 것일까요? 여자들이 향수를 뿌리고 화장을 고치는 장소가 화장실이라고 생각하면 이해가 될 것입니다.

과거 서양인들의 위생, 목욕, 화장실 문화는 지금 기준으로 보면 엉망이었다고 합니다. 씻지 않아 생기는 불결한 냄새를 감추기 위해 화장품(powder)을 뿌렸기에 화장실을 powder room이라고 부르기도 했습니다.

원래 유럽에서는 toilet을 화장실이란 의미로 써왔는데, 그것이 북아메리카로 건너가면서 서양식 수세식 변기를 가리키는 말이 되었습니다. "Where is the toilet?"은 직역해서 "변기는 어디 있나요?"가 됩니다. 캐나다나 미국인들은 '화장실이 어디인가요?'라는 의미로 받아들이기는 하지만 '변기'가 떠올라 약간 적나라한 느낌이 들기도 합니다.

미국에서는 가정집 화장실이나 공공 화장실을 구분하지 않고 bathroom이란 표현을 많이 씁니다. 원래는 '욕실'이지만, 욕실에 세면기와 변기가 함께 붙어 있어 '화장실'의 의미로 많이 쓰게 되었습니다.

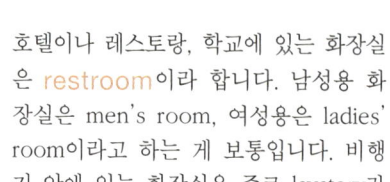

호텔이나 레스토랑, 학교에 있는 화장실은 restroom이라 합니다. 남성용 화장실은 men's room, 여성용은 ladies' room이라고 하는 게 보통입니다. 비행기 안에 있는 화장실은 주로 lavatory라고 표시되어 있습니다. lavatory는 '물로 씻다(lave)'의 의미에서 나온 말로, lavation은 '세척'이란 뜻입니다. '용암'을 lava라고 하는데, '물처럼 흘러내리면서 주변을 깨끗하게 녹이는 현상' 때문에 붙여진 이름입니다. 우리말에도 '물 쓰듯 쓴다'는 말이 있는데, 이런 뜻에서 나온 '아낌없이 쓴다, 낭비하다'의 뜻을 가진 말도 lave에서 나온 lavish입니다.

예전에 화장실을 표시할 때 W.C.(water closet)라고 많이 썼는데, 지금은 거의 사라져가고 있습니다. 영국과 독일 같은 유럽 일부 지역이나, 미국에서도 영어보다 다른 나라 언어가 쓰이는 곳에서 간혹 볼 수 있습니다. closet은 'close(닫다)'에서 파생된 말로 '수납고, 벽장'을 의미하고, water closet이라 하면 우리말로 '수세식(水洗式) 화장실'이 됩니다.

"Where is John?"이란 말에서 John은 화장실을 뜻하는 비속어(slang)입니다. 남북전쟁이 일어날 무렵 한 백인이 John이라는 노예를 부리고 있었는데, 어렸을 때부터 John은 이 백인의 화장실 뒤처리(?)를 해주었습니다. 노예해방운동이 성공적으로 끝나자, John은 자유의 몸이 되어 주인을 떠나게 되었습니다. 이 백인은 혼자서 화장실 뒤처리를 하지 못했기 때문에 화장실을 갈 때마다 "John, John!"이라고 외치고 다녔고, 그 후 John이 화장실을 뜻하게 되었다고 합니다.

미국인들은 두루마리 화장지(toilet paper)를 화장실에서만 사용합니다. 우리는 두루마리 화장지로 식탁도 닦고 코도 풀지만, 미국인들은 이렇게 하면 기분 나빠합니다. 화장실에서 뒤처리할 때 쓰는 휴지를 평상시에 쓰는 것은 불결하다고 생각하기 때문입니다. 보통 상자에서 뽑아 쓰는 화장지는 tissue라고 합니다.

WORDS

toilet 변기, 변기통, 화장실 powder 가루, 분말, 파우더를 바르다 powder room 여성용 화장실, 화장실 bathroom 욕실, 목욕탕 restroom 화장실, 세면실 lavatory 변기, (공중) 화장실 lavation 씻기, 세정 lava 용암 lavish 풍성한, 호화로운, 아주 후한 W.C. (water closet) 화장실 closet 벽장, 드러나지 않은, 본인만 알고 있는 John 화장실을 뜻하는 속어표현 toilet paper 화장실용 휴지 tissue 화장지

20 노티카와 네이버

세계 최초의 우주비행사(astronaut)는 사람이 아니라 개입니다. 2차대전이 끝나고 미국과 소련은 냉전상태에 들어가면서 우주 탐사 경쟁을 벌입니다. 그러던 중 1957년 10월 4일 소련이 스푸트니크 1호를 쏘아 올려 첫 인공위성 발사에 성공했고, 1957년 11월 스푸트니크 2호에 개 '라이카'를 탑승시켜 첫 동물 우주비행에 성공합니다. '라이카'는 러시아어로 '짖는 녀석'이라는 뜻입니다. 사람보다 먼저 우주를 비행한 라이카, 짖는 소리가 우렁찼나 봅니다.

라이카를 우주에 탑승시킨 이유는 지구 생명체가 우주 궤도에 진입하는 과정과 무중력을 견딜 수 있는지 알아보기 위해서였습니다. 그런데 라이카는 발사 후 약 5~7시간 후에 캡슐 내부의 고온과 우주비행 스트레스 때문에 사망하고 말았습니다. 라이카 탑승은 처음부터 논란이 많았는데, 비행 도중 라이카가 죽어도 어쩔 수 없다는 것과 살아있어도 비행체를 회수하지 않겠다는 소련의 태도는 동물 애호 단체의 큰 비난을 받았습니다.

'우주비행사(astronaut)'는 별을 뜻하는 그리스어 astro에서 나온 말입니다. naut는 그리스어로 '항해사(sailor)'라는 뜻입니다. 이 두 단어가 합쳐져 astronaut는 '별, 항해사, 우주 비행사' 즉, 별이 있는 우주를 여행하는 사람이 되었습니다.

- **astronaut**: a person trained to make rocket flights in outer space
- The President hailed the **astronauts** when they returned from space.
  우주비행사들이 우주에서 귀환했을 때 대통령은 환호하며 맞이하였다.

우주비행사가 되려면 체력과 정신력을 모두 갖춘 용기 있는 사람이어야 합니다. 또한, 우주에서 과학실험을 수행해야 하므로 전문적인 훈련도 받아야 합니다. 다음은 우주 비행사가 되기 위해 받는 훈련 목록입니다.

1. 원심력 발생장치에서 가속도를 견디는 훈련
2. 회전탁자에 서서 상하좌우의 흔들림을 견디는 훈련
3. 한 사람이 겨우 들어갈 만한 '로터(rotor)'라는 장치 안에서 수평, 수직, 사방의 모든 회전운동을 견디는 훈련
4. 회전식 기계 안에서 무중력상태를 견디는 훈련

nautical은 '해상의, 항해의, 선박의, 선원의'라는 뜻인데, 라틴어의 '배'를 뜻하는 navis에서 나온 말입니다. '해군(navy), 항해사(naut), 배(nave)'의 유래도 같습니다.

- **naval** academy 해군사관학교

지도와 함께 현재 위치, 진행방향, 목적지 등을 표시해 주고, 한 지점으로부터 다른 지점으로 정확히 이동할 수 있도록 이용하는 자동차 운행 안내시스템을 '네비게이터(navigator)'라고 합니다. 동사 navigate는 '항해하다, 배나 비행기 등을 조종하다'의 뜻을 갖습니다. navigator는 여기서 나온 것으로 진로를 자동으로 조종하는 '장치'의 뜻이 됩니다.

아웃도어 브랜드 노티카(NAUTICA)는 전 세계에 유통망을 구축하고 있는 브랜드입니다. 1883년 건축과 패션을 전공한 대만계 미국인 데이비드 추(David Chu)가 만든 브랜드입니다. 노티카의 로고는 배 모양을 시각적으로 형상화했습니다. 디자인 컨셉은 해양 스포츠(marine sports)를 즐기는 라이프 스타일에 맞췄다고 합니다.

미소 냉전시기에 우주로 진출하기 위해서 미국과 소련은 치열한 경쟁을 펼칩니다. 우주비행사를 지칭하는 단어로 미국에서는 astronaut를, 소련에서는 cosmonaut(러시아어로 kosmonavt)를 썼습니다. cosmonaut는 '우주 또는 질서'를 뜻하는 cosmos에서 나온 말입니다. 소련의 우주비행사인 유리 가가린(Yuri Gagarin)은 1961년 4월 12일 보스토크 1호를 타고 1시간 29분 만에 지구의 상공을 일주하며 인류 최초의 우주비행에 성공하였습니다.

얼굴을 더욱 예뻐 보이게 꾸미기 위한 화장품을 '코스메틱(cosmetics)'이라고 합니다. '질서정연하게 하다(arrange)'와 '꾸미다(adore)'라는 뜻의 cosmos에서 나온 말입니다. 화장 후 카오스에서 코스모스가 되는 여자들의 변신을 도와주는 것이 바로 코스메틱입니다.

- **cosmetics** surgery 성형 수술

항해를 돕는 장치 '네비게이터(navigator)'는 인터넷에서 여러 곳을 돌아다닌다는 뜻으로도 쓰입니다. 국내 최대의 포털 사이트(portal site) '네이버(naver)'는 '항해하다, 배로 수송하다'의 뜻인 navigate와 사람을 나타내는 접미사 er의 합성어입니다. 즉 naver의 뜻을 풀이해 보면 '정보의 바다인 인터넷을 항해하는 사람'이 됩니다.

> **WORDS**
>
> **astronaut** 우주비행사　**nautical** 항해의, 선박의, 선원의　**navigator** 네비게이션, 항해자, 항법사, 자동 조정 장치
> **cosmetics** 화장용의, 화장품, 미용의

21 프롤로그와 에필로그

프로메테우스(Prometheus)와 에피메테우스(Epimetheus) 두 형제는 아틀라스와 같이 '티탄(Titan)'이라는 거인 족이었습니다. 프로메테우스는 그리스어로 '미리 알다(forethought)'라는 뜻으로, 어떤 일의 결과를 내다볼 수 있을 정도로 지혜로웠습니다. 반면 에피메테우스는 '뒤늦게 알다(hindsight)'라는 뜻입니다. 에피메테우스는 아둔해서 일이 다 끝난 후에야 그 결과를 이해할 수 있는 인물이었습니다.

티탄 족과 올림포스 신들이 전쟁을 치를 때, 프로메테우스는 올림포스 신들이 승리할 줄 미리 알았습니다. 두 형제는 티탄 족 편에 가담하지 않았으며, 전쟁이 끝난 후 신들의 제왕 제우스(Zeus)의 징벌을 모면할 수 있었습니다. 그리스 신화에서 인간의 창조주는 제우스가 아니라 프로메테우스입니다. 티탄 족과의 전쟁이 끝나자 제우스는 프로메테우스에게 인간을 창조하라는 명령을 내립니다.

제우스는 인간에게 결코 호의적이지 않았습니다. 프로메테우스는 인간을 불쌍히 여겨 불을 가져다주었고, 신의 특권인 지혜를 가르쳐줍니다. 인간을 사랑한 프로메테우스는 결국 제우스에게 형벌을 받습니다. 카우카소스(Caucasus)산의 바위에 쇠사슬로 묶여 영원히 독수리에게 심장을 쪼아 먹히는 형벌이었습니다. 그의 이름에서 나온 단어 Promethean은 '혁신적인, 대담하게 창조적인, 어떤 권위에 도전하는' 태도를 뜻합니다.

프롤로그(prologue)는 소설이나 장편 시, 연극에서의 시작을, 에필로그(epilogue)는 끝을 의미합니다. 프롤로그는 그리스 신화에서 '먼저 생각하는 사람'을 뜻하는 프로메테우스에서 유래합니다. 글이나 공연의 앞부분에서 '머리말, 서막, 사전연설, 전주곡'이라는 뜻으로 쓰입니다.

에필로그는 '나중에 생각하는 사람'인 에피메테우스에서 유래했습니다. 소설이 일단 끝난 이후에 이야기 구조 밖의 종결 부분이 덧붙여지는 경우가 있습니다. 마지막 부분에 전체 내용을 정리하고 끝맺기 위해 마련된 것으로 '후일담, 후기, 끝맺음'을 뜻합니다.

logue는 '말, 언어'를 뜻하는 'logos'에서 나온 말입니다. logic은 '논리학'이란 뜻이고, logic에서 변형된 접미사로 -logy가 있는데 '논리, 이론, 학설'을 나타냅니다. 예를 들면 psychology(심리학), ecology(생태학), biology(생물학), anthropology(인류학) 등이 있습니다.

WORDS

forethought 사전 숙고   hindsight 뒤늦은 깨달음   Promethean 프로메테우스 같은(독창적이고, 권위에 불복하는 태도)   prologue 프롤로그(연극, 영화, 책 등의 도입부)   epilogue 에필로그(연극, 영화, 책 등의 종결부)   logue 이야기, 담화   logic 논리, 논리학

기분 좋은 말, serendipity

영국문화원(British Council)은 영국의 문화를 홍보하기 위한 정부기관입니다. 영국문화원은 102개국의 4만 명이 넘는 사람들을 대상으로 '가장 아름다운 영어 단어'에 대한 설문 조사를 했습니다. 1위로 뽑힌 단어는 'mother'였고, passion, smile, love, eternity가 뒤를 이었습니다.

- **Mother** is the most beautiful word in the English language, according to a survey of non-English speakers.
  영어를 말하지 않는 사람들을 대상으로 한 설문조사에 의하면 mother는 영어 중 가장 아름다운 단어이다.

지금 배울 단어 'serendipity'는 24위였습니다. serendipity는 '행운을 우연히 발견하는 능력(the faculty of making fortunate discoveries by accident)'을 말합니다. 세렌디피티(Serendipity)라는 제목으로 존 쿠삭과 케이트 베킨세일이 주연한 아름다운 영화가 있습니다.

serendipity라는 단어를 처음 쓴 사람은 영국의 소설가 호레이스 월풀(Horace Walpole)입니다. 월풀은 '세렌딥의 세 명의 왕자 (The Three Princes of Serendip)'라는 동화에서 serendipity라는 말을 만들어냅니다. 실론(Ceylon)으로 불리기도 했던 스리랑카(Sri Lanka)를 아라비아 사람들은 '세렌딥(Serendip)'이라고 하였습니다. 이 동화에서 왕자는 여행하다가 지혜를 이용해서 의도치 않은 뜻밖의 발견을 많이 하게 됩니다. 왼쪽에 나 있는 풀만 뜯겨 있는 걸 보고, 오른쪽 눈이 먼 노새가 지나갔다는 사실을 알아내 노새를 찾아주고 뜻밖의 보물을 얻기도 합니다.

- **Serendipity** was coined in 1754 by the British writer Horace Walpole.
  Serendipity라는 말은 1754년 영국의 작가 호레이스 월풀이 만들어냈다.

1754년 메디치 가문의 방패 문장(the coat of arms)을 연구하다가 어느 날 뜻밖의 발견을 한 월풀은 친구에게 다음과 같은 내용이 포함된 편지를 씁니다.

"This discovery, indeed, is almost of that kind of which I call serendipity, a very expressive word."
나는 이런 종류의 발견을 세렌디피티라고 부르겠네. 매우 표현력이 있는 단어지.

월풀이 기뻐하며 만들어낸 단어 serendipity는 우연 속에서 찾아오는 행운이라는 뜻으로 쓰이게 됩니다.

- faculty of making lucky discoveries, by accidents and sagacity, of things they were not in quest of 구하려 하지 않았는데도 우연히 귀중한 것을 발견하는 능력. 운수 좋은 발견
- Brilliant discoveries sometimes tend to emerge from the inspiration mixed with a good deal of **serendipity**.
  멋진 발견은 때로는 영감과 우연한 사실들이 혼합되어 나타나는 경향이 있다.

호레이스 월풀은 옛날이야기인 〈세렌딥의 세 명의 왕자〉에서 '영웅들은 우연히 그리고 총명하게 애초에 찾으려 하지 않았던 발견들을 해낸다'고 했습니다. 한편, 헤르만 헤세가 지은 〈데미안〉에 이런 구절이 있습니다. '무엇인가를 간절히 소망했던 사람이 그것을 발견했다면 그것은 우연히 이루어진 것이 아니라 자기 자신이, 자기 자신의 소망과 필연이 가져온 것이다.' 세렌디피티란 행운은 요행수에 따른 우연이 아니라 준비된 사람에게만 발견되는 우연이라는 뜻입니다.

Post-it은 미국의 제조업체 3M에서 만든 접착식 메모지 브랜드입니다. 자국을 남기지 않고 쉽게 붙였다 떼었다 할 수 있는 Post-it은 오늘날 접착식 메모지를 대표하며 일반명사처럼 쓰입니다. 1970년 3M이라는 회사의 한 연구원은 강력 접착제를 개발하려다 실수로 접착력이 약하고 끈적거리지 않는 이상한 접착제를 만들게 되었습니다. 그 후 1973년 직장 동료였던 프라이(Arthur Fry)가 이 접착제를 이용하여 메모지를 발명하게 되었습니다. 실수가 낳은 우연한 행운, 이것이 바로 serendipitous invention입니다. post는 '기둥, 말뚝, 우편물'이라는 뜻입니다.

화재예방 포스터(poster)에서 볼 수 있듯이 '기둥에 안내문 등을 게시하다'라는 뜻도 있습니다. Post-it은 간단한 내용을 적어서 붙였다 떼었다 할 수 있는 메모라는 뜻입니다.

- He applied a weak glue to yellow paper. 그는 (접착력이) 약한 접착제를 노란 종이에 붙였다.

페니실린(penicillin)의 발견은 20세기 대표하는 8대 발견 중의 하나로 꼽힐 만큼 위대한 업적입니다. 알렉산더 플레밍(Alexander Fleming)은 인류 최초의 항생제(antibiotics) 페니실린을 발견하여 1945년 노벨상을 받았습니다.

- How Fleming discovered **penicillin** is serendipity.
  플레밍이 페니실린을 발견한 것은 뜻밖의 발견이다.

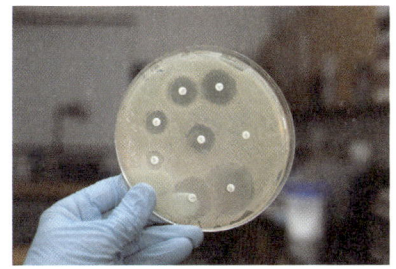

플레밍이 어느 날 박테리아(bacteria)를 배양하는 접시에 실수로 푸른곰팡이를 떨어뜨리게 되었습니다. 나중에 접시를 보니 푸른곰팡이가 떨어진 근처의 세균들이 모두 죽어 있는 것을 발견합니다. 이렇게 우연히 발견한 페니실린은 인류의 생명을 구하는 데 크게 공헌하게 됩니다. 페니실린은 파상풍, 중이염, 패혈증 등 수많은 질병 치료에 쓰이고 있습니다.

WORDS

serendipity 뜻밖의 기쁨, 행운을 우연히 발견하는 능력   post 우편, 기둥, 기둥에 안내문을 게시하다   penicillin 페니실린
antibiotics 항생제   bacteria 박테리아

23 생맥주와 병맥주의 차이점

'그림을 그리다'를 표현할 때 paint와 draw를 모두 쓸 수 있는데, 이 둘은 어떤 차이가 있을까요? paint는 회화, 즉 색이 들어간 그림에 쓰는 말입니다. 수채화(watercolor painting)와 유화(oil painting)는 paint를 쓴 단어입니다. draw는 소묘, 즉 채색하지 않고 연필이나 목탄 등의 단색 재료로 그림을 그릴 때 사용합니다. 소묘는 주로 선으로 그리는 그림으로 '그리다'라는 뜻의 프랑스어를 차용해 '데생'이라고 합니다.

- **Draw** circles on a red piece of paper. 빨간색 종이에 원을 그리시오.

draw는 안정된 속도와 힘으로 천천히 미끄러지듯 끌어당기는 것을 말합니다. 커튼을 치는(draw a curtain) 동작과 연필로 선을 긋는(draw a line) 동작을 생각하면 됩니다. 책상 속에 있는 서랍을 'drawer'라고 하는데, 끌어당기는 것이라는 뜻에서 나온 말입니다.

drag는 '끌다, 당기다'의 뜻으로 draw와 같은 어원에서 나온 말입니다. 수평 방향 또는 비스듬히 위쪽으로 물건을 '(질질) 끌다'의 의미가 됩니다.

- This dress is too long, it **drags** on the ground when I walk.
  이 드레스는 너무 길어서 내가 걸을 때 땅에 질질 끌린다.

야구경기에는 드래그 번트(drag bunt)라는 기술이 있습니다. 왼손 타자가 투구가 도달하기 전에 1루 쪽으로 움직이면서 공을 끌어서 굴리는 타구를 말합니다. 번트를 친 타자가 1루 쪽으로 공을 끌고(drag) 달려가는 모습에서 비롯된 말입니다.

PC의 윈도우에서 마우스 왼쪽 버튼으로 누른 채 파일을 끄는 것을 'drag', 원하는 위치에 놓는 것을 'drop'이라고 합니다. 탐색기에서 Drag & Drop 기능을 이용하면 손쉽게 파일을 복사하거나 이동할 수 있습니다. 그래픽이나 문서작업을 할 때에도 자주 이용하는 기능입니다.

draft는 '어떤 것을 끌다'라는 뜻을 가진 'draw'에서 변형된 말입니다. draft는 '도안, 설계도, 초안'이라고 해석되는데, '아직 완성되지 않은 채 무엇인가를 하기 위하여 그려놓은 것'이라는 개념입니다. draft는 '끌어내기'의 개념에서 '징병, 선발, 외풍, (상업)환어음' 등의 뜻도 가지고 있습니다.

- **draft**: rough copy of a writing or something drawn
- **draft** notice   입영 통지서

생맥주와 병맥주의 차이는 무엇일까요?
생맥주를 영어로 하면 'draft beer' 또는 'draught beer'입니다. 여기서 'draft'는 다음 공정이 남아있는 '초벌'이란 뜻이 있습니다.

여과된 맥주를 열처리하여 효모의 활성을 정지시킨 것은 **병맥주(bottled beer)**라고 합니다. 생맥주와 병맥주의 구별은 제조 과정 마지막 부분의 열처리 여부에 따라 결정됩니다. 생맥주는 효모가 살아 있는(生) 맥주이며, 병맥주는 열로 인해 효모가 죽은 맥주입니다.

생맥주는 살균하지 않은 맥주이기 때문에 신선한 풍미를 즐길 수 있습니다. 하지만 살균처리가 되지 않아 변질할 수 있기 때문에 운반과 저장에 주의해야 하며 빨리 마시는 것이 좋습니다. 맛있는 생맥주를 즐기려면 손님이 많은 술집을 찾는 것이 요령입니다.

요즘에는 병에 넣어 파는 생맥주도 있고, 살균이나 여과 방법이 발달해 병맥주의 풍미도 생맥주에 근접하고 있습니다. '**라거(lager)**'란 이름을 가진 맥주가 있습니다. 라거는 '저장하다'라는 뜻의 독일어 'lagen'에서 나온 말로, 살균처리 과정을 거쳐 저장할 수 있는 맥주를 가리킵니다.

WORDS

paint 회화, 색을 써서 그린 그림 · draw 소묘, 단색 재료로(선으로) 그린 그림, 끌어당기다 · drawer 서랍 · drag 끌다 · drop 놓다 · draft 도안, 설계도, 초안, 징병, 선발, 환어음 · draft notice 입영통지서 · draft beer 생맥주 · bottled beer 병맥주 · lager 라거(거품이 많이 나는 연한 색의 맥주)

24 바리케이드와 엠바고

미국에서는 변호사를 뜻하는 말로 attorney, lawyer를 많이 쓰지만, 영국에서는 barrister, solicitor라는 말을 씁니다. 법정 변호사를 말하는 barrister에 bar가 보입니다. 과거 법정에서는 학생과 고참변호사 사이에 파티션(partition, 업무 분할)이 있었습니다. 파티션은 자격이 있어야만 통과할 수 있는 장벽(barrier)이란 뜻에서 barrister는 변호사를 비유적으로 표현한 것입니다.

- I passed a **bar** exam. 나는 사법고시에 합격했다.
- a **bar** association 변호사협회, 법조 협회

behind bars는 '감옥의 쇠창살(bars) 뒤에'라는 의미에서 '감옥에 갇힌'이라는 뜻입니다. put behind bars는 '철창에 가두다, 구금시키다'의 구어적 표현으로 imprison과 같은 뜻입니다.

- Life **behind bars** must be so depressing.
  수감생활은 틀림없이 우울할 거야.

배럴(barrel)은 석유와 같은 액체의 부피를 재는 단위를 말하며, bbl로 표시합니다. barrel은 목재나 금속으로 된 대형 '통'이란 뜻으로, '막대기'를 뜻하는 bar와 같은 어원을 갖습니다. 원유 1배럴은 158.9 l, 맥주 1배럴은 163.7 l 에 해당됩니다.

- Oil prices fell to $9 a **barrel**.
  유가가 배럴 당 9달러로 떨어졌다.

우리말 막대기가 '막다'에서 나온 것처럼 bar에도 '막다, 차단하다, 빗장을 지르다' 등의 뜻이 있습니다. bar를 가리키는 프랑스어는 barrier인데, '장애물, 방해, 울타리로 둘러싸다'를 뜻하는 말입니다. racial barrier, cultural barrier, political barrier와 같이 눈에 보이지 않는 장애를 나타낼 때도 사용합니다.

- language **barrier**(언어 장벽): the inability to talk with someone because you speak a different language
- I'm hoping to crash the 20-second **barrier** in the final and get a bronze.
  나는 결승전에서 20초의 장벽을 깨고 동메달을 획득하길 원한다.

바리케이드(barricade)는 상대방의 진입을 막기 위해 검문소 같은 곳에서 '막아 놓은 것, 방해물'을 뜻합니다. 데모하는 사람들이 경찰의 진입을 막기 위해서 바리케이드를 치기도 하고, 경찰이 시위대를 막기 위해 치기도 합니다. 16세기 파리 위그노혁명(Huguenot wars) 때에 흙을 넣은 큰 통(barrel)으로 바리케이드를 만들었던 데서 나온 말입니다.

'(선박 등의) 출입금지, 통상금지'를 의미하는 embargo에도 막는다는 뜻의 bar가 들어갑니다. 미국은 이라크나 쿠바 같은 국가에 embargo를 내리기도 합니다. embargo는 특정 국가의 거래(trade)를 막아버림으로써 국제적으로 고립시키는 무역 제제를 의미합니다. 강대국이 상대국을 경제적으로 압박해서 정치적인 목적을 관철하기 위해 자주 활용하는 수단입니다.

- **embargo**: an order to temporarily stop trading or giving information

엠바고(embargo)는 언론에서 특정 사안에 대한 '보도시점 유예'를 가리키기도 합니다. 간혹 뉴스가치가 매우 높지만, 어느 시점까지 보도하지 않을 것을 전제로 자료제공이 이루어지는 경우가 있습니다. 이때 공식발표가 있기 전까지는 그 내용에 대해 보도하지 않겠다는 것을 언론사들끼리 묵시적으로 약속하는 관행이 엠바고입니다. 비슷한 용어로 '오프 더 레코드(off the record)'라는 것은 '보도되면 안 되는 비공식 뉴스'를 말합니다.

빗장(bars)으로 둘러싸이면 '난처하고 당황하게' 되는데, 이에 대한 표현이 embarrass입니다. '엄마가 좋아? 아빠가 좋아?'와 같은 질문은 어린아이를 embarrass하게 만드는 질문입니다.

- He was so drunk that his singing was a total **embarrassment**.
  그가 너무 취해있었기 때문에 그의 노래는 완전 당황스러웠다.

WORDS

attorney (lawyer, barrister, solicitor) 변호사   partition 분할   barrier 장벽, 장애물   bar exam 사법고시   bar association 변호사 협회, 법조 협회   behind bars 감옥에 갇힌   be put behind bars 감옥에 갇히다   imprison 투옥하다, 감금하다   barrel 배럴, 석유 등 액체의 부피를 재는 단위   bar 막대기, 막다, 차단하다, 술집, 바   barricade 바리케이드, 장애물   embargo (선박 등의) 출입금지, 통상금지, 보도시점 유예   off the record 비공식 뉴스, 비공개의, 비공식의   embarrass 당황스럽게 하다, 곤란하게 만들다

25 쵸코바와 바텐더

축구장 골대는 양쪽 기둥인 '골포스트(goalpost)'와 기둥을 가로질러 연결한 막대기 '크로스바(crossbar)'로 되어있습니다. 포스트(post)는 '버팀 용 또는 위치 표시용'으로 세운 말뚝을 말하며, 말뚝에 걸어놓은 게시물을 포스터(poster)라고 합니다. 초등학교에 다닐 때 자연보호나 화재예방 포스터를 그려서 과제로 제출하곤 합니다. bar는 기본적으로 '막대기'를 뜻합니다.

바코드(bar code)는 상품의 포장지에 여러 개의 검은 막대 줄(bar)을 사용하여 상품 정보를 나타낸 것을 말합니다. 굵기가 제각각인 검은색 세로줄과 그 아래 알 수 없는 숫자의 나열이 있습니다. 바코드에는 국가 번호, 제조업체, 상품 품목 등의 정보가 됩니다. 스캐너(scanner)로 바코드를 읽어내면, 계산대에서 처리속도가 빨라지며, 재고관리도 쉬워집니다.

빙과류 중에 '하드(hard)'는 얼린 아이스크림 가운데 막대기가 꽂혀있는 것을 말합니다. 하드는 막대기에 얼어붙은 아이스크림이 딱딱하다고 해서 생긴 표현이겠지만, 콩글리시입니다. 올바른 영어표현은 'ice-cream bar' 입니다. 주스를 얼린 것을 영국에서는 ice jolly, 미국에서는 popsicle이라고 합니다.

'chocolate bar, candy bar, energy bar'라는 표현도 있는데 아이스크림의 일종은 아닙니다. chocolate bar는 땅콩 같은 견과류나 곡물류에 초콜릿을 입힌 제품으로 간식거리로 많이 먹습니다. 금덩어리와 비누를 세는 단위에도 bar가 사용됩니다.

- a **bar** of gold 골드 바 한 개
- a **bar** of soap 비누 한 장

'술집'의 의미로 bar라는 말을 사용하기도 합니다. 손님과 종업원 사이에 술을 놓고 마실 수 있는 기다란 카운터 bar가 있어 생긴 표현입니다. attend라는 말에서 알 수 있듯이, tend는 '시중들다, 돌보다, 감시하다'라는 뜻이 있습니다. bar에서 없어선 안 될 사람인 바텐더(bartender)는 'bar를 tender(돌보는 사람)'이라는 뜻입니다.

술을 팔지 않는 간이음식점을 가리키는 표현으로 '스낵 바(snack bar)'가 있는데, 바(bar)를 두고 나란히 앉아 먹는 식당입니다. '샐러드 바(salad bar)'는 레스토랑 내 셀프서비스(self service)식 샐러드 카운터를 의미합니다.

커피 전문점에 가보면 바리스타(barista)라는 말을 종종 볼 수 있습니다. '커피를 우려내는 전문가'를 barista라고 하는데, barista는 이탈리아어로 바(bar) 안에서 무언가를 만드는 사람을 뜻합니다. 바리스타는 좋은 원두를 선택하고, 커피 내리는 기구를 능숙하게 다루어 맛 좋은 커피를 만들어내는 일을 합니다.

휘발유에 대한 영어표현은 가솔린(gasoline)인데, 미국에서는 줄여서 gas라고 합니다. 여기서 gas는 기체라는 뜻의 '가스(gas)'가 아니라 gasoline이라는 것을 기억해야 합니다. 주유소를 gas station이라고 하는데, 미국에서는 'gas bar'라는 표현도 많이 씁니다.

WORDS

bar 술집, 바, 막대기(또는 같이 생긴 것), 장애물, 변호사, 막다 bar code 바코드 bartender 바텐더 barista 바리스타, 커피 전문점 직원 gas bar (gas station) 주유소

26 팰리스, 포럼 그리고 백악관

팰리스(palace)는 왕이 사는 집 즉, 궁전을 뜻하는데, 로마의 '팔라티노 언덕(Monte Palatino)'에서 유래합니다. 당시 로마에는 7개의 언덕이 있었는데, 로마 초대 황제 아우구스투스가 팔라티노 언덕에 호화로운 궁전을 건립했습니다. 궁전의 이름을 'a palatium'이라고 지었는데, 이 말은 호화롭고 화려한 것을 상징하게 되었습니다.

'팔라티노 언덕'은 '포럼 로마노'를 사이에 두고 카피톨리노(Capitolino) 언덕과 마주 보고 있었습니다. '카피톨리노 언덕' 언덕에는 로마 신 가운데 최고신 주피터(Jupiter)를 모시는 신전이 있었습니다. 미국 워싱턴의 국회의사당 자리를 'Capitol Hill'이라고 하는데, 로마의 카피톨리노에서 나온 표현입니다.

로마의 정치와 종교의 중심지 역할을 했던 두 언덕 사이에 '포럼(forum)'이란 광장이 만들어졌습니다. 살아있는 로마 최고 통치자가 살던 언덕과 최고의 신 주피터를 모신 두 언덕 사이의 대광장입니다. 지금은 포럼(forum)을 '공개토론회'라는 뜻으로 사용하지만, 원래는 고대 로마 시내의 한 장소를 가리킨 말이었습니다. 포럼은 권부에서 이루어지는 결정에 대해 토론을 통해 평민의 의견을 청취하는 광장이었습니다.

미국 대통령(president)이 살면서 업무를 보고 있는 집이 백악관(the White House)입니다. '堊(악)'은 '하얗게 벽을 칠하다'라는 뜻이고, '館(관)'은 '집'이란 뜻입니다. 원래 백악관은 흰색이 아닌 회색 돌집이었고, '대통령 궁(Presidential Palace)'이라고 불렸습니다.

1812년에 미국과 영국 사이에 전쟁이 벌어졌는데, 1814년 영국군은 Washington을 침범해서 Presidential Palace를 불살라 버립니다. 전쟁 후 화재의 흔적을 없애기 건물을 흰색으로 칠했는데, 그때부터 대통령 궁은 the White House라고 불리게 되었습니다. the White House를 '白館(백관)'이 아니라 '白堊館(백악관)'이라 한 것은 건물이 하얗게 된 과정을 반영한 표현입니다.

WORDS

forum 포럼, 토론회, (토론의) 장   the White House 백악관

27 '앉다'와 situation

sit은 '앉다, 착석하다'라는 뜻으로, '앉으세요.'라는 표현은 'Sit down, please.'라고 하면 됩니다.
seat은 '자리, 좌석, 예약석, 착석시키다'의 뜻으로 쓰입니다.

- aisle **seat** 비행기의 통로 쪽 좌석
- window **seat** 비행기의 창가 쪽 좌석
- Please keep your **seat** belts fastened, as our plane will take off shortly.
  좌석 안전벨트를 착용해 주십시오. 비행기가 곧 이륙합니다.

site는 어떤 건물이 차지하고 있는 '위치, 장소, 부지, 공간, 영역'이라는 뜻을 가집니다. 과거 인류가 남긴 잔존물 중에서 신전, 고분, 거석기념물, 주거지와 같이 위치를 변경시킬 수 없을 정도로 형태가 큰 것을 유적이라고 합니다. 영어로 유적은 archaeological site라고 하고 간단하게 말해서 remains, ruins라고도 합니다.

- **website** 웹 사이트

인터넷 사이트(site)는 인터넷에서 이미지화된 가상 공간을 가리키는 말입니다. port는 배를 타고 바다로 나가기 위한 관문으로 '항구' 등의 뜻입니다. '네이버'나 '다음'과 같은 사이트를 포탈 사이트(portal site)라고 하는데, 인터넷을 검색하기 위해서 가장 먼저 접속하

게 되는 '관문사이트'라는 뜻입니다. 단순히 관문의 역할을 넘어서 인터넷의 무료 E-메일과 뉴스, 게시판, 전자 상거래 등 인터넷의 모든 기능을 통합 운영하는 사이트로 진화하고 있습니다.

- **portal site** 포탈 사이트

act는 행동을 뜻하고, actuate는 '행동하게 하다, 작용하게 하다'입니다 value는 가치를 뜻하고, valuate는 '가치를 평가하다'입니다. situate는 sit에서 나왔는데, '(어떤 장소에) 놓다, 위치하게 하다, (입장, 조건에) 놓이게 하다'라는 뜻입니다. situation은 '위치, 장소'라는 뜻도 있지만, 어떤 일이 일어나는 상황이나 '입장, 처지, 사태'라는 뜻으로 많이 쓰입니다.

- He showed remarkable composure in a difficult **situation**.
  그는 어려운 상황 속에서도 놀라운 침착성을 보여줬다.

시트콤(sitcom)이란 시추에이션 코미디(situation comedy)를 줄인 말입니다. '등장인물과 배경은 같으나 매회 다른 상황을 설정해 이야기를 풀어나가는 코미디'라는 뜻입니다. 1990년대 중반부터 10년간 큰 인기를 끌었던 '프렌즈(Friends)'가 대표적인 시트콤입니다. 미국 시트콤에서는 '시즌1, 시즌3'과 같이 시즌(season)이란 말을 자주 듣게 됩니다. 시즌이란 1년 단위로 방송국과 드라마 제작사가 계약을 맺어 방영하는 미국의 드라마 제작 시스템을 말합니다. 보통 한 시즌은 짧으면 10개 내외로, 보통 20~25개의 에피소드로 구성이 됩니다.

WORDS

sit 앉다, ~에 있다   seat 자리, 좌석, 앉히다   site 위치, 현장, 장소, 인터넷 사이트   actuate 행동하게 하다   situate 위치시키다, ~을 고려하다   situation 상황, 처지, 환경   sitcom 시트콤

28 메두사(Medusa)와 이지스(Aegis)함

세계의 서쪽 끝에 '고르곤(Gorgon)'이라는 괴물 세 자매가 살고 있었는데, 막내인 메두사(Medusa)만이 죽어야 할 운명을 타고났으며 언니들은 불사신이었습니다. 메두사는 본래 아름다운 모습을 가지고 있었으나 여신 아테네(Athens)와 미(美)를 겨룬 후 저주를 받아 흉측한 존재가 됐습니다. 포세이돈(Poseidon)과 사랑을 나눈 메두사는 아테네의 질투를 받아 머리카락이 온통 뱀으로 변해버립니다. 괴물이 된 메두사는 자신의 모습을 사람들에게 보이기 싫어, 눈이 마주친 사람들을 모조리 돌로 만들어 버렸습니다.

그리스 신화에서는 신과 인간은 서로 자유롭게 교제를 하기도 합니다. 부모 중에서 한쪽만 신인 아이들도 태어나는데, 이런 아이들은 반신(demigod)이라고 합니다. demi는 반이라는 뜻입니다. 그들은 비상한 힘과 지혜를 가지고 있으며, 영웅(hero)이라고 불리기도 합니다. 영웅 페르세우스(Perseus)는 메두사의 목을 잘라 오라는 명령을 받습니다. 페르세우스는 제우스의 아들이었기 때문에 신들의 도움을 받을 수 있었습니다. 사자(使者)의 신 헤르메스(Hermes)에게서 날개 달린 샌들(sandal)과 몸을 숨기는 투구를 빌려 메두사를 찾아 모험을 떠납니다.

제우스는 자신의 딸 아테네에게 '이지스(aegis)'라는 무적의 방패(shield)를 선물했습니다. 이지스는 제우스가 기른 염소 가죽으로 만든 가슴막이었는데 대장장이의 신 헤파이스토스가 방패 모양으로 만들었습니다. 어떤 화살과 창으로도 뚫지 못하는 것은 물론, 벼락을 맞아도 부서지지 않았습니다. 이지스를 한번 흔들면 폭풍이 일고 사람들은 신에 대한 두려움을 느꼈다고 합니다.

아테네는 한 면이 거울처럼 되어 있는 이지스를 페르세우스에게 빌려 주었습니다. 페르세우스는 고르곤의 세 자매가 잠들기를 기다렸다가 방패로 메두사를 비춰보면서 뒷걸음질로 다가가서는 재빨리 메두사의 목을 잘라버립니다. 페르세우스는 이지스의 한 가운데에 메두사의 머리를 달아서 아테네에게 돌려줍니다. 그녀의 방패는 창과 칼을 피할 뿐 아니라 공격하는 사람을 돌로 만들어 버릴 수도 있게 되었습니다.

The Shield of Athena

이지스는 아테네 여신의 방패인 만큼 '철벽같은 방어, 보호'와 같은 의미로 사용하게 되었습니다. 이지스 시스템은 미국 RCA사가 1969년 처음으로 개발한 획기적인 군사방어 시스템입니다. 이지스 시스템을 탑재한 전투함을 이지스함(Aegis 艦)이라고 합니다. 이지스함(Aegis destroyer)은 높은 요격률로 하늘에서 날아오는 미사일과 전투기를 격침하는 불패의 전투함으로 인식되고 있습니다. 우리나라도 2007년에 이지스 시스템을 탑재한 세종대왕함을 진수하여, 미국, 일본, 스페인, 노르웨이에 이어 세계 5번째로 이지스함을 보유한 국가가 되었습니다.

메두사의 잘려진 목에서 포세이돈의 자식인 천마 페가수스(Pegasus)가 태어납니다. 날개를 가지고 하늘을 나는 페가수스는 북쪽 하늘에 있는 별자리의 하나이기도 합니다. 아테네 여신은 황금 고삐(golden bridle)로 페가수스를 길들여서, 학문과 예술의 여신인 뮤즈(Muse)들에게 주었습니다. 그녀들이 헬리콘 산에서 노래 시합을 벌일 때, 페가수스가 대지를 걷어차자 히포크레네(Hippocrene, 말(馬)의 샘)라는 샘이 생겨났습니다.

부리부리한 눈과 뱀 머리카락, 짐승의 송곳니와 늘어진 혀를 가진 메두사의 형상은 액막이 부적으로 많이 사용되었습니다. 이탈리아의 명품인 베르사체(Versace)는 메두사의 얼굴을 로고로 사용하고 있습니다. 메두사의 강렬한 이미지처럼 독창성이 넘치는 화려함과 독특한 무늬가 특징입니다. '입는 사람의 도전을 기다리는 감각적인 옷, 바로크 시대의 예술가적 신화를 만들어가는 독특함이 있는 옷'이라는 찬사를 받고 있습니다.

WORDS

Medusa 메두사   aegis 방패, 이지스 시스템(군사방어 시스템)   Pegasus 페가수스

29 가스레인지는 미국사람에게 안 통한다?

랭크(rank)는 '순위, 순서, 등급'이란 뜻과 군대나 경찰에서의 '계급'을 뜻합니다. rank는 '줄, 열' 등을 뜻하는 row에서 나온 말입니다.

- Several nations continue to dominate the FIFA **rankings**.
  몇몇 국가들이 계속 FIFA 랭킹을 지배하고 있다.

range는 '줄, 구역, 범위, 산맥' 등의 뜻을 가지는데, rank와 같은 어원입니다. arrange는 '흩어져 있던 것을 일정 범위(range) 안에(ad) 두다'라는 개념에서, '정렬하다, 정리하다, 준비하다, 편곡하다'라는 뜻으로 쓰입니다.

- Please give me a call to **arrange** a date and time that best fits your schedule.
  귀하의 일정에 가장 적합한 날짜와 시간을 정할 수 있도록 저에게 전화를 주십시오.

range는 '화덕, 화구가 있는 조리대(cooking stove)'라는 뜻도 있습니다. 가스레인지(gas range)는 가스불을 사용하는 서양식 조리대를 말하는데, 가스가 나오는 구멍을 정렬해 놓았다는 뜻을 가집니다. 그런데 가스레인지는 외국에서는 통하지 않는 콩글리시입니다. 가스레인지에 대한 정확한 영어표현은 gas stove인데, stove는 난로를 뜻하기도 합니다.

- Cook for 5 minutes on top of the **stove**.
  가스레인지에서 5분간 요리하세요.

전자레인지는 영어로 'electronic range'라고 쓰면 될까요?
전자레인지도 미국에서는 통하지 않는 한국식 표현입니다. 정확한 영어표현은 microwave oven인데, 줄여서 microwave라고 부릅니다. 오븐(oven)은 상하좌우에서 열을 보내어 재료를 굽는 밀폐형 조리기구를 말합니다.

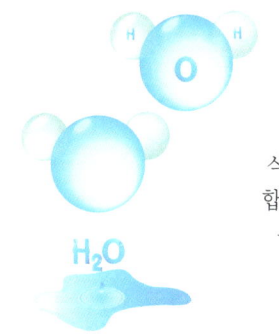

전자레인지는 분자와 분자 사이에 마찰열을 일으켜서 음식을 데웁니다. 고유진동수가 2,540MHz인 물 분자에 맞춰 마이크로파를 방출하여 분자가 공진(resonance)하게 합니다. 수분이 포함된 음식물에 마이크로파를 쏘면, 물 분자가 맹렬히 진동하면서 열이 발생합니다. 그래서, 전자레인지로는 마른 오징어처럼 수분이 전혀 없는 음식은 데울 수 없습니다.

목욕을 시킨 강아지를 전자레인지에 넣고 말리려고 하면, 털이 마르는 동안 강아지의 살도 함께 익어 버립니다. 미국에서 판매되는 상품에는 '전자레인지에 강아지를 넣지 마시오'라는 경고문이 붙어있습니다. 이런 경고문이 없는 상태에서 소비자에게 고소(accusation)당하면 제조업체는 손해를 배상해야 합니다.

골프 연습 시 드라이브를 치려면 200야드가 넘는 실외연습장에서 해야 하는데 이런 곳을 드라이빙 레인지(driving range)라고 합니다. 드라이브(drive)는 각 홀에서 첫 번째 치는 티샷을 말하는데, 멀리 칠수록 유리합니다. range에는 '사격 연습장'이란 뜻도 있는데, 발사대가 나란히 줄지어서 있는 모양에서 나온 의미입니다.

레인저(ranger)는 기습공격이나 정찰 임무를 수행하기 위하여 특수 훈련을 받은 특수부대나 대원을 말합니다. 그밖에 일정한 구역을 정찰하는 '정찰대, 감시원, 산림감시인, 구급요원' 등을 가리키기도 합니다. 박지성 선수의 이전 소속팀 QPR은 '퀸즈 파크 레인저스(Queens Park Rangers Football Club)'를 나타냅니다. 박찬호 선수의 소속팀은 텍사스 레인저스(Texas Rangers)였는데, 텍사스 주는 순찰대(ranger)로 유명합니다. 레인저는 미국 서부개척 시대에 로버트 레인저 소령이 만들었던 부대가 유래라고 합니다.

WORDS

rank 계급, 순위, 등급 range 줄, 구역, 범위, 산맥, 화덕, 화구가 있는 조리대 arrange 정렬하다, 준비하다, 편곡하다 stove 스토브, 난로 gas stove 가스 스토브 microwave (oven) 전자레인지 oven 오븐, 밀폐형 조리기구 resonance 공명, 울림 accusation 고소, 비난, 혐의 driving range 골프연습장 ranger 기습 공격대원, 관리인, 구급요원, 순찰대

얼룩말을 길들일 수 있나요?

돔(dome)은 집(house)이란 뜻의 라틴어 domus에서 유래했습니다. 이탈리아나 독일에서는 단순히 집이라는 뜻을 넘어 숭배의 장소(places of worship)와 같은 개념으로 발전하여 '성당(cathedral)'으로 사용되었습니다. 이탈리아에서 주교(主敎)가 사는 성당을 두오모(duomo)라 하는데, 성당의 지붕을 원형으로 덮는 경우가 많았으므로 원형 지붕을 돔이라 부르게 되었습니다. '돔구장'이란 말에서 보듯이 '둥근 지붕, 반구형의 덮개'라는 뜻으로 주로 쓰이고 있습니다.

공항 출국심사대에서는 내국인과 외국인을 구분해서 심사를 처리합니다. 내국인은 domestic이란 표지판을 따라가야 하는데, 이는 '국내의, 가정의'라는 뜻을 지닙니다. domestic의 반대말은 'international(국제적인)'입니다.

- **domestic** goods 국산품
- **domestic** factory 가내공장
- **domestic** violence 가정폭력
- **domestic** affairs 집안일

domesticate는 '가정에 정들게 하다'의 뜻에서 '(동물을) 길들이다, (야만인을) 교화하다, 함께 살다'라는 의미를 나타냅니다. domesticate는 야생동물을 길들여서(tame) 집에 같이 살도록 하는 것입니다.

- Dogs and cows were two of the most important animals to be **domesticated**.
  개와 소는 인간이 길들여야 할 가장 중요한 두 동물이었다.

얼룩말(zebra)은 야성이 강해 길들이기가 어려워 경주마로 쓰기는 거의 불가능하다고 합니다. 인간이 다양한 종류의 말을 길들이게 된 것은, 오랜 기간 노력하여 야생말과 순한 말을 교배하며 품종을 개량해왔기 때문입니다. 그런데 얼룩말은 길들여지지 않는 말로 이제까지 한 번도 가축(domestic animals)으로 길러진 적이 없습니다. 얼룩말은 사람이 근처에 가기만 해도 신경과민을 일으켜 흥분하기 때문입니다.

동물원에 있는 얼룩말 또한 길들이기가 어려워 사람이 타는 것은 고사하고 치료를 할 때도 힘들다고 합니다. 얼룩말은 야생마 기질이 그대로 남아 있는 최후의 말이라고 할 수 있습니다. 아무래도 얼룩말은 남아프리카의 넓은 초원을 마음껏 뛰어다녀야 할 것만 같습니다.

WORDS

dome 돔, 반구형 지붕 **domestic** 국내의, 가정의, 가정적인, 길들여진 **domestic goods** 국산품 **domestic factory** 가내공장, 국내공장 **domestic violence** 가정폭력 **domestic affairs** 집안일, 가사 **domesticate** 길들이다, 재배하다 **domestic animals** 가축 **tame** 길들여진, 시키는 대로 하는 **zebra** 얼룩말

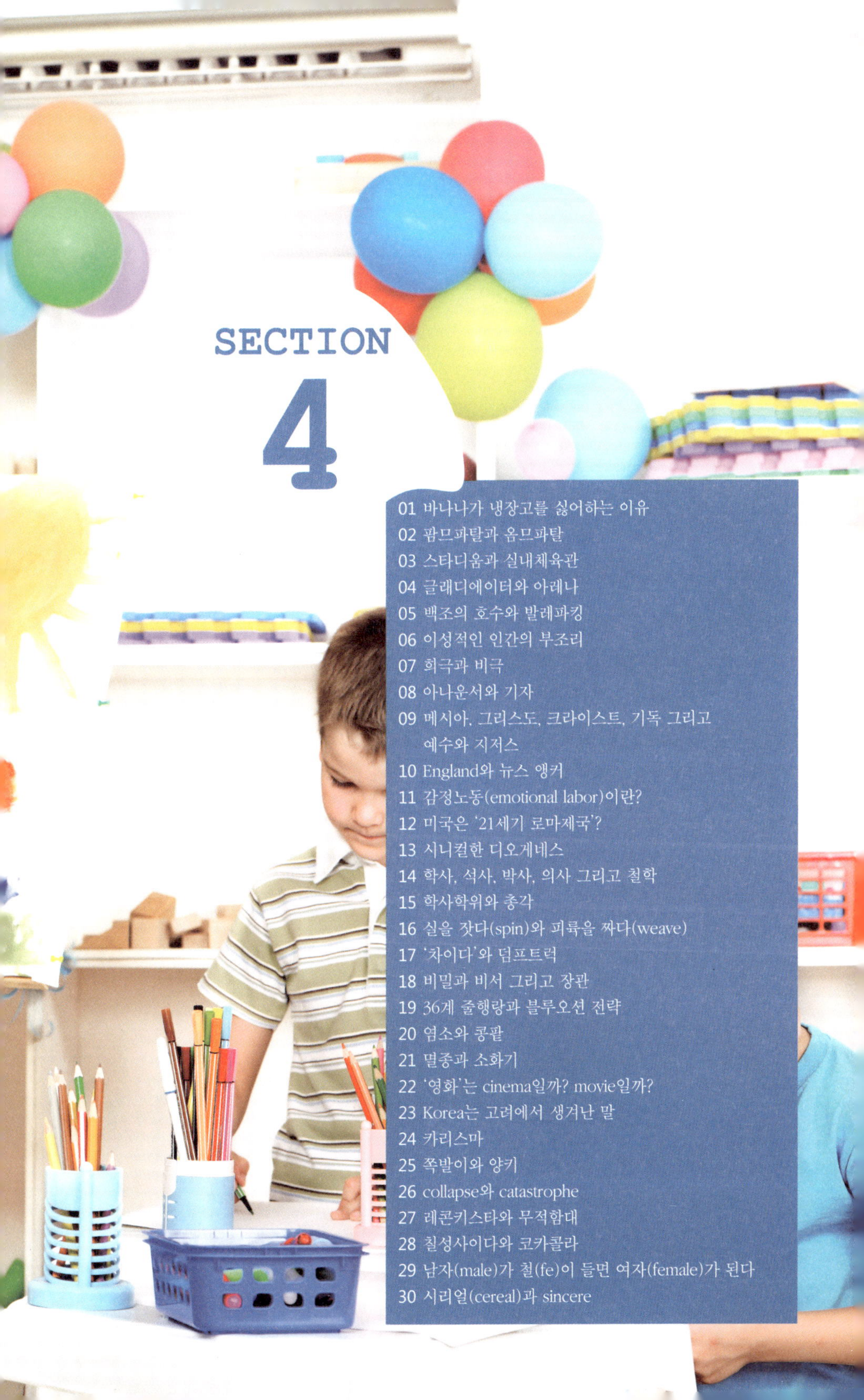

SECTION 4

01 바나나가 냉장고를 싫어하는 이유
02 팜므파탈과 옴므파탈
03 스타디움과 실내체육관
04 글래디에이터와 아레나
05 백조의 호수와 발레파킹
06 이성적인 인간의 부조리
07 희극과 비극
08 아나운서와 기자
09 메시아, 그리스도, 크라이스트, 기독 그리고 예수와 지저스
10 England와 뉴스 앵커
11 감정노동(emotional labor)이란?
12 미국은 '21세기 로마제국'?
13 시니컬한 디오게네스
14 학사, 석사, 박사, 의사 그리고 철학
15 학사학위와 총각
16 실을 잣다(spin)와 피륙을 짜다(weave)
17 '차이다'와 덤프트럭
18 비밀과 비서 그리고 장관
19 36계 줄행랑과 블루오션 전략
20 염소와 콩팥
21 멸종과 소화기
22 '영화'는 cinema일까? movie일까?
23 Korea는 고려에서 생겨난 말
24 카리스마
25 쪽발이와 양키
26 collapse와 catastrophe
27 레콘키스타와 무적함대
28 칠성사이다와 코카콜라
29 남자(male)가 철(fe)이 들면 여자(female)가 된다
30 시리얼(cereal)과 sincere

바나나가 냉장고를 싫어하는 이유

바나나(banana)가 구부러진 이유는 무엇일까요?
바나나는 가운데 줄기를 중심으로 밖으로 뻗으면서 자라 나옵니다. 송이에 다닥다닥 붙어서 옆으로 자라는데, 이때 햇빛을 향해 뻗어 나가다 보니 구부러지게 되는 것입니다.

• a cluster of **bananas** 바나나 한 송이

파인애플(pineapple)은 소나무(pine tree)나 사과(apple)와 무슨 상관이 있을까요?
열대과일인 파인애플은 열매가 솔방울과 비슷하게 생겼기 때문에 소나무에서 pine을 따왔습니다. 사과는 당시 유럽에서 과일의 대명사였기 때문에 솔방울처럼 생긴 과일이라는 뜻에서 pineapple이라는 말이 생겨난 것입니다.

과일(fruit)의 단맛은 주로 포도당과 과당에서 나오는데, 차게 해서 먹을수록 단맛이 더 강하게 느껴집니다. 30℃보다 5℃일 때 단맛을 20% 더 느낄 수 있다고 합니다. 이에 반해 신맛의 경우는 온도가 낮을수록 약해지므로 과일을 차게 해서 먹는 것이 맛있게 먹는 방법입니다. 그런데 무조건 가장 차게 하는 것이 좋은 것은 아니고, 10℃ 정도가 적절합니다. 과일이 너무 차면 향기가 없어지고 혀의 감각도 마비되어 맛을 제대로 느낄 수 없기 때문입니다.

바나나는 온도변화에 민감한데, 냉장고에 오랫동안 보존하면 검은 반점이 생기며 과육이 물러집니다. 파인애플, 망고, 파파야 등 주로 열대과일 (tropical fruits)에서 이런 현상이 나타납니다. 열대과일은 세포막이 얇고, 높은 온도에 적합한 유전형질을 갖고 있기 때문입니다.

열대과일은 온도가 낮아질수록 세포막이 더욱 얇아지면서, 화학물질이 섞이게 되어 갈색이나 검은색으로 변합니다. 반면 사과나 배 같은 온대성 과일은 냉장고에서 오랫동안 보관할 수 있는데 저온에서도 세포막이 튼튼하게 유지되기 때문입니다. 바나나와 같은 열대과일은 상온에 보관하는 게 바람직합니다. 열대과일을 시원하게 먹고 싶으면 상온에서 보관하다가 먹기 30분 정도 전에 냉장고에 넣는 것이 좋습니다.

banana 바나나   pineapple 파인애플   fruit 과일   tropical fruits 열대과일

02 팜므파탈과 옴므파탈

이솝 우화(Aesop's Fables)를 지은 이솝은 언제 살았던 사람일까요? 이솝(Aesop, BC 620~560)은 그리스 시대의 피타고라스나 소크라테스보다 먼저 살았던 인물입니다. 우화는 동물이 주인공으로 등장하여 엮어 나가는 이야기로 교훈을 담고 있는 것이 특징입니다. '우화, 교훈적 이야기, 꾸며낸 이야기'라는 뜻의 fable은 '말하다'라는 뜻의 어근 fa에서 파생된 단어입니다.

fable에서 나온 fabulous는 '신화에 나오는, 믿을 수 없는'이란 뜻으로 쓰이다가 '훌륭한, 굉장한'의 의미로 발전했습니다. 황홀한 장면을 보거나 멋진 경험을 하여 기분이 들뜰 때 쓸 수 있는 말이 fabulous인데, 10대들은 줄여서 fab라고도 합니다.

- That was really a **fabulous** meal. 정말 근사한 식사였어요.

fate는 '말하다'라는 뜻의 어근 fa에서 나왔는데, '신에 의해 미리 말하여진 것'이란 의미에서 '운명, 숙명'이란 뜻을 가집니다. 신의 뜻이므로 인간이 바꿀 수 없다는 관점에서 '인연, 죽음, 최후'라는 뉘앙스도 가집니다. fatal은 '치명적인, 숙명적인, 불길한'의 뜻으로 쓰입니다.

- A **fatal** defect in the construction design caused the building to collapse.
  건축 설계상의 치명적인 결함이 건물 붕괴의 원인이 되었다.

프랑스어 팜므파탈(femme fatale)은 마법을 사용하여 위기에 빠진 영웅을 유혹하는 여자를 말합니다. 영어로 표현하면 fatal woman, 즉 치명적인 여인에 해당하는데, 아주 매력적인 여성을 말합니다. 팜므파탈은 남자를 위험이나 재앙에 빠뜨리기도 합니다. 뱀의 꾐에 넘어가 사과를 따 먹은 이브 때문에 아담과 이브는 낙원에서 내쫓기게 되는데, 이브는 최초의 팜므파탈이라 할 수 있습니다.

- **Femme fatale** is defined as 'an irresistibly attractive woman, especially one who leads men into danger or disaster'.
  팜므파탈은 '남성을 위험이나 재난에 빠뜨릴 만큼 저항할 수 없을 정도로 매력적인 여성'으로 정의된다.

조르주 비제(Geprges Bizets)의 오페라 〈카르멘(Carmen)〉은 자유분방하고 정열적인 집시 여주인공의 이름이기도 합니다. 치명적인 매력으로 돈 호세를 유혹해 파멸로 이끄는 집시여인, 카르멘은 전형적인 팜므파탈입니다. 카르멘은 구릿빛 살결에 새까만 눈동자, 검은 머리를 지니고, 웃으면 이가 유난히 희고 아름다웠습니다. 맨발로 사뿐히 걸으며 웃음을 흘리는 카르멘은 숱한 남성들의 흠모 대상입니다. 자유연애를 추구하는 카르멘과 그녀에게 매료된 군인 돈 호세는 짧은 사랑의 행복을 나눕니다. 본성적으로 자유를 추구하는 그녀는 호세에게 싫증을 내기 시작하면서 인기 투우사 에스카미요에게 마음이 끌립니다. 호세는 카르멘의 마음을 돌리려고 필사적으로 노력하지만, 카르멘은 듣지 않습니다. 온갖 협박과 하소연에도 불구하고 카르멘이 결별을 고집하자, 참을 수 없게 된 호세는 카르멘을 칼로 찔러 죽입니다. 쓰러진 카르멘의 주검을 끌어안고 호세는 '그대를 죽인 것은 바로 나다. 오 나의 카르멘, 사랑하는 카르멘!'하면서 절규합니다. 그녀 시신 앞에서 호세도 스스로 목숨을 끊습니다.

팜므파탈의 반대말로 옴므파탈(homme fatale)이라는 것이 있습니다. 프랑스어로 '남성'을 뜻하는 옴므(homme)와 '치명적인'이라는 뜻의 파탈(fatale)의 결합된 말입니다. 옴므파탈은 거부할 수 없는 매력으로 상대 여성을 유혹해 파멸시키는 남자를 뜻합니다. 최근 각종 드라마에서 '나쁜 남자' 캐릭터가 인기를 끌고, 많은 여성들이 이상형을 말할 때 나쁜 남자를 꼽기도 합니다.

WORDS

Aesop's Fables 이솝 우화 fable 우화, 꾸며낸 이야기 fabulous 훌륭한, 굉장한 fate 운명 fatal 치명적인, 숙명적인 femme fatale 팜므파탈 homme fatale 옴므파탈

03 스타디움과 실내체육관

그리스 신들의 제왕 제우스(Zeus)는 번개와 비를 다루는 신으로 올림포스(Olympus) 산에서 살았습니다. 올림포스(Olympus)는 실제로 북부 그리스와 마케도니아의 경계에 있으며, 높이가 2,917m나 됩니다. 그리스인들은 BC 776년부터 제우스를 기리기 위해 4년마다 올림피아 제전이라는 특별한 경기를 개최하였습니다. 100여 개가 넘는 그리스 도시 국가의 참가자들이 참가했던 올림피아 제전은 제우스를 모시는 종교의식이라는 색채가 강했습니다. 선수들은 육상, 원반던지기, 창던지기, 레슬링 등의 경기 후에, 제우스에게 영광을 바치는 제식에 참여했습니다.

4년마다 개최되어 무려 300회나 지속되었던 올림피아 제전에 로마가 패권을 잡으면서 위기가 찾아옵니다. 로마인들이 기독교를 국교로 정하면서 올림피아 제전은 이교도의 축제라는 판단을 하게 됩니다. 393년 로마 황제 테오도시우스가 모든 이단 숭배 및 예배를 금지하는 칙령을 내리면서, 공식적으로 폐지되어 버립니다.

- She got the gold medal in the **Olympics**.
  그녀는 올림픽에서 금메달을 땄다.

그리스 시대에 스타디온(stadion)은 길이의 단위로 쓰이던 말입니다. 도시국가(폴리스) '아테네'를 중심으로 아티카 지방에서 1스타디온은 178m, 올림피아에서는 192m였습니다. 초기 올림픽의 육상경기는 1스타디온 거리의 왕복 달리기가 전부였습니다. 출발선과 반환점 그리고 결승점을 두고 그 사이 트랙(racetrack)을 달리게 한 경기입니다.

스타디움(stadium)은 계단식 관람석으로 둘러싸인 육상경기장을 뜻하는 말인데, 스타디온에서 유래했습니다. 지금도 그리스의 올림피아라든가 델피에는 1스타디온 크기의 경기장 유적들이 남아있습니다. 오늘날에는 육상경기장뿐만 아니라 축구장, 야구장, 사이클 경기장 등 관람석을 갖춘 경기장은 모두 스타디움이라 합니다.

- Maradona gave his thumb up to fans at the **stadium**.
  마라도나는 경기장에 있는 팬들을 향해 엄지손가락을 추켜세웠다.

그리스(Greek)시대의 화병(vase)에 그려진 그림을 보면 운동선수들이 알몸으로 겨루는 모습이 나옵니다. 옷을 입었는데, 그림만 그렇게 그린 것이 아닐까 생각이 들기도 하지만, 고대 올림픽에서는 실제로 모든 선수들이 알몸으로 경기에 참가했다고 합니다. 당시의 올림픽은 정정당당하게 경쟁하는 인간의 모습을 신들에게 보여주기 위한 종교의식에 지나지 않았습니다. 그리고 여자들의 출입은 금지되었다고 합니다.

일상에서 많이 이용하는 gym은 체육관, 실내 경기장 이란 뜻인데, gymnasium을 짧게 줄인 말입니다. 실내 경기장에서 멋진 묘기를 볼 수 있는 체조 종목을 gymnastics라고 합니다.

- Olympic Fencing **Gymnasium** was built in 1988. 올림픽 펜싱 경기장은 1988년에 건축됐다.

gymnasium은 그리스어 gymno에서 온 말인데 '나체의, 벌거벗은' 등의 뜻을 가진 말입니다. 더운 기후에 거추장스러운 옷을 입고 활동하는 것은 불편했기 때문에 그리스인들은 보통 알몸으로 체력을 단련했습니다. 그리스 시대의 gymnasium은 벗고 운동하는 '체육관, 체력 단련장'이었습니다.

gymnasium은 고대 그리스 주요 도시에 적어도 한 개씩은 꼭 있었습니다. 그곳에서는 운동만 한 것이 아니라 젊은이들이 모여 철학, 음악과 문학 교육을 받기도 했습니다. 영어권 국가에서는 gymnasium을 체육교육을 할 수 있는 공간을 지칭하지만, 독일어권 국가에서는 상급학교를 가리켜 '김나지움(gymnasium)'이라고 부릅니다.

- The world is the great **gymnasium** where we come to make ourselves strong. - Swami Vivekananda
  세상은 우리 자신을 단련시키는 가장 훌륭한 경기장이다. – 스와미 비베까난다(인도 영적 지도자)

정글짐(Jungle Gym)은 쇠파이프를 입체적으로 얽어서 오르내리면서 놀 수 있게 만든 어린이용 놀이기구입니다. 정글짐을 발명의 목적은 3차원 공간에 대한 기초적인 이해를 돕는다는 데 있었습니다. 3차원 x, y, z 좌표를 말하면, 어린이들이 그 지점에 먼저 도착하도록 경쟁하게 했다고 합니다. 지금은 대형 플라스틱 미로나 그물, 미끄럼틀 등이 결합된 모양으로 전 세계 어린이들의 사랑을 받고 있습니다.

WORDS

Olympus 올림포스 산, 하늘, 천계, 천상   stadium 경기장, 스타디움, 육상 경기장, 야구장   gymnasium(gym) 체육관, 체조, 체육   gymnastics 체조, 체육의, 훈련, 단련

04 글래디에이터와 아레나

gladiolus는 우리말로는 '붓꽃'이라고 하는데 꽃잎이 마치 붓처럼 생겨서 붙여진 말입니다. 로마 시대 사람들은 이 꽃잎이 칼(sword)과 같다고 생각했습니다. 로마 시대의 대표적인 칼이 gladius이었는데, gladiolus에서 유래한 말입니다.

로마제국 시대에는 원형경기장에서 사람과 맹수가 전투를 벌이는 경기가 널리 유행했습니다. 당시 권력자들은 시민의 인기를 얻기 위한 유흥거리로 경기를 시행했는데 로마 전역으로 퍼지게 되었습니다. '칼'을 의미하는 gladius에서 나온 말이 '검투사'란 뜻의 '글래디에이터(gladiator)'입니다. gladiator는 'swordsman'이라는 뜻이 되는데, 목숨을 담보로 싸우는 것을 직업으로 삼고 있는 사람들을 일컫는 말입니다. 대부분 검투사는 전쟁 포로나 노예, 범죄자였지만 간혹 자유민들이 돈을 벌기 위해 참가하기도 했습니다.

- They practiced attacking vital spots, using a **sword** and spear and killing people every day.
  그들은 급소를 공격하는 법, 칼과 창을 쓰는 법, 사람을 죽이는 법을 매일 연습했다.

arena의 본래 라틴어 의미는 모래였지만, 무대(stage)를 가운데로 하여 계단식 관람석(amphitheatres)을 갖춘 원형 경기장이란 뜻이 되었습니다. 경기는 모래 위에서 펼쳐지므로 원형 경기장은 우리나라 씨름장과 비슷합니다. 경기장이 모래로 되어 있었던 이유는 전투 중에 흘린 피를 흡수하기 위한 것이었습니다.

- **arena**: a sand-strewn place of combat in an amphitheater
- Prisoners of war, slaves, and commoners stood there risking their lives in the **arena**. 전쟁포로와 노예, 평민들은 목숨을 걸고 아레나(경기장)에 섰다.

'경기장, 시합장'에서 의미가 확장되어 arena는 중앙에 장소가 마련된 '활동 무대, 아이스하키 (ice hockey) 경기장'을 의미하기도 합니다.

- Wrestling matches are held in the indoor **arena**. 씨름대회는 실내 경기장에서 열린다.
- Rain is receiving acclaim in the international **arena**. 비는 국제무대에서 인정을 받고 있다.

이탈리아 북부의 도시 베로나(Verona)는 베니스와 가까운 거리에 있는 지역에 있으며, 고대 로마와 중세의 느낌을 잘 보존하고 있는 곳입니다. 로마 시대의 건축물인 아레나 원형극장, 아디제 강(江)의 다리 등 문화유적을 간직한 이탈리아의 오랜 무역 중심지입니다. 베로나는 영국의 극작가이며 시인 셰익스피어(William Shakespeare)의 명작 로미오와 줄리엣(Romeo and Juliet)의 배경이 된 도시이기도 합니다.

로마 시대의 원형경기장이었던 아레나 극장은 이탈리아 베로나를 대표하는 야외 오페라 극장입니다. 로마의 콜로세움, 나폴리의 카푸아 원형극장과 함께 이탈리아 3대 극장으로 꼽힙니다. 120~130년경 로마 시대에 지어졌을 때는 맹수 사냥과 검투사들의 결투장으로 이용되었습니다.

베로나는 아레나 극장에서 매년 여름 열리는 오페라 축제로 유명합니다. 1913년 테너 조바니 체나텔로가 원형경기장을 오페라 극장으로 활용하자고 제안한 것을 계기로 시작된 오페라 축제는 야외 오페라 공연의 세계원조로 일컬어집니다. 아레나 극장은 1913년 베르디(Giuseppe Verdi) 탄생 100주년을 기념해 베르디 음악을 공연한 이후부터 야외 오페라극장으로 사용되고 있습니다. 최대 2만 2,000명까지 수용할 수 있으며, 야외극장인데도 무대의 미세한 소리까지 들릴 만큼 음향효과가 뛰어나다고 합니다.

WORDS

gladiolus 붓꽃 gladiator 검투사, 논쟁자, 논객 swordsman 검객, 군인, 병사, 무사 arena 투기장, 경기장, 도장, 활동 무대

05 백조의 호수와 발레파킹

중세에는 활쏘기 연습이나 취미를 목적으로 귀족들은 사냥(hunting)을 즐겨 했습니다. 특정 숲에서 사냥을 많이 하다 보면 들짐승의 수가 줄게 됩니다. 이때 사냥을 금지함으로써 들짐승 수가 다시 늘어나게 했는데 이런 숲을 park라고 했습니다. 즉 park는 숲 중에서도 수렵금지 구역이란 의미입니다.

park를 동사로 쓰게 되면 '주차하다(place a vehicle)'라는 뜻이 됩니다. 전쟁이 일어나면 수렵금지 구역인 park는 전차나 대포 따위를 집결시키기에 좋은 장소입니다. 여기서 park는 '광장에 대포를 집결하다(putting military vehicles in an enclosure)'라는 의미를 갖게 되었습니다. 그 후 미국에서 자동차가 폭발적으로 늘어나자 '주차하다'라는 의미로 쓰이기 시작했습니다.

에버랜드나 롯데월드와 같은 곳을 '테마파크(theme park)' 또는 '놀이공원(amusement park)'이라고 합니다. theme park는 특정한 테마, 즉 주제에 따라서 시설이나 운영이 이루어지는 공원을 말합니다. amusement는 '재미, 오락, 즐거움'이라는 뜻으로 amusement park는 놀이기구 위주의 놀이동산을 가리킵니다.

다. 공원 안에서 숲과 연못 등 자연적인 환경과 놀이시설을 함께 제공하기도 합니다.

놀이공원에서 가장 대표적인 상징물이라고 하면 회전목마(merry-go-round)를 들 수 있습니다.

- **merry-go-round**: a machine in an amusement park on which children can ride round and round sitting on model animals

회전목마는 원래 기사(騎士)가 말 위에서 창을 던지기 위한 연습도구로서 고안되었습니다. 지면보다 약간 높이 설치된 원형 플랫폼에 말 모양을 한 좌석이 마련되어 있고 중앙에 있는 모터의 동력으로 플랫폼이 회전합니다. 회전목마는 상하로 움직이기도 해서 사람들은 실제로 말을 탄 것과 같은 느낌을 받기도 합니다.

스티븐 스필버그 감독의 1993년도 작품 '쥬라기 공원(Jurassic Park)'은 1억6천만 년 동안 지구를 지배하고 6천5백만 년 전에 사라진 공룡을 부활시키는 이야기입니다. 쥬라기는 중생대 중에서도 거대 파충류인 공룡(dinosaur)이 지구를 지배했던 시기입니다. 쥬라(Jura)산맥은 프랑스와 스위스 사이에 있는 산맥인데, 이곳 지층에서 공룡 화석이 많이 발견되었습니다.

공룡을 부활시키는 것은 영화 속의 상상일 뿐일까요? 아니면 정말로 가능할까요?
나무에서 흘러나온 진이 굳어진 것을 호박(amber)이라고 하는데, 그 속에서 수많은 곤충이 발견되곤 합니다. 영화에서는 공룡의 피를 빨아먹은 모기가 호박 속에 갇히게 됩니다. 과학자들이 이 모기로부터 공룡 피에 있는 DNA를 추출하고 중생대의 공룡을 부활시킨다는 이야기입니다.

수천만 년이 지난 화석에서 원래의 DNA를 복원해내는 일은 실제로는 거의 불가능하다고 합니다. 모든 생물은 죽으면 세포조직이 분해됩니다. DNA 전문 과학자가 말한 바로는 DNA는 1백만 년 이상 존재하기 어렵다고 합니다. 하지만 이에 대한 논쟁은 이어져 일부 과학자들은 공룡을 되살리기 위해 계속 연구를 하고 있습니다.

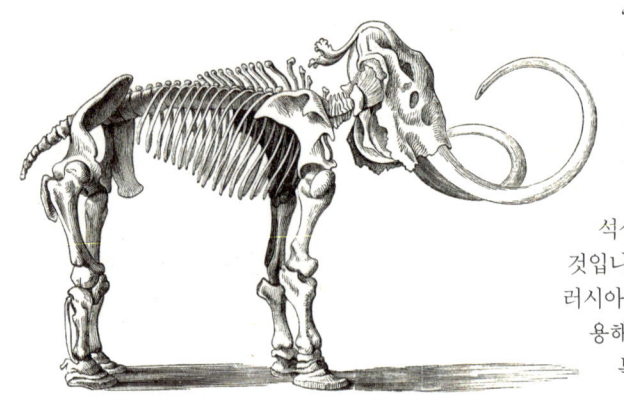

'맘모스(mammoth)'는 빙하시대에 살았던 거대한 코끼리 과 동물입니다. 시베리아의 툰드라 지대에서는 맘모스가 얼어붙어서 거의 살았을 때의 모습 그대로 있던 것을 발굴한 적이 있습니다. 즉, 화석상태가 아니라 시체 상태로 발견된 것입니다. 황우석 박사가 이끄는 한국과 러시아 연구팀은 클론(clone) 기술을 이용해 약 1만 년 전에 멸종한 맘모스를 복원하는 프로젝트를 진행하고 있습니다.

대형 음식점이나 행사장, 호텔 등에서 고객의 차를 대리주차해주는 것을 valet parking이라고 합니다. valet은 '남자 상전의 개인 수발을 드는 하인' 혹은 '옷 시중드는 종업원'을 의미하는 단어인데, 발음은 '밸럿' 또는 '밸레이'라고 해야 합니다. '백조의 호수'나 '호두까기(Nutcracker) 인형'은 무도극을 뜻하는 '발레(ballet)'로 이 둘은 전혀 다른 글자입니다.

- **Valet parking** is a parking service offered by some restaurants, stores, and other businesses. 발레파킹은 일부 식당, 가게, 업체 등에서 제공하는 주차 서비스를 말한다.

일반적으로 남자가 여자보다 주차(parking)를 잘합니다. 공간을 인지하는 중추는 우뇌에 있는데, 남성호르몬이 우뇌의 성장을 촉진하기 때문입니다. 남자아이가 여자아이보다 블록놀이를 좋아하는 것도 방향감각과 공간인지능력이 더 발달했기 때문이라고 볼 수 있습니다. 발달 구조상 건축이나 토목 엔지니어링 산업은 여자보다 남자가 유리한 분야라고 할 수 있습니다. 그 이유에 대해서는 진화론에 근거하여 설명할 수 있습니다.

남자는 사냥을 할 때 목표물을 잡기 위해 정확한 방향과 거리를 측정해야 합니다. 또한, 먼 곳에서 사냥하며 돌아다니다가 집으로 복귀하려면 방향감각을 발달시켜야만 했습니다.

WORDS

hunting 사냥하다, 추적하다, 사냥, 수렵하다 park 공원, 주차시키다, 유원지, 자연 공원 amusement 즐거움, 재미, 오락
amber 호박, 호박색, 황색 valet 시종, 종자, 주차 담당자

06 이성적인 인간의 부조리

absurd는 '불합리한, 어리석은, 터무니없는'이란 뜻입니다. '완전히 귀먹은'이란 뜻의 라틴어 absurdus에서 나온 말인데, 나중에 '음정이 맞지 않는(out of tune)'이란 뜻으로 발전되었습니다. 영어로 넘어와서는 '조화를 이루지 못하는, 이치에 맞지 않는' 등의 뜻으로 개념이 확장되었습니다. absurd는 또한 의사소통이 잘 안 된다는 뜻으로 '바보 같다, 멍청하다'는 의미도 갖게 되었습니다.

- It is **absurd** that coach Ferguson's pay is half that of Ronaldo.
  퍼거슨 감독의 급료가 호날두의 반인 것은 터무니없다.

absurd는 주로 문학에서 '부조리(不條理)하다'는 뜻으로 많이 쓰입니다. 부조리하다는 말은 '사리에 맞지 않는다, 앞뒤가 맞지 않는다'는 뜻으로, 불합리하거나 모순적인 상황에서 쓰게 됩니다. 전 세계를 공포로 몰아넣은 제2차 세계대전을 통해 절망적인 한계상황을 경험하면서, '부조리'는 각별한 의미를 가진 철학적 용어가 됩니다. 프랑스 작가 알베르 카뮈(Albert Camus)는 '인간은 아무런 목적이나 의미가 없는 존재로 부조리의 산물'이라는 견해를 피력합니다.

고대와 중세 서양인들은 인간이 이 세상에 태어난 것은 창조주의 목적이 있기 때문이라고 생각했습니다. 그런데 근대 르네상스를 거치면서 인간은 신에게서 벗어나 독자적인 영역을 구축하며 이성을 발달시킵니다. 그 영향으로 인류 사회는 근대 이성을 대표하는 뉴턴의 기계론적 세계관과 다윈의 진화론에 따라 이상적으로 흘러갈 것이라는 낙관론에 빠집니다. 그러나 두 차례의 세계대전과 유대인 학살(Holocaust), 핵무기 사용 등은 인간의 이성 중심 사상에 의구심을 품게 하였습니다. 부조리함에 대한 고찰은 더는 믿을 수 없는 신과 이성에 대한 부정에서 시작됩니다. '왜 이런 비극을 겪어야 하는가?', '과연 인간은 이성적이고 합리적인가?'에 대한 비판이 제기되며 포스트 모더니즘(Postmodernism) 철학이 탄생했습니다.

사무엘 베케트의 '고도를 기다리며(Waiting for Godot)'는 1969년 노벨 문학상 수상작으로 대표적인 부조리극(Theatre of the Absurd)입니다. 해 질 무렵, 나무 한 그루가 서 있는 어느 시골 길에서 두 사람의 떠돌이가 '고도'라는 인물을 기다리면서 부질없는 대화로 시간을 보냅니다. 베케트에게 고도는 누구이며, 무엇을 의미하냐고 묻자 '그것을 알았더라면 작품 속에 썼을 것'이라고 대답했다고 합니다. 지루한 기다림에서 오는 고통과 절망을 참아가며 기다리는 고도(Godot)는 신(God)이라는 해석이 있습니다. 세계대전을 겪고 나면서, 인간이 세상에 태어나고 존재하는 것 자체에 어떤 목적이 있다는 믿음이 깨어지게 됩니다. 평론가들은 '인간의 존재 의미는 고도가 오지 않더라도 기다리는 것'이라는 메시지를 전달하려는 것이 극의 의도라고 얘기합니다. 카뮈는 인간 존재의 부조리를 드러내려고 했다면, 베케트는 부조리를 인정하면서도 존재를 긍정하는 쪽으로 더 기울어져 있다고 합니다.

WORDS

absurd 불합리한, 어리석은, 부조리한, 바보 같은

07 희극과 비극

피로회복 음료로 유명한 박카스(バッカス)는 로마 신화에 나오는 술의 신 '바커스(Bacchus)'를 일본식으로 발음한 것입니다. 바커스는 그리스 신화에서 곡물의 신이자 술의 신인 '디오니소스(Dionysus)'에 해당합니다. 디오니소스는 올림포스의 12신 중 하나이며, 신과 인간의 중간자인 반신반인(demigod, 半神半人)입니다.

고대 그리스 사람들은 새로운 술통을 따는 봄에 디오니소스에게 감사하는 의미로 축제를 열었습니다. 디오니시아(Dionysia, 주신제(酒神祭)) 혹은 바카날리아(Bacchanalia)라고 불린 이 축제는 떠들썩하고 광적인 의식으로 치러졌습니다. 축제에 참가한 신도들은 술을 마신 뒤 황홀한 상태에서 춤을 추었습니다. 광란의 축제를 주도하는 여자들을 마이나스(Mainas)라고 불렀는데, 여기에서 mania가 파생되었습니다.

triumph는 '승리, 승리의 기쁨' 등을 뜻하는데, 본래 디오니소스(Dionysus) 신에 대한 찬양을 의미하는 말입니다. 전쟁에서 승리한 후에 술을 마시면서 술의 신을 찬양하고 승리의 기쁨에 도취하는 감정을 나타냅니다.

제우스의 두 아들인 디오니소스와 아폴론은 함께 문예계를 관장하였습니다. 독일의 철학자 니체(Nietzsche)는 서양의 문예 사조를 두 갈래로 나눠 아폴론적인 것은 명석하고 이지적인 느낌, 디오니소스적인 것은 비합리적이며 격정적인 느낌으로 구분 지었습니다.

비극이란 슬픈 이야기를 배우들이 무대 위에서 직접 연기함으로써 인생의 소중한 의미를 깨닫게 하는 예술입니다. '비극(tragedy)'은 그리스어로 염소를 뜻하는 tragos에 노래를 뜻하는 ode가 붙은 말입니다. 고대 그리스인들은 구슬프게 염소의 울음소리를 듣고 비극적인 이야기를 떠올렸나 봅니다. 한편 염소는 술의 신 디오니소스를 상징하는 동물이기도 합니다.

디오니소스 제전에서 그리스 연극을 하나 상연하여 디오니소스에게 바쳤는데, 이것이 비극의 시초입니다. 이때 부른 노래들이 애절하고 구슬픈 노래들이어서 tragedy는 '비극, 비극적인 사건, 참사' 등의 뜻이 되었습니다.

- The Taean oil spill was a horrible environmental and economic **tragedy**.
  태안 기름 유출 사건은 끔찍한 환경적, 경제적 참사였다.

연극이 절정에 달했을 때 무대에서 염소를 희생 제물로 바치는 풍습이 있었다고 합니다. 축제가 끝나갈 무렵에는 비극 작가들에게 상으로 염소를 주었습니다. 디오니소스를 추종하는 신 중의 하나로 염소의 귀와 꼬리를 가진 숲의 신 사티로스(Satyr)가 있습니다. 디오니소스에게 바치는 연극 중에는 염소가죽을 입은 사티로스 배역이 등장하기도 했습니다.

셰익스피어(Shakespeare)는 영국 여왕이 '인도와도 바꾸지 않겠다' 했던 영국의 대문호입니다. 〈햄릿〉, 〈오셀로〉, 〈리어왕〉, 〈맥베스〉는 셰익스피어의 4대 비극으로 유명합니다. '사느냐 죽느냐, 그것이 문제로다'라는 말은 〈햄릿(Hamlet)〉의 주인공의 이러지도 저러지도 못하는 마음을 표현한 것으로 널리 알려진 문장입니다.

코머스(Comus)는 음주, 향연을 주관하는 기쁨의 신입니다. 희극(喜劇)을 뜻하는 comedy는 Comus에 노래를 뜻하는 ode가 붙은 말입니다. 같은 어원에서 나온 comic은 '웃기는, 익살스러운'이란 뜻과 '코미디언(comedian), 만화'라는 뜻이 있습니다.

- Life is a **tragedy** when seen in close-up, but a comedy in long-shot.
  인생이란 가까이서 보면 비극이고 멀리서 보면 희극이다. – 찰리 채플린(1889~1977)

개그맨 김병만의 '달인' 코너가 웃음을 주는 방식은 신동엽이나 유재석의 개그 스타일과는 다릅니다. 과장되고 소란스러운 몸동작으로 웃음을 유발하는 김병만의 개그 스타일을 '몸개그'라고 합니다. 때로는 체력을 극한까지 몰고 가면서 차력에 가까운 몸개그를 구사하거나 머리를 삭발하는 등의 의외성으로 웃음을 주기도 합니다. 몸개그에 해당하는 코미디 장르를 영어로는 slapstick이라고 하고, 신동엽 방식대로 말로 청중을 웃기는 코미디는 stand-up comedy라고 합니다. slap은 의성어에서 나온 말로, '찰싹 때리기, 손바닥으로 때리다' 등의 뜻인 말입니다. slapstick은 원래 두 갈래로 갈라진 막대기인데, 이 막대기로 사람을 때리면 소리는 엄청나게 크지만 맞아도 아프지 않습니다. 우스꽝스럽고 엉뚱한 행동으로 인기를 끈 찰리 채플린(Charles Chaplin)이 대표적인 slapstick 배우였습니다. 찰리 채플린의 연기는 웃음 속에 눈물을 담고 있어 어떻게 보면 정통 비극보다 훨씬 더 비극적인 인상을 준다는 평가를 받습니다.

WORDS

mania 열광, 열기   triumph 업적, 대성공, 승리감, 환희   tragedy 비극   comic 웃기는, 재미있는, 희극의   slapstick 익살, 동작 위주의 코미디   stand-up comedy 무대 위에서 코미디언 한 명이 웃음을 주는 것

08 아나운서와 기자

방송국의 아나운서(announcer)는 많은 사람들이 꿈에 그리는 직업 중 하나입니다. 아나운서는 라디오나 텔레비전에서 뉴스를 전달하고 프로그램을 진행하는 사람을 말합니다. announce는 '~에(an) 알리다(nounce)'라는 의미에서 '발표하다, 공표하다, 전하다'라는 뜻을 가집니다. 주로 공공장소에서 알리는 것을 의미하며 큰소리로 진지하게 선언할 때도 announce라고 합니다. announcement는 '알림, 예고, 통지서, 발표문, 광고' 등의 뜻으로 쓰입니다.

- Sony is about to **announce** two new cameras. 소니는 곧 새로운 카메라를 선보일 것이다.
- North Korea **announced** that it had tested a nuclear weapon underground.
  북한이 지하 핵실험을 실시했다고 밝혔다.

port는 배를 타고 바다로 나가기 위한 관문으로 '항구' 등의 뜻입니다. 공항(airport)은 비행기(airplane)를 타고 하늘(air)을 날아서 이동하기 위한 항구(port)입니다. 인터넷 검색을 할 때에도 제일 먼저 접속하는 관문 사이트를 포털 사이트(portal site)라고 합니다. port는 통과해서 지나간다는 의미에서 '이동'을 나타내는 어근으로도 활용되는데, transport(수송하다), export(수출하다), import(수입하다)와 같은 단어를 만들어냅니다.

리포트(report)는 회사나 관공서 같은 데서 어떤 사안에 대한 연구 조사의 결과를 문서로 정리해서 보고하는 글을 말합니다. report는 '내용을 다른 곳으로 다시(re) 나르다(port)'라는 개념에서 '보고하다, 제출하다, 발표하다'라는 뜻이 됩니다. 우리나라에서는 대학교 교수님이 내주는 과제물을 리포트라고 하는데, 일종의 콩글리시입니다. 이에 해당하는 정확한 표현은 'paper'이며, 학기 말에 제출하는 것은 'term paper'라고 합니다. reporter는 '뉴스를 전하는 사람' 즉, reporter는 방송국이나 신문사의 기자를 가리킵니다.

- **report** card 성적표
- accounting **report** 회계보고서
- You may depend on the accuracy of the **report**. 너는 그 보고서의 정확성을 믿어도 좋다.

report를 프랑스어로는 '르포'라고 하는데, '르포르타주(reportage)'의 준말입니다. 르포는 단편적인 보도가 아니라 '탐방기사, 현장보도, 현지보도'라는 의미를 가집니다. 어떤 사회현상이나 사건에 대해 심층 취재하여 보도하는데, 사이드 뉴스나 에피소드를 포함시켜 종합적인 기사로 구성합니다. 사회의 통념이나 보고자(reporter)의 주관적 해석을 피하고 사실의 기술을 통하여 상황의 진실을 알려야 하므로, 냉정한 관찰력이 필요합니다.

WORDS

announcer 고지자, 아나운서, 발표자, 알리는 사람, 방송원　announce 알리다, 공고하다, 발표하다, 큰소리로 알리다　announcement 공고, 발표, 포고　port 항구, 항만, 무역항, 피난처, 휴식처　transport 수송, 운송, 수송하다　export 수출하다, 수출, 밖으로 전하다　import 수입하다, 수입, 들여오다, 개입시키다　report 보고, 소문, 보고하다, 리포트　reporter 보고자, 신문 기자, 통신원　reportage 보도, 보고, 르포르타주

메시아, 그리스도, 크라이스트, 기독 그리고 예수와 지저스

히브루(Hebrew), 히브라이, 히브리, 유대, 유태 등은 모두 이스라엘을 지칭하는 말들입니다. 이스라엘어에서 나온 '메시아(Messiah)'는 '하나님이 기름을 발라준 자'라는 뜻입니다. 구약시대에는 왕이 즉위할 때 왕의 머리에 성스러운 기름, 즉 성유(聖油)를 붓는 관습이 있었습니다. 메시아는 본래 뜻인 '기름이 발린 자'에서 '세상을 구제해주는 주님, 구세주(救世主)'가 되었습니다. 이스라엘 백성들은 그들의 하나님인 여호와(Jehovah)가 선택하여 기름을 부은 자 즉, 메시아(Messiah)가 내려와서 세상을 구원할 것으로 믿었습니다. 로마의 통치에서 이스라엘을 해방시키기 위해 여호와가 메시아를 보낼 것으로 생각했던 것입니다.

한편 그리스어로 구세주는 '크리스토스(Kristos)'인데, 그리스어로 '기름칠하다'라는 뜻으로 히브리어 Messiah의 번역어입니다. 여기서 크라이스트(Christ)가 나왔습니다. '그리스도'는 크리스토스(Kristos)를 우리나라 발음에 맞게 음역(音譯)한 것입니다. 기독(基督)은 크리스토스(Kristos)의 중국식 음역입니다.

예수(Jesus)는 팔레스타인 지방 나사렛 출신의 마리아와 젊은 목수 요셉 사이에서 태어났습니다. '예수'는 히브리지방의 인명(人名)인 '여호수아'에 대한 그리스어 음역(音譯)입니다. '예수'는 '여호와(Jehovah)는 구원이시다'는 뜻을 가진 고유명사입니다. 기독교인들은 예수가 문자 그대로 신의 아들이기 때문에, 요셉은 단지 예수의 양아버지였다고 믿습니다.

'예수 그리스도'의 영어식 표현은 지저스 크라이스트(Jesus Christ)입니다. Jesus는 이름이지만, Christ는 예수(Jesus)의 성이거나 예수(Jesus)를 지칭하는 말이 아닙니다. 크라이스트(Christ)는 Messiah와 동일한 뜻으로 '머리에 기름 부음을 받은 자, 예수(The Anointed One, Jesus)'를 의미합니다. 알렉산더 대왕을 Alexander the great라고 하듯이, 크라이스트란 단어는 사람 이름에 붙는 칭호입니다. 원래 용법대로 하려면 Jesus the Christ라고 하는 것이 옳으며, 실제로 구약 시대의 유대인들은 '구원자'의 뜻으로만 썼습니다.

훗날 크라이스트를 다른 여러 민족들이 고유명사인 것처럼 쓰면서 the는 사라져 버리고 지저스 크라이스트 굳어졌습니다. 결국 '예수', '그리스도', '예수그리스도'는 다 같은 말이 되어 버린 셈입니다. 영어에서 'Jesus Christ'고 하므로 '예수 크리스트'라고 말하는 사람이 있으나 '예수 그리스도'라고 하는 것이 그리스어 원어에 가까운 것입니다. 크리스마스(Christmas)는 예수가 태어난 날을 기리는 날인데, 여기서 mas는 미사를 뜻합니다.

성당 안에서 X와 P가 겹쳐져 있는 기호를 볼 수 있습니다. 이 문자는 영어 알파벳이 아니라 희랍어의 '키(chi)'와 '로(rho)'이며 바로 크리스토스의 앞 두 글자를 딴 기호입니다. 구세주 크리스토스(Kristos)를 그리스어로는 $X\rho\iota\sigma\tau oo$ 라고 씁니다. 위의 사진에서 십자가 좌측에 보면 알파(α)와 오메가(Ω)라는 글자가 보입니다. 알파(α)와 오메가(Ω)는 그리스 문자의 처음과 마지막 글자입니다. 하나님과 예수 그리스도는 세상의 처음이자 끝으로서 창조자이며 완성자임을 뜻합니다.

- I am the **Alpha** and the **Omega**, the First and the Last, the Beginning and the End. 나는 알파와 오메가라, 이제도 있고 전에도 있었고, 장차 올 자요 전능한 자라 하시더라. (Rev.22:13)

자동차 범퍼나 열쇠 꾸러미, 목걸이에서 물고기 모양 안에 그리스 문자가 쓰여 있는 그림을 흔히 볼 수 있습니다. 글자는 $IX\Theta Y\Sigma$인데, 뜻은 그림 그대로 '물고기'란 뜻입니다. 그리스어로 이크투스(ICHTHUS)'인데, 'Iesous CHristos THeou Uios Soter (하느님의 아들 구세주 예수 그리스도, Jesus Christ God's Son Savior)'의 머리글자를 모은 것을 뜻하기도 합니다. 고대로부터 그리스도교도들은 물고기를 '그리스도'의 상징으로 삼아 왔습니다.

갈릴리(Galilee) 지방의 어부였던 베드로(Peter)는 예수로부터 열두 사도들 중에서 최초로 부름을 받습니다. "베드로야 나를 따라오너라. 너는 물고기를 낚는 어부가 되지 말고 사람을 낚는 어부가 되어라." 예수의 사도(apostle)들 중 네 명은 어부였습니다. '성스런 어부'는 로마 교황을, '어부의 반지'라고 하면 교황이 끼는 반지를 가리킵니다.

예수가 그려진 성화를 보면 십자가 위에 새겨진 'INRI'라는 글자가 있습니다. 이 말은 라틴어 Iesus Nazarenus Rex Iudaeorum의 약자로 '나사렛의 예수, 유대의 왕'이란 뜻입니다. 예수가 십자가에 못 박을 때 로마의 유대 총독인 빌라도가 팻말에 써서 붙인 말입니다. 나사렛(Nazareth)은 팔레스타인 북부, 갈릴리 지방 중앙의 산 위에 있는 지방인데, 예수가 성장해서 주로 활동했던 마을입니다.

WORDS

Messiah 구세주, 메시아, 그리스도, 구원자, 해방자　**Jesus Christ** 예수 그리스도, 구약에서 예언된 구세주, 그리스도의 상, 완전하고 이상적인 인간　**Christmas** 크리스마스, 성탄절, 크리스마스 선물　**alpha** 알파, 근본적인 이유, 가장 중요한 부분　**omega** 오메가, 마지막, 끝, 최후

10 England와 뉴스 앵커

영국에는 원래 전설적인 돌기둥 Stonehenge 를 세운 신비스러운 종족에 이어, 기원전 6~7세기경부터 켈트(Celt)족이 살고 있었습니다. 켈트족은 BC 55 로마의 침략(Roman Conquest) 이후 450여 년간 식민시대를 거쳤습니다. 훈족의 이동에 따른 게르만 민족의 침입으로 인해 로마는 서서히 쇠퇴하게 되는데, 서기 410년에 로마 군대는 영국에서 완전히 철수하게 됩니다.

덴마크 남쪽의 작센 지역에 살던 앵글(Angles)족과 색슨(Saxons)족은 훈족에 쫓겨 영국을 침입하는데, 이들이 바로 영국인들의 조상 앵글로색슨(Anglo-Saxon)족입니다. 이들이 잉글랜드(England) 땅을 차지하면서 원주민인 켈트족은 스코틀랜드, 아일랜드, 웨일스 등으로 쫓겨납니다. England라는 이름은 Angle + land에서 만들어진 것으로 앵글족의 나라란 뜻입니다. 프랑스어에서는 영국을 Angleterre라고 하는데 앵글족(Angle)과 땅(terre)을 합친 말입니다.

Angle이라는 이름은 앵글족이 5세기에 영국에 이주하기 전에 살던 지역을 'Angul'이라고 부르던 데서 유래한 것입니다. 이 지역은 낚싯바늘(a fish-hook) 모양으로 둥글게 굽어진 모양이었다고 합니다. angle의 본래의 개념인 구부러진(bent)'에서 '낚시, 낚시 도구, 낚시질하다'와 '각, 각도'라는 의미가 나왔습니다.

삼각형(triangle)에는 각(angle)이 세 개(tri) 있습니다. 사각형(quadrangle)은 각이 네 개(quad)입니다. 쿼터(quarter)는 1/4 달러 즉 25센트입니다. 직사각형(rectangle)은 '각이 똑바르다(rect)'는 뜻에서 나왔습니다. 정사각형은 square라고 합니다.

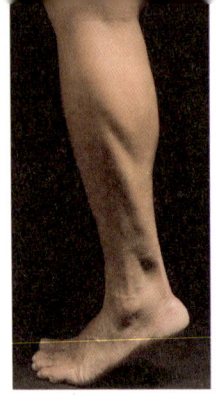

ankle은 '복사뼈, 발목'이라는 말입니다. ankle은 발과 다리를 연결하는 신체 부위(the part of your body where your foot joins your leg)입니다. 물론 연결부위에서 구부러진(bent) 형태로 일정한 각(angle)을 유지하고 있음을 알 수 있습니다. 손과 팔을 연결하는 부위는 손목(wrist)이라고 합니다.

- I've got a sprained **ankle**. 발목을 삐었어요.
- I tripped over and sprained my **ankle**.
  나는 걸려 넘어져서 발목을 삐었다.

앵커(anchor)는 '닻, 닻을 내리다, 고정하다'라는 의미인데, 물론 angle에서 나온 말입니다. 닻은 배를 정박해 두기 위해 밧줄이나 사슬을 연결하여 바다에 고정시키는 추입니다. 바람의 힘을 이용하여 배가 앞으로 나갈 수 있도록 돛대에 장착한 질긴 천은 돛(sail)이라고 합니다. 불어오는 바람을 맞아서 움직이는 배를 범선(sailboat) 또는 돛단배라고 합니다.

- The **anchor** caught in the mud of the lake bottom. 닻이 호수 바닥의 진흙에 묻혔다.
- We set the post in concrete to **anchor** it in place.
  우리는 적당한 위치에 우체통을 고정시키기 위해 콘크리트에 지주를 세웠다.

거친 날씨에 파도가 2.5~4m 정도로 바다가 사나워진 상태를 황천(荒天, rough sea)이라고 합니다. 이때는 가까운 항구(port)로 가서 닻을 내리고(anchorage) 바다가 진정되기를 기다려야 합니다. 알래스카 남부에 있는 항구 도시 '앵커리지(Anchorage)'는 물속에 '닻(anchor) 내리기, 정박'이란 뜻을 가집니다. 앵커리지는 추운 바다를 항해하던 왕게(crab)잡이 어선들이 정박도 하고 피난도 했던 항구도시입니다.

항구라는 뜻의 port, haven, harbor에는 모두 '휴식처, 안식처, 피난처'라는 은유적인 뜻이 있습니다. 쿠바의 수도 '아바나(Havana)'는 haven의 스페인어형입니다.

- The home should be a **haven** from the storms of the world.
  가정은 세상의 폭풍을 피하는 안식처가 되어야 한다.
- tax **haven** 조세피난처
  (모나코, 카리브 해 등과 같이 세율이 낮아서 사람들이 이주해 가서 살거나 기업 등이 서류상 등록지로 삼는 곳)

달리기나 수영의 릴레이(relay) 경주의 맨 마지막 선수를 영어로 '앵커 맨(anchor man)'이라고 합니다. 이 말은 처음에는 줄다리기 경기에서 사용했습니다. 배의 닻(anchor)으로 배를 고정하듯이 끌려가지 않도록 밧줄 끝 부분을 붙잡고 있는 사람을 '앵커'라고 불렀습니다. 릴레이 경기의 앵커는 제일 마지막 주자로서 앞 주자에 의해 만들어진 기록을 확보해야 하는 '중요한 포지션'이라는 뜻입니다. 등산에서 앵커는 암벽이나 얼음벽을 그룹 지어서 올라갈 때, 나무나 바위 등에 자일로 몸을 묶고 서로 안전을 확보하는 역할을 합니다. 즉, 앵커(anchor)는 '최후로 행동하는 사람, 가장 중요한 포지션'을 뜻하는 말이 되었습니다.

방송 뉴스프로그램에서 앵커(anchor)는 리포트, 인터뷰, 코멘트하는 '사회자'를 가리킵니다. 스튜디오 한 곳에서 고정적으로 위치하면서 뉴스정보를 '마지막으로 정리하는 사람'의 의미에서 유래하였습니다. 물론 보통 뉴스 프로그램에서 아나운서(announcer)가 앵커의 역할을 하게 되지만, 두 개념이 정확히 일치하는 것은 아닙니다. 아나운서는 방송국 내에서 일하는 일종의 직업으로서의 의미입니다. 아나운서는 앵커뿐만 아니라, 라디오 DJ, MC, 리포터, 스포츠 캐스터 등의 다양한 업무를 수행하기도 합니다. 이에 반해 앵커는 뉴스를 전달하는 뉴스캐스터의 역할과 함께 심도 있는 리포트, 인터뷰, 코멘트를 종합하여 보도하는 임무를 가리킵니다.

WORDS

Stonehenge 스톤헨지 England 잉글랜드, 영국 angle 각도, 모, 각, 모시리, 기둥이 bent 구부리다. 돌리다. 굽히다
triangle 삼각형, 3각자 quadrangle 네모꼴, 사각형, 안뜰, 육지 구획 rectangle 직사각형 ankle 발목, 복사뼈 관절
anchor 닻, 닻으로 고정시키다, 닻을 내리다, 고정 장치, (뉴스) 진행자

감정노동(emotional labor)이란?

'인간은 오감(五感)을 가지고 있다. (A human being has five senses.)'고 합니다. 오감(五感)이란 인간이 느끼는 '다섯 가지 사물을 분별하는 감각'을 말합니다. 감각(sense)은 다섯 개의 감각기관 즉, 눈, 코, 귀, 혀, 살갗을 통하여 외부의 어떤 자극을 알아차리는 기능입니다. 귀로는 소리를, 코로는 향기를, 눈으로는 모습을, 입으로는 맛을, 손으로는 감촉을 느낍니다.

전동기(motor)에서 보듯이 'mot'라는 어근은 '움직이다(move)'라는 개념입니다. emotion은 '느낌이나 생각을 밖으로(e) 보내다(mot)'라는 의미에서 '(희로애락의) 감정, 감격, 흥분'이란 뜻을 가집니다. 감정(emotion)은 감각에 의해 야기된 마음의 움직임으로 사람마다 차이가 있는 주관적인 작용입니다. 아름다운 것, 기분 좋은 가락 등 정서적으로 풍부한 '감정'을 시나 노래를 통해서 표현합니다.

- Music has a strong influence on our **emotions**.
  음악은 우리 감정에 강한 영향을 미친다.

감각(sense)이나 감정(emotion)과 구별되는 사유능력을 이성(reason)이라고 합니다. 서양 근대철학에서는 이성이란 동물과 구별되는 인간 고유의 특성이라고 설명합니다. 이성은 사물을 옳게 판단하고 진위(眞僞), 선악(善惡), 또는 미추(美醜)를 식별하는 능력입니다. 현대에는 감정을 드러내는 것보다 논리적으로 사고하는 이성의 활용을 더 중요시합니다.

감정노동(emotional labor)은 자신의 감정을 숨긴 채 항상 밝은 표정과 몸짓을 유지해야 하는 일을 말합니다. 은행창구 직원이나 백화점 안내요원들은 단정하게 옷을 입고 미소를 지으며 손님들을 맞이합니다. 사람을 대하는 일을 주로 하는 서비스업 종사자들은 억지로 친절한 말투나 웃음을 보여야 하는 경우가 많습니다. 일부 고객들의 반말이나 폭언을 듣고도 감정을 숨겨야 하므로 스트레스를 많이 받기도 합니다.

이모티콘(emoticon)은 감정을 뜻하는 emotion과 그림 메뉴를 뜻하는 icon의 합성어입니다. 인터넷이 만들어낸 정보화시대의 상형문자로 키보드의 각종 자판을 조합한 기호를 통해 감정을 표현하는 것을 말합니다. 이모티콘을 쓰는 이유는 글로 쓰기보다 더 쉽고 편하게 자기 뜻을 전달할 수 있기 때문입니다. 이모티콘을 사용하여 미묘한 감정이나 상태 등을 솔직하게 전달할 수 있습니다.

- An **emoticon** is a mixed word using emotion and icon.
  이모티콘은 감정과 아이콘의 합성어이다.

네티즌(netizen)들은 키보드로 입력할 수 있는 범위에서 기호를 조합하여 다양한 표정의 얼굴 모습을 만들어 냅니다. 대표적인 이모티콘의 예는 다음과 같습니다.

(^^) 웃는 얼굴
(=.=) 졸린 눈
(T.T) 우는 모습
().() 찡그리기
(^.^) 부끄러워하는 모습
(O) 즐거움
(--+) 노려봄
(@.@) 놀라움

- You probably use some **emoticons** to express your feelings better, right?
  그럴 때면 감정을 더 잘 표현하기 위해서 이모티콘을 많이 쓰지요?

WORDS

sense 감각, 의식, 분별, 느끼다   emotion 감동, 감정, 감격, 정서   emotional labor 감정노동

12 미국은 '21세기 로마제국'?

'peace(평화)'의 어원은 '묶다, 매다(fasten)'라는 뜻의 라틴어 pax입니다. 원래 그리스 평화의 여신 이름이기도 한 pax는 '약속, 협정'을 뜻하는 pact와도 관련이 있습니다. 두 집단 간에 pact(조약, 협정)를 맺으면 pax(평화와 화해)를 유지하며 안정적으로 협력관계를 이어나갈 수 있습니다.

- make a **pact** 약속하다, 계약하다

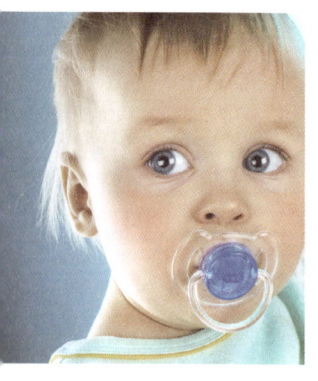

'평화로운, 태평한, 잔잔한' 등의 뜻인 pacific도 pax에서 유래한 말입니다. pacify는 '평온하게 하다, 진정시키다', pacification은 '평온, 화해'를 뜻합니다. pacifier는 '평화롭게 해주는 물건' 즉, 갓난아기들 입에 물려주는 일명 '고무 젖꼭지'를 말합니다.

pay는 어원적으로 '돈을 줘서 잠잠하게 만들다, 달래다, 진정시키다'라는 뜻입니다. pay는 pacify와 연결이 되는데, 현대에 와서는 '보상하다, 보수를 주다'에서 '돈을 지불하다'라는 의미로만 사용하고 있습니다. pay day는 '급여일'이고, pay raise는 '급여인상'입니다.

1492년 아메리카 대륙을 발견한 사람은 콜럼버스(Columbus)이고, 역사상 최초의 세계 일주 항해를 한 사람은 마젤란(Ferdinand Magellan)입니다. 1520년 마젤란은 남아메리카 남단에 있는 마젤란 해협을 항해하던 중 악천후 때문에 고생하게 됩니다. 그런데 칠레 남단 해역을 지나 태평양에 들어서는 순간 해상이 잔잔하고 평화로워 el Mar Pacifico라고 이름을 붙였습니다. 영어로는

the Pacific Ocean이라고 하며 '태평한 대해'라고 해서 '태평양(太平洋)'이라는 이름을 갖게 되었습니다. '평화로운, 태평한' 등의 의미인 pacific은 평화를 의미하는 peace에서 나온 것입니다.

강대국에 의해 지배되는 세계 질서와 이에 따른 평화의 시대를 pax라고 하는데, peace와 같은 어원입니다. 대표적인 것으로 로마제국의 시대인 '팍스 로마나(Pax Romana)', 19세기 대영제국의 시대인 '팍스 브리태니커(Pax Britannica)' 등이 있습니다.

로마는 아우구스투스 시대부터 5명의 현명한 황제가 지배했던 5현제(五賢帝, Five Good Emperors) 시대까지 약 200년간의 번영기를 누립니다. 이 200년은 지중해를 통한 동방 무역이 번성하고 로마를 비롯한 도시 문화가 크게 꽃핀 시기였습니다. 로마의 군사력과 통제력에 의해 지중해 전역이 평화 상태를 유지한 이 시기를 팍스 로마나(Pax Romana)라고 합니다.

위대한 로마의 지도자 카이사르(Caesar)는 독일에서는 카이저(kaiser), 러시아에서는 차르(czar)라고 하는데 모두 황제를 뜻하는 말의 유래가 되었습니다. 고대 로마를 생각할 때 누구나 가장 먼저 생각해내는 카이사르는 정작 황제로 등극하지 못한 채 암살당합니다. 카이사르(Caesar, Gaius Julitis)를 영어식으로는 '시저'라고 읽습니다.

공화정 세력은 원로원 의사당에서 카이사르를 살해하는 데는 성공했지만, 이들은 다시 친(親)카이사르 파에 의해 제거됩니다. 카이사르의 양아들인 옥타비아누스는 그리스 앞바다인 아드리아 해의 악티움 해전을 계기로 최대 정적인 안토니우스와 이집트의 클레오파트라를 제거합니다. 원로원은 옥타비아누스에게 '아우구스투스'란 칭호를 헌사 하면서, 로마 공화정은 완전히 막을 내리고, 로마제국이 탄생합니다. 옥타비아누스는 피비린내 나는 내전을 끝낸 후 광대한 로마제국의 유일한 지배자가 되었습니다. 로마는 지중해(the Mediterranean Sea)를 에워싼 모든 지역을 평정함으로써 지중해는 명실상부하게 '로마의 바다'가 되었습니다.

20세기 후반에는 '팍스 아메리카나(Pax Americana)'라는 표현이 등장했습니다. 소련 연방 해체 이후 미국이 세계질서의 주도권을 장악하게 되면서 미국에 의해 세계정세를 좌우하게 된 시대를 말합니다. 특히 미국은 1990년대 걸프전, 유고내전 및 르완다 사태, 2003년 이라크 전쟁 등에 개입하면서 정치적 영향력을 강화하고 있습니다. 미국은 경제력과 군사력을 바탕으로 자본주의 체제를 주도하고, 신자유주의를 내세워 전 세계 자본과 상품, 노동의 자유로운 이동을 보장하는 대규모 메커니즘을 구축하고 있습니다.

WORDS

peace 평화, 치안, 질서, 평온 **pact** 약속, 계약, 조약, 협정 **pacific** 평화를 사랑하는, 온순한, 평화로운, 태평한 **pacify** 평화를 회복시키다, 진정시키다, 진압하다, 만족시키다 **pacification** 강화, 화해, 평화의 회복 **pacifier** 달래는 사람, 조정자, 고무 젖꼭지 **pay** 지불하다, 지급하다 **Pax Romana** 로마의 지배에 의한 평화

13 시니컬한 디오게네스

디오게네스(Diogenes)는 기원전 4세기경 고대 그리스에 살았던 철학자입니다. 디오게네스는 개라는 별명이 붙을 정도로 전통, 관습, 옷차림, 식생활에 있어 체면을 지키지 않았습니다. 그는 공공장소에서 개처럼 울부짖고, 책상에 오줌을 싸고, 길거리에서 이상한 짓을 했다고 합니다. 디오게네스는 원시 상태의 단순함으로 돌아가 간소한 생활에 만족하면서 욕심으로부터 자유로운 생활을 해야 한다고 가르쳤습니다.

디오게네스 철학을 따르면서 원시적, 반문명적인 금욕주의를 실천한 사람들을 '견유(犬儒)학파, cynic'이라고 합니다. '견유학파'는 세상을 냉소적으로 바라보면서 인간의 모든 행동은 이기심에 의한 것이라고 해석했습니다. 견유(犬儒)는 '개'라는 뜻이며, cynic은 '개'를 뜻하는 그리스어 canine에서 나온 말입니다. 인간의 본능을 억압하는 문명에 대항하여 무욕과 자족을 추구했던 삶은 바로 개의 생활을 가리킵니다.

르네상스 시대의 천재 화가 라파엘로(Sanzio Raffaello)가 그린 '아테네 학당(School of Athens)'입니다. 그림의 중앙에 있는 두 인물은 고대 그리스의 철학을 대표하는 플라톤과 아리스토텔레스입니다. 플라톤은 이데아의 관념 세계를 논하면서 오른손으로 하늘을 가리키고 있습니다. 아리스토텔레스는 자연 세계에 대해 탐구를 대변하고자 땅을 향해 손바닥을 펼쳤습니다. 아리스토텔레스 앞의 계단 한복판에 보라색의 망토를 깔고 비스듬히 누워서 책을 들여다보고 있는 인물이 바로 디오게네스입니다.

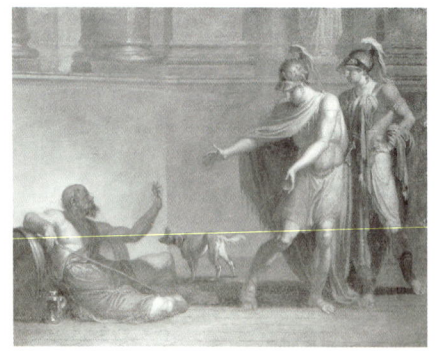

알렉산더 대왕은 디오게네스의 평판을 듣고 직접 그를 찾아갔습니다. 소원이 있으면 무엇이든지 들어주겠다고 한 알렉산더 대왕에게 그는 이렇게 말했다고 합니다. "대왕님! 햇살을 가리니 좀 비켜 주시오." 돌아가는 길에 알렉산더 대왕은 조용히 말했다고 전해집니다. "만일 내가 알렉산더가 아니었다면, 디오게네스가 되었으리라." 그러나 디오게네스가 통 속에서 거처했다는 사실은 과장된 것이라고 합니다. 로마의 철학자 세네카는 디오게네스 전기를 썼는데, 디오게네스와 같이 소박한 삶에 만족하는 사람이라면 개처럼 통 속에서도 잘 지낼 수 있을 것이라고 적어놓은 것에서 비롯된 것이라고 합니다.

cynical이라고 하면 '냉소적인, 비꼬는, 남의 약점을 들추는' 등의 뜻이 있는 말입니다. 냉소주의(cynicism)는 부정적인 측면에서 냉소적으로 비꼬는 행위를 말하는데, 지나친 냉소주의는 사회생활에 해를 끼칠 수 있습니다.

- A person who believes all people are motivated by selfishness
  모든 사람의 동기가 이기심이라고 믿는 사람
- A person whose outlook is scornfully and often habitually negative
  남을 경멸하는 관점을 가지고 늘 부정적인 사람
- **Cynicism** is distrust of the intentions of others.
  냉소주의는 다른 사람들의 의도를 불신하는 것이다.
- Don't be such a **cynic**! 너무 그렇게 빈정대지 매!

WORDS

Diogenes 디오게네스, 기원전 4세기경, 그리스의 철학자   cynic 견유학파, 냉소가, 부정적인 사람   cynical 냉소적인, 부정적인

학사, 석사, 박사, 의사 그리고 철학

대학의 학부 과정을 마친 사람에게 수여하는 학위를 '학사학위(bachelor's degree)'라고 합니다. 전공에 따라 학사학위는 Bachelor of Engineering(공과), Bachelor of Law(법학), Bachelor of Education(교육) 등으로 나뉩니다.

Bachelor of Arts는 미술학사가 아니라 인문학사라고 생각하면 됩니다. 인문학(humanities)은 언어, 심리학, 역사, 철학 등 인간과 관련된 것들을 깊이 있게 파고들어 진리를 찾는 학문입니다. 미술사 학위는 Bachelor of Fine Arts라고 부릅니다. Art는 예전에는 훨씬 넓은 범위의 학문을 뜻하는 말이었는데, 점차 미술이나 예술로 범위가 축소되었습니다.

대학원 과정을 마친 사람에게 수여하는 학위를 '석사학위(master's degree)'라고 합니다. 특히 경영학 석사는 MBA라고 하는데, Master of Business Administration의 약자입니다. master는 특정한 기술이나 능력을 자유롭게 사용하는 사람이란 의미에서 '달인, 명인, 정통한 사람'의 의미로 쓰입니다. 흔히 어떤 것에 완전히 숙달하여 자신의 것으로 만들었을 때 '마스터했다'라고 표현합니다. 어떤 기술을 통달하여 그 기술에 대한 지배권을 가진 '주인'이라는 뜻입니다.

대학원의 박사 과정을 마친 사람에게 수여하는 학위를 '박사학위(doctor's degree)'라고 합니다. 어근 'doc'은 라틴어 docere에서 왔는데, '가르치다(teach)'라는 의미입니다. doctor는 중세 유럽부터 '가르치는 사람'이라는 의미로 사용된 용어입니다. 의사를 영어로 doctor라고 하는데 doctor는 '박사'라는 뜻으로 쓰기도 합니다.

doctor는 학식이 높은 사람에게 붙이는 존칭이었습니다. 요즘은 박사를 Ph. D로 한정하여 말하고, doctor는 일반적으로 의사를 지칭하는 말이 되었습니다. 의사를 doctor로 부르게 된 이유는 일반인들이 흔히 만나는 사람 중에 의사가 가장 많은 지식을 가지고 있기 때문이라고 합니다. 미국에서는 의과대학을 졸업하면 M.D.(Doctor of Medicine) 학위를 받게 됩니다.

신학, 법학, 의학을 제외한 학문의 박사(博士)는 약자로 Ph. D라고 하는데, 라틴어 Philosophiae Doctor를 줄인 것으로 영어로 하면 Doctor of Philosophy입니다. Ph. D는 '철학박사'인 셈인데, 이때 philosophy는 철학만을 지칭하는 것이 아니라 '지혜를 사랑하는 학문'으로 해석해야 합니다. 박사는 항상 겸손함을 유지하면서 세상과 사물에 대한 지혜를 끝없이 추구하는 사람입니다. 참고로 신학박사는 a Doctor of Divinity(약어 D.D.)이며, 여기서 Divinity는 신학(神學)이라는 뜻입니다. 법학박사 a Doctor of Laws(L.D.)이며, 의학박사는 Doctor of Medicine(M.D.)이라고 합니다.

철학(philosophy)이라는 말은 '지혜에 대한 사랑(love of wisdom)'이란 뜻이 있습니다. 그리스어 philo는 '사랑하다'란 뜻이고, sophia는 '지혜'라는 뜻입니다. 12~13세기부터 philosophy는 지금 우리가 말하는 철학만을 지칭하는 것이 아니라 '학문' 자체를 의미했습니다. philosophy는 자연과학, 인문과학, 사회과학 등 전체 분야에서 최고의 고등학문을 지칭했습니다. 그래서 '세상의 모든 학문은 철학에서 나왔다'고 합니다.

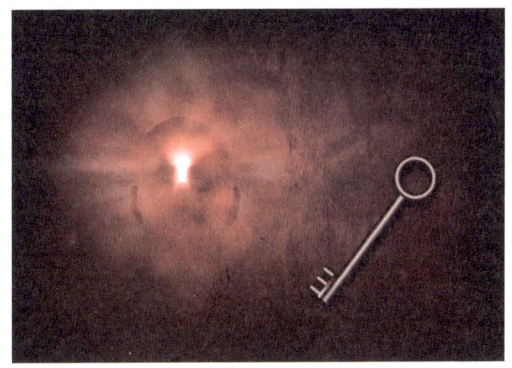

Marriage is an institution in which a man loses his Bachelor's Degree and the woman gets her Masters.

위 문장은 직역하면 '결혼이란 남자는 그의 학사학위를 잃고 여자는 석사학위를 얻는 제도이다.'라고 해석할 수 있습니다. 그런데 이 문장은 '결혼이란 남자는 총각(bachelor) 딱지를 떼고, 여자는 남편(master)을 얻는 것이다.'라는 뜻을 동음이의어를 활용하여 표현한 문장입니다. bachelor는 독신남자와 학사, master는 주인과 석사라는 뜻이 있습니다.

WORDS

bachelor's degree 학사학위   master's degree 석사학위   doctor's degree 박사학위   bachelor 학사, 미혼남자   master 주인, 선생, 석사, 지배하다   doctor 의사, 박사, 선생   philosophy 철학, 형이상학, 철학 체계, 원리

15 학사학위와 총각

바흐(Bach)는 '음악의 아버지'로 일컬어지는 고전음악의 대명사입니다. 헨델(Handel) 역시 '음악의 어머니' 소리를 듣는 작곡가입니다. 이들은 1685년에 독일에서 태어나서 바로크(baroque) 음악의 거장이 되었습니다. 바흐와 헨델이 결혼해서 나온 자식의 이름은 무엇일까요? 그 자식의 이름은 '음악(Music)'입니다.

바흐(Bach)라는 이름은 '기사 후보자, 젊은 기사' 등을 뜻하던 말인 bachelor에서 나왔다고 합니다. 현재 bachelor는 미혼인 '독신 남자(single man)'와 4년제 대학의 학사 학위(bachelor's degree)를 마친 사람을 뜻합니다.

bachelor의 고대 프랑스어인 bacheler는 '견습 중인 젊은 기사 지망생'의 의미로 사용되었습니다. bacheler는 기사(knight)가 되기 위해 훈련 중인 '초보 기사'로서, 정식 기사의 시중을 드는 '하인' 역할을 했습니다. 기사의 뒤치다꺼리를 하면서 실력을 쌓거나 공을 세워 기사가 될 수 있었습니다.

- knight **bachelor**: young knight in the service of an older knight

점차 bacheler는 길드에서 지위가 낮은 멤버인 '도제 (apprentice)'라는 의미로도 사용되기 시작하였습니다. 한편 대학 공동체(university)에서 가장 낮은 수준의 수련을 받고 있는 학생을 일컫는 말로도 사용되었습니다. '젊은 기사, 견습 중인 도제, 학생'은 대부분 '미혼인 남성 (unmarried man)'이라는 연결고리를 가지게 됩니다.

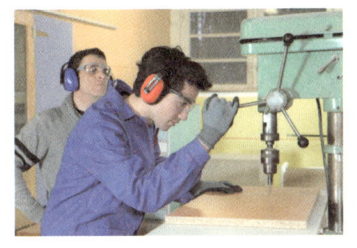

bachelor는 일반적으로 결혼한 적이 없는 미혼의 남자 즉 '총각'을 일컫는 말로 쓰입니다. 총각 파티 (bachelor party)는 결혼식 직전에 신랑 친구들끼리 모여 총각으로서의 마지막 밤을 즐기는 파티를 말합니다.

- A **bachelor** is the only man who has never told his wife a lie.
  독신남자는 부인에게 거짓말을 해 본 적이 없는 유일한 남자이다.
- He lived and died a **bachelor**. 그는 일생을 독신으로 지냈다.

결혼하기 전의 처녀와 총각은 가리키는 말은 spinster와 bachelor입니다. 둘 다 혼기를 놓친 상태를 말하긴 하지만, 의미의 차이가 있습니다. spinster는 결혼하고 싶어 하지만 결혼할 가능성이 적어 보이는 여자를 가리킵니다. bachelor는 그야말로 자유와 즐거움을 누리기 위한 독신이라는 뉘앙스를 가지고 있습니다.

대학은 '단과대학(college)'과 '종합대학교 (university)' 두 종류가 있습니다. 두 교육기관은 학업연수 및 목표가 서로 다릅니다. 학생들은 자기 적성이나 전망을 보아 직업에 집중하면 college를, 학문 자체에 집중하면 university를 선택합니다. 대학원 유무를 기준으로 분류할 수도 있는데, 대학원이 없으면 college이고, 있으면 university라고 할 수 있습니다. 단, 미국 회화에서는 양자를 구별하지 않고 뭉뚱그려서 college를 사용하는 것이 보통입니다.

college는 '연합하다, 동료'라는 뜻의 colleague 에서 나왔는데, 본래 '하나의 단체, 사람의 모임'이라는 뜻입니다. 북미에서 college는 'community college(지역 사회 대학)'의 준말로, 고등학교를 마치고 가는 '직업 학교'를 말합니다. university는 '은하계, 우주, 만물'이라는 뜻의 universe에서 나왔습니다. 우주와 같이 '넓고 보편적인 학문을 다루는 곳'이란 뜻의 라틴어인 universitas에서 유래한 말입니다.

설령 4년제 college를 졸업해도 학사학위(Bachelor degree)는 받을 수 없습니다. 학사학위를 받으려면 university를 졸업해야 합니다.

- We have to study hard for **university** entrance examination.
  우리는 대학 입학시험을 위해 열심히 공부해야 해.

- There's a severe competition to enter good **college**.
  좋은 대학에 들어가기 위해 치열하게 경쟁한다.

프랑스는 모든 대학을 국립화, 평준화하여 대학 이름을 '파리 1대학'과 같이 일원화하였습니다. 프랑스의 중등교육 수료와 함께 국립 종합대학의 입학을 위한 논술형 국가 자격시험을 '바칼로레아(Baccalaureate)'라고 합니다. 바칼로레아에 합격하면 국가가 국립 종합대학 교육을 보장해주므로 이것은 출세를 위한 관문이라고 할 수 있습니다. 바칼로레아에서 다루는 철학논술 주제는 프랑스 지성의 흐름을 가늠하는 풍향계 역할을 할 정도라고 합니다.

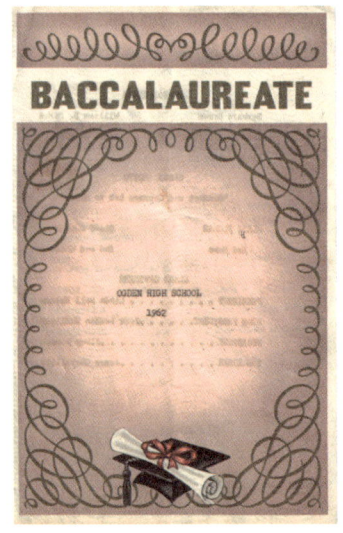

WORDS

apprentice 견습생, 도제 **bachelor party** 총각 파티, 독신 파티 **spinster** 노처녀, 독신녀 **college** 대학, 칼리지, 의학부, 연구소, 단과 대학 **university** 대학교, 대학의 건물과 부지 **Baccalaureate** 프랑스 및 일부 국가에서의 대학 입학 자격시험

16 실을 잣다(spin)와 피륙을 짜다(weave)

축구에서 마르세유 턴(Marseille turn)은 360도 회전하며 드리블(dribbling)하는 특별한 기술입니다. 이 기술은 호주의 축구선수 Tony Marjanovic가 고안해 냈는데, 한때 '마라도나 스핀(the Maradona Spin)'이라고 불리기도 했습니다. spin은 제자리에서 '빙빙 돌다, 회전하다, 돌리다'의 뜻을 가집니다. 마르세유 턴이 세계적으로 널리 알려진 것은 기술을 가장 완벽하게 구사했던 '지단(Zidane)'에 의해서였습니다. 그리고 명칭은 지단이 소속되어 있던 프랑스 마르세유 시절 클럽 이름을 따서 마르세유 턴(Marseille turn)이라고 불리게 된 것입니다.

- 360 spin by Zidane 지단의 360도 회전

천연섬유나 합성섬유를 꼬아 적당한 굵기의 기다란 실을 만드는 작업을 방적(spinning, 紡績)이라 합니다. 한편 선반이나 밀링머신과 같은 기계에서 공작물 또는 연장을 회전시키기 위한 축을 spindle이라고 합니다. 스핀들(spindle)은 '실을 잣다(spin)'라는 의미에서 실을 감는 '물레 가락, 방직기의 축' 등의 뜻이 되었습니다.

거미(spider)는 꽁무니에서 나오는 실 같은 가늘고 질긴 물질로 풀숲이나 나뭇가지 사이에 그물을 칩니다. 스파이더라는 이름은 줄을 뽑아내는 모습 때문에, '섬유를 꼬아 실로 만들다'의 뜻인 spin에서 n이 탈락하여 만들어진 말입니다. 거미줄은 같은 굵기의 강철보다 강하고 질기다고 합니다. 게다가 끈적끈적하기 때문에 그물에 걸린 곤충은 빠져나갈 수가 없습니다.

- Most **spiders** weave webs that are almost invisible.
  대부분의 거미는 거의 보이지 않는 거미줄을 짠다.

신기한 것은 거미 자신은 아무리 돌아다녀도 거미줄에 걸리지 않고 자유자재로 다닐 수 있다는 것입니다. 거미는 거미줄을 짤 때 두 가지 종류의 실을 사용합니다. 하나는 끈적끈적한 것으로 거미가 좋아하는 먹이를 잡기 위한 것이고, 다른 하나는 끈적거리지 않은 것으로 거미가 지나다니기 위한 것입니다. 거미의 발톱은 거미줄을 잘 걸을 수 있도록 특별한 고리로 되어 있습니다. 거미 발에서 나오는 특수한 윤활유는 발이 거미줄에 달라붙는 것을 방지해 준다고 합니다.

weave는 '(옷감, 카펫, 바구니, 베) 등을 짜다, (이야기를) 꾸미다, 엮다'와 '거미가 줄을 치다'라는 뜻이 있습니다. '직물, 거미줄, 망' 등의 뜻인 web은 weave의 v가 b로 변화하여 만들어진 말입니다. 인터넷 주소를 나타낼 때 사용하는 www는 world wide web의 약자로 '전 세계적인 연결망'이란 뜻입니다. www는 하이퍼 텍스트(hypertext)를 기반으로 인터넷 망에서 정보를 쉽게 찾을 수 있도록 고안되었습니다. 마치 거미줄과 같이 정보가 서로 복잡하게 연결되어 있어 월드 와이드 웹(World Wide Web)이라 명명되었습니다.

spinster는 미혼이면서 결혼적령기가 지난 여자 즉, '노처녀, 독신녀'를 말합니다. 원래는 '실을 꼬는 여자'라는 의미로 나이와 상관없이 모든 '미혼 여성'에 해당하는 말이었습니다. 하지만 지금은 나이가 많은, 혼기를 놓친 여자를 가리킵니다.

• An unmarried woman is called a **spinster**. 결혼하지 않은 여자는 spinster(독신녀)라고 불린다

혼기를 놓친 노처녀를 '올드미스(Old Miss)'라고 하는데, 일본에서 만들어진 말이 우리나라로 넘어온 엉터리 영어입니다. 'Miss'는 젊은 여자를 부를 때 사용하는 호칭으로, '처녀'라는 뜻이 없습니다. 영어에서는 노처녀를 'old maid' 또는 'spinster'라고 부릅니다.

spinster는 결혼하고 싶어 하지만 결혼할 가능성이 적어 보이는 여자를 가리킵니다. 반대로 혼기를 놓친 남자는 bachelor라고 합니다. 이 둘 사이에는 의미의 차이가 있는데, bachelor는 자유와 즐거움을 누리기 위해 스스로 선택한 독신이라는 뉘앙스를 가지고 있습니다.

- A **bachelor** is the ONLY man who has never told his wife a lie.
  독신남자는 부인에게 거짓말을 해 본 적이 없는 유일한 남자이다.

WORDS

spinning 잣다, 돌리다   spindle 물레가락, 방추, 축   spin 잣다, 돌리다   spider 거미   weave 짜다, 뜨다, 엮다, 꾸미다

17 '차이다'와 덤프트럭

dump는 '털썩 내려놓다, 짐을 부리다, 상한 것을 처리하다, 버리다'라는 뜻으로 쓰입니다. 물건과 같은 것을 버리는 투척 행위는 'throw away, cast away, dump' 등으로 쓸 수 있는데, 특히 쓰레기 같은 경우는 dump를 사용합니다. 쓰레기 처리장을 덤핑 그라운드 dumping ground 라고 합니다.

- Do not **dump** your wastes. 쓰레기 투기 금지
- Just **dump** it in a plastic bag. 비닐봉지에 버리세요.
- They **dump** tons of salt on icy road surfaces to make driving safer.
  운전을 안전하게 할 수 있도록 그들은 언 도로 위에 수 톤의 소금을 쏟는다.

덤프트럭(dump truck)은 특수자동차(special motor vehicle) 중의 하나입니다. 흙, 모래 등을 운반하거나 쓰레기를 버리는 대형트럭을 덤프트럭이라고 합니다. 덤프트럭은 짐을 실은 부분을 뒤로 기울이고 뒷문을 열어 물건을 쏟을 수 있게 합니다.

dump는 '사람을 버리다' 즉, '관계를 끝내다'라는 표현으로도 사용할 수 있습니다. 또한, 어떤 일을 다른 사람한테 '내버리다'라는 의미에서 '떠넘기다'의 뜻으로도 사용됩니다.

- Tom **dumped** me after we dated for over six months.
  6개월 넘게 사귄 후에 탐은 나를 차버렸다.
- Don't just **dump** the extra work on me. 남은 일을 나한테 떠넘기지 마.

새로운 판로를 개척하기 위해 물건을 쏟아버리듯이 원래보다 싸게 파는 헐값판매를 '덤핑(dumping)'이라고 합니다. 수출의 경우 외국 시장에 한해서 국내시장보다 싼 가격 혹은 생산비보다 낮은 가격으로 상품을 내다 파는 것을 말합니다. 덤핑은 국내시장을 교란하기 때문에 각 나라에서는 외국의 덤핑 행위에 예민한 반응을 보이기도 합니다. 만약 외국 상품이 그 나라의 국내 가격보다 싼 가격으로 판매한 것으로 판정되면 '반덤핑 관세'를 부과하여 높은 세금을 물게 합니다.

WORDS

dump 버리다, 내려놓다, (애인을) 차버리다   **dumping ground** 쓰레기 처리장, 매립지   **dumping** 덤핑, 투기, 폐기, 상품을 정상가격보다 저렴한 가격으로 수출하는 것, 부당 염가판매

18 비밀과 비서 그리고 장관

secret은 '따로(se) 떼어내(cret) 중요한 것을 숨겨둔 것'이라는 의미에서 '비밀의, 은밀한, 눈에 보이지 않는'이라는 뜻으로 쓰입니다. 비밀(secret)은 남이 보지 못하도록 '따로 보관해둔 자료나 문서, 깊숙하게 숨긴 것'을 뜻하는 말이 됩니다.

- The **secret** document was released to the public. 그 비밀문건이 대중에게 해제되었다.
- Madame Curie knew she was on the verge of discovering the **secrets** of radioactive elements. 퀴리 부인은 자신이 곧 방사능 원소의 비밀을 밝히게 될 줄 알았다.

secret에서 파생된 secretary는 '비밀을 맡은 사람'이란 의미에서 '비서(秘書), 서기관, 장관'이라는 뜻으로 발전됩니다. 비서(秘書)는 '비밀(秘)을 쓰는(書) 사람' 즉, 비밀을 구분해서 자료를 기록하고 보관하는 사람을 의미합니다.

- My **secretary** made a reservation with your hotel two weeks ago. 내 비서가 2주 전에 그 호텔에 예약했습니다.
- The **secretary** reserved the hotel's ballroom for the conference. 비서는 호텔 대연회장을 회의용도로 쓰려고 예약했습니다.

secretary는 '상사의 비밀을 관리하는 사람'입니다. '국가의 기밀을 관리하는 사람'이란 의미에서 대통령이 임명하는 '행정부 장관'을 '장관'을 뜻하기도 합니다.

- The President appointed Hillary the **Secretary** of the State.
  대통령은 힐러리를 국무장관에 임명했다.
- the **Secretary** of Defense 국방장관
- the **Secretary** of State 국무장관
- the **Secretary** of the Treasury 재무장관
- the Home **Secretary** 내무장관

secret 끝에 'e'가 하나 더 붙은 secrete는 '비밀로 하다'라는 뜻 이외에 '분비하다'라는 뜻이 있습니다. 두 개의 뜻이 전혀 별개인 것처럼 엉뚱해 보이는데, 원래는 한 가지 뜻에서 나온 의미들입니다. secret은 '따로(se) 떼어내(cret)' 귀중하게 숨겨둔 것은 비밀이 되고, 필요가 없어진 것은 걸러내서 분비해버리는 것을 표현합니다. 체내 노폐물은 사구체라는 인체의 체(filter)를 통해 걸러져서 분비됩니다.

- Insulin is **secreted** by the pancreas. 인슐린은 췌장에서 분비된다.

WORDS

secret 비밀, 기밀의, 은밀한, 남이 모르는   secretary 비서, 비서관, 장관   the Secretary of Defense 국방장관   the Secretary of State 국무장관   the Secretary of the Treasury 재무장관   the Home Secretary 내무장관   secrete 분비하다

36계 줄행랑과 블루오션 전략

'전략, 계략, 방책'이란 뜻의 strategy는 '대장, 장군(commander-in-chief, general)'을 뜻하는 그리스어 strategos에서 왔습니다. 당시 그리스에서는 전쟁이 끊임없이 일어났고, 장군의 경험과 직관에 따른 전략은 승리를 위해 필수적이었습니다.

- We need a new **strategy** for increasing our sales.
  우리는 매출을 올리기 위한 새로운 전략이 필요하다.

strategy의 strat은 straight 즉, 직선이라는 뜻인데, 행과 열로 줄을 선 '군사(army)'를 의미합니다. eg는 'agent(행위자)'에서 볼 수 있듯이 '행동(act), 지도(lead)'의 의미입니다. 즉, 전쟁에서 승리하기 위해 군사들의 행동을 지도하는 규율을 뜻하는 것입니다.

- Reviewing your notes is a vital part of an overall learning **strategy**.
  필기 내용을 복습하는 것은 전체 학습 전략에서 없어서는 안 될 부분이다.

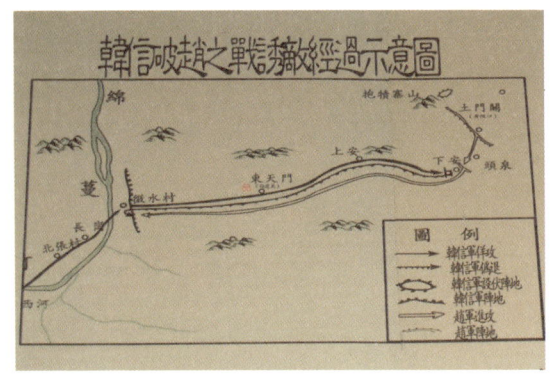

'배수진'이라는 말은 병법에 능했던 한나라의 명장 한신의 전략에서 나온 말입니다. 어느 날 한신은 농민군 1만을 거느리고, 훈련이 잘 된 20만의 조(趙)나라 대군과 싸움을 하게 되었습니다. 조군(趙軍)에게 쫓기다가, 한신은 큰 강물을 등지고 진을 쳤는데, 이를 배수진(背水陣)이라고 합니다. 한 발짝이라도 뒤로 물러서면 강물에 빠져 죽게 되는 배수진은 자칫 모든 군사가 몰살할 수도 있는 위험한 전술입니다. 수적으로 열세이고 제대로 된 훈련 한 번 받지 못한 농민군은 싸우기 전부터 벌벌 떨며 도망갈 궁리를 하고 있었습니다. 한신은 이런 병사의 마음을 읽고 그들의 가장 큰 장애물인 두려움을 없애기 위해 강을 등지고 싸운 것입니다. 더 이상 물러설 데가 없는 곳에서 한신의 군사들은 죽을 각오로 싸워 끝내는 승리할 수 있었습니다.

삼십육계(三十六計) 줄행랑은 적이 너무 강해서 대적하기 힘들 때에는 달아나는 것이 최선이라는 것을 뜻합니다. 삼십육계는 전쟁에서 쓸 수 있는 36가지의 책략 중의 하나입니다. 무조건 비겁하게 달아난다는 뜻이 아니라 뒷날을 기약하는 작전상 후퇴인 셈입니다. 힘이 약할 때는 일단 피했다가 힘을 기른 다음에 다시 싸우는 것이 옳다는 것을 강조한 말입니다.

블루오션 전략(blue ocean strategy)은 2005년 출간되어 순식간에 전 세계적인 베스트셀러가 된 책입니다. 이미 널리 알려져 경쟁이 치열한 기존 시장, 한정된 이익을 가지려고 경쟁자끼리 싸우는 분야를 레드오션(red ocean)이라고 합니다. 블루오션(blue ocean)은 사람들이 아직 잘 모르는 미개척 대안 시장, 경쟁자가 적은 새로운 분야를 말합니다. 레드오션에서 경쟁자를 이기는 데 집중하는 대신 블루오션은 혁신적인 전략을 바탕으로 새로운 가치를 창출합니다.

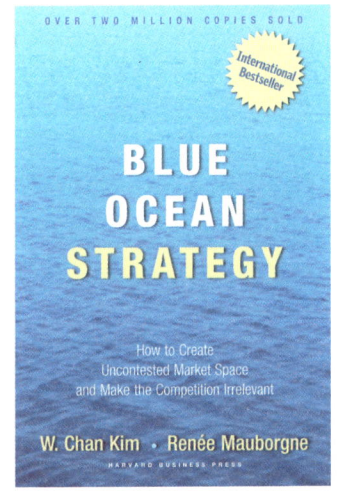

WORDS

strategy 전략, 전술, 병법, 계략, 술수   **blue ocean strategy** 블루오션 전략(경쟁 없는 유망 시장)   **red ocean** 레드오션(경쟁이 치열한 이미 잘 알려진 경쟁시장)

20 염소와 콩팥

kid는 'kind(혈연)'이란 뜻에서 '자식, 아이, 어린 염소' 등의 뜻으로 변한 말입니다. 어린아이'와 '염소 새끼'라는 뜻에서 속어로 '놀리다, 속이다'라는 뜻도 파생되었습니다. 'no kidding'은 '농담이 아니지, 정말이야!' 등의 뜻으로 회화에 많이 쓰입니다.

- You're **kidding** me! 나를 놀리는구나!

유치원을 영어로 kindergarten 이라고 하는데 원래는 독일어입니다. 독일어 kind는 '아이(kid)'라는 뜻이며, kinder는 kind의 복수형입니다. kinder와 'garden(정원)'에 해당하는 독일어 garten이 합쳐져 '아이들의 정원'이라는 의미에서 kindergarten이 되었습니다.

kidnap은 아이를 '유괴하다, 꾀어내다, 잡아가다'라는 뜻입니다. nap은 '낮잠, 잠깐 졸다, 방심하다'라는 뜻에서 '사람이 방심한 틈을 타서 낚아채다, 잡아채다'라는 의미를 가진 단어입니다. '유괴하다'라는 의미의 다른 영단어로는 라틴어에서 온 abduct가 있습니다.

신장(kidney)은 인체 내에서 재활용(recycling) 기능을 담당하는 기관(organ)입니다. 신장은 강낭콩을 양옆으로 세워 놓은 모양이며 적갈색으로 팥 색깔과 비슷합니다. 콩의 생김새와 팥의 빛깔을 띠고 있다고 해서 콩팥이라는 이름이 붙었습니다. 신장은 주먹만한 크기(무게 120~160g)인데, 척추를 중심으로 좌우에 하나씩 자리하고 있습니다. 신장과 모양이 같은 강낭콩은 kidney bean이라고 합니다.

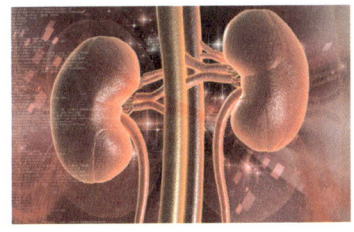

신장(腎臟)은 우리 몸의 기관 중에서 불순물을 걸러 내서 오줌으로 배설시키는 역할을 합니다. 몸 구석구석을 돌아다니면서 혼탁해진 피를 정화하고 여과해서 노폐물을 제거합니다. 신장은 매시간 몸속에 있는 혈액 전체를 두 차례씩 걸러내는데, 하루에 처리하는 혈액량은 180L에 이릅니다. 신장은 계란과도 모양이 비슷한데, 끝에 붙은 ey는 계란 egg의 중세 영어입니다. 서양 유목민들이 염소 새끼(kid)의 몸에서 계란(ey)처럼 생긴 신장을 보고 kidney라고 이름 지었다는 속설도 있습니다.

어린 시절 가지고 놀았던 물건이나 취미에 애착을 가지는 성인을 키덜트(kidult)라고 합니다. 이 단어는 '성인'을 나타내는 adult와 '아이'를 의미하는 kid가 합쳐져서 생겨난 말로 '어릴 적 추억에 빠져든 어른'이란 뜻입니다. 20~30대의 어른이 되었음에도 불구하고 여전히 어린아이의 분위기와 감성을 간직하고 추구하는 성인들을 일컫는 말입니다. 키덜트족이 늘어나면서 이들을 상대로 어린 시절 향수와 추억을 판매하는 시장도 커지고 있습니다.

일본 최대의 완구회사인 반다이는 장난감이 더는 아이들의 전유물이 아님을 간파했습니다. 대표 상품인 '건담 프라모델(조립 로봇)'은 청소년은 물론 성인 남성을 주 고객층으로 확보하고 있습니다. 키덜트는 성인이 된 현실에서 살되 어릴 적 추억이나 물건을 모으며 재미를 느낍니다.

프라모델(プラモデル)은 일본식 영어 '플라스틱 모델(plastic model)'의 준말로 완구의 일종입니다. 플라스틱 부품과 조립 설명서로 구성된 '조립식 키트(Kit)' 혹은 완제품 형태로 구성됩니다. 원래는 영국군의 차량 식별 교육용으로 고안된 것인데 점차 오락의 대상으로 발전했습니다. 프라모델은 완성품이 실제와 흡사할수록 가치가 높아집니다.

어린 시절에 대한 추억을 되살리는 키덜트 문화와 성인이 된 현실을 받아들이지 못하는 피터팬 증후군(Peter Pan syndrome)은 다릅니다. 피터팬은 영원히 어른이 되지 않는 나라인 네버랜드를 찾아서 모험을 떠나는 소년입니다. 1970년대 후반부터 미국에는 사회에 적응할 수 없는 성인이 늘어나기 시작했습니다. 그들은 마치 피터팬이 어린이라는 것에 만족하면서 살듯이 책임감이 없고 보호받기만을 바랍니다. 이처럼 신체는 커졌어도 정서적으로 다음 발달 단계로 넘어가지 않으려는 현상을 '피터팬 증후군 또는 피터팬 신드롬'이라고 합니다.

WORDS

kind 종류, 종, 유, 족 kid 아이, 어린이, 새끼염소 등 kindergarten 유치원 kidnap 유괴하다, 납치하다, 유괴 nap 잠깐 졸다, 선잠 자다 kidney 신장, 기질 kidult 어린이, 어른 모두 즐길 수 있는, 어린이 같은 어른

21 멸종과 소화기

sting은 '찌르다, 따끔거리다, 자극하다, 화나게 하다' 등의 뜻입니다. instinct는 '몸 안(in)의 자극(sting)'이란 의미에서 '본능, 직감' 등의 뜻으로 쓰입니다.

extinct는 '안에 있던 자극(sting)을 모두 꺼내 밖으로 (ex) 끌어내다'라는 의미에서 '자극이 없어진, 죽은, 소멸한, 꺼진' 등의 뜻이 되었습니다. s가 보이지 않는 것은 ex의 x의 발음과 'stinct'의 s의 발음이 중복되면서 s가 탈락한 것입니다. 밖으로 끌어내서 쫓아버리면 그 존재가 사라지게 되어 '멸종(no longer existing)'의 의미가 나오게 됩니다. 화산은 active volcano이고, 더 이상 활동하지 않은 사화산은 extinct volcano라고 합니다.

extinguish는 '불을 끄다, (희망 등을) 소멸시키다, (종족을) 절멸시키다, (권리를) 무효로 하다'라는 뜻으로 쓰입니다. extinguisher는 '불을 끄는 사람' 또는 '소화기'를 의미합니다.

- The firemen **extinguished** the blaze with much difficulty. 소방관들이 간신히 불길을 잡았다.

뉴질랜드 오클랜드에서 열렸던 한 경매(auction)에 멸종해버린 뉴질랜드 토종새 '후이아(huia) 새'의 깃털 하나가 출품되었습니다. 후이아는 1907년 마지막으로 목격되었습니다. 경매 소식은 '멸종 새가 남긴 세상에서 가장 비싼 깃털(The most expensive feather in the world that an extinct bird has left)'이라는 제목으로 세상에 널리 알려졌습니다. 길이가 20cm에 해당하는 후이아 새의 꽁지 깃털은 8400 뉴질랜드 달러(약 7백만 원)에 팔려 세상에서 가장 비싼 새 깃털로 기록되었습니다.

'맘모스(mammoth)'는 빙하시대 유라시아 등 북반구에 살았다고 하는 거대한 코끼리 과의 동물입니다. 원래 '매머드'가 맞는 발음인데, '맘모스'라고 하는 것은 일본의 영향을 받은 것입니다. 맘모스는 유럽에서 시베리아, 북아메리카에 이르기까지 북반구 거의 전역에서 많은 화석이 발견되고 있습니다. 엄청난 몸집 때문에 '맘모스'는 '거대한 것'을 비유하는 말로 쓰입니다. 코끼리보다 훨씬 큰 몸집을 가지고 있으며, 길고 굽은 송곳니는 23m나 되는 것도 있습니다.

mammoth는 '흙의 동물'이란 뜻의 슬라브어 'mamont'에서 왔습니다. 시베리아 지역의 야쿠트족이나 퉁구스족이 '흙 속에서 살다 밖으로 나오면 죽는 동물'이라고 생각해 그렇게 부른 것이라고 합니다. 시베리아의 툰드라 지대에서는 얼어붙어서 거의 살았을 때의 생김새 그대로 남아 있던 것을 발굴한 적이 있습니다. 즉, 이 맘모스는 화석상태가 아니라 시체 상태로 발견된 것입니다.

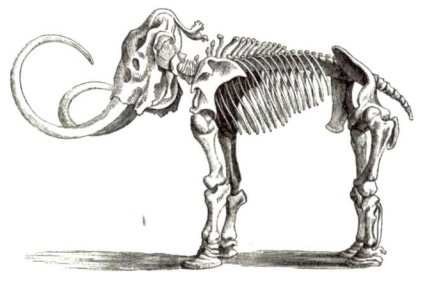

맘모스는 일반적으로 소행성 충돌로 인한 빙하기 때문에 멸종한 것으로 알려져 왔습니다. 그런데 최근 멸종 원인이 상아 때문이라는 학설이 대두하여 관심을 끌고 있습니다. 종족 번식과 암컷의 사랑을 받기 위해 수컷들이 경쟁적으로 상아를 웃자라게 하는 바람에 몸무게의 3분의 1에 달하는 상아의 무게를 견디지 못해 멸종했다는 것입니다.

WORDS

sting 찌르다, 쏘다, 자극하다, 얼얼하게 하다   instinct 본능, 타고난 재능   extinct 꺼진, 끊어진, 사라진, 멸종된, 활동을 멈춘   extinguish 끄다, 진화하다, 잃게 하다, 침묵시키다   extinguisher 불을 끄는 사람, 소화기

'영화'는 cinema일까? movie일까?

물리학에서 일할 수 있는 능력을 에너지(energy)라고 합니다. 모든 움직이는 물체는 운동 에너지(kinetic energy)를 지니고 있습니다. 접두사 kine는 그리스어에서 온 말로 '움직이다(move, 動)'라는 뜻을 가지고 있습니다.

키네틱아트(kinetic art)는 평면적인 2차원 회화 작품과는 달리, 자체가 움직이거나 움직이는 부분을 넣은 예술 작품을 말합니다. 대개 3차원적인 조각의 형태이며, 어떤 것들은 시간을 형상화하기도 합니다. 파리의 대표적인 미술관인 퐁피두 센터 분수와 미국 워싱턴의 국회의사당(U.S. Capitol) 앞에 있는 조각공원(sculpture garden)에는 다양한 키네틱아트 작품이 설치되어 있습니다.

미국에서는 영화를 '움직이는 사진'이란 의미로 'motion picture' 또는 'movie'라고 하지만, 라틴계 국가에서는 '시네마(cinema)'라고 합니다. 서울 시내에 있는 극장(movie theater) 이름을 살펴보면 시네마(cinema)도 있고, 어떤 경우는 키네마 kinema라고 하기도 합니다. cine의 어원은 kine가 원조인데, kine의 k가 c로 변형된 것입니다. 몇몇 국가에서 한국 국명을 Korea 대신에 Corea라고 표기하는 것과 같은 변형입니다.

미국의 영화관은 대개 시내보다는 교외 쇼핑센터를 중심으로 다양한 기능을 가지는 복합 건물 안에 있습니다. 한 건물에 여러 개의 영화관이 모여있는 건물을 시네마 콤플렉스(cinema complex)라고 합니다. 시네마 콤플렉스는 매표소, 극장 입구, 영사실 등을 공동으로 이용해 인건비를 절감할 수 있습니다. 관객은 마음에 드는 작품과 시간대에 맞는 작품을 선택할 수 있는 장점이 있습니다.

미국에서는 극장을 보통 theater라고 하는데, 간판만은 THEATRE라고 쓰는 곳이 많습니다. 쇼핑센터 같은 경우도 center 대신에 centre라고 표기하는데, 유럽풍의 고전적인 느낌을 살리기 위한 것으로 보입니다. 영화 광고물에 'Now Showing'이란 말은 '현재 상영 중'이라는 뜻이고, 'Coming Soon' 또는 'Coming Attractions'은 '개봉 박두'라는 표현입니다.

박스 오피스(box office)는 원래 극장에서 표를 파는 매표소를 의미하는데, '동원 관객 수'나 '흥행 수익'을 의미하기도 합니다. 여기서 의미가 더 확장되어 box office 자체로 '대 성공작, 흥행에 성공한 연극이나 영화'을 뜻하기도 합니다.

- A horror movie is always good **box office**.
  공포영화는 항상 흥행수익이 높다.

미국에서는 영화에 대해 몇 가지로 등급(rate)을 매겨서, 영화를 볼 수 있는 관객을 제한합니다. 영화의 등급을 매기는 기준은 영화 내용에 adult language(성인 언어, 욕), violence(폭력), nudity(벗은 장면) 등이 얼마나 포함되어 있는가 입니다. G등급은 '연소자 입장가(general audience)'이고, R등급은 '연소자 입장불가(restricted)' 입니다. PG는 parental guidance suggested 등급으로 연소자가 어른과 같이 보면 되는 등급입니다. PG는 PG-13나 PG-18 등이 있는데, PG-13은 13세 이하는 반드시 부모(또는 어른)를 동반해야 입장할 수 있다는 의미입니다. X는 '등급 보류(not rated)'라는 의미로, '도색영화(pornography)'를 말하는데, 국내 극장에서 상영할 수가 없습니다.

미국은 영화의 장르(genre)를 분류하는 기준으로 다음과 같은 것들이 있습니다. action, adventure, animation, classic, comedy, cult, foreign, horror, musical, performance, romance, SF(science fiction), seasonal, suspense, thriller, war, western, special interest, miscellaneous 등입니다.

WORDS

energy 에너지, 일을 할 수 있는 힘　kinetic energy 운동 에너지　kinetic art 키네틱아트, 움직이는 예술　motion picture (movie, cinema) 영화　cinema complex 시네마 콤플렉스, 여러 개의 상영관을 가진 영화관　theater 극장　Now Showing (영화) 현재 상영 중　Coming Soon (Coming Attractions) 개봉박두　box office 박스 오피스, 매표소, 동원관객수, 흥행수익　rate 요금, 운임, 비율, 속도　genre 장르

23 Korea는 고려에서 생겨난 말

코리아 Korea는 왕건이 세운 옛 왕조의 이름인 '고려(高麗)'에서 유래한 말입니다. 고려는 후삼국을 통일시킨 나라인데, 고구려를 계승한다는 뜻에서 국호를 고려라고 정했습니다.

- The name **Korea** was actually derived from Goryeo.
  코리아라는 이름은 사실 고려에서 유래했다.

고려시대 예성강 하구의 국제 무역항인 벽란도에 아랍상인들이 드나들었습니다. 그들이 당시 우리나라 국호인 '고려'를 서양에 소개하면서 '코리아(Corea)'로 알려졌습니다. Corea는 고려를 뜻하는 Core에 국가나 지역을 의미하는 라틴어 접미사 'a'가 붙어서 만들어졌습니다. 중국의 국호인 China도 진시황제의 진나라 Chin으로부터 만들어진 말입니다.

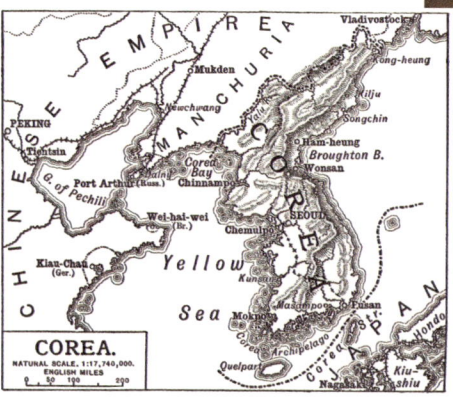

일제 시대 이전에는 K를 쓰지 않고 C를 쓴 Corea를 썼습니다. 13세기 영어에는 'K'라는 문자가 사용되지 않았고 'ㅋ' 발음은 'C'가 모두 담당했었기 때문에 중세기록에는 당연히 KOREA가 존재할 수 없었습니다. 시간에 따라 알파벳 C는 C와 K로 분화되면서, 19세기 말까지 혼용되어 사용되기도 했습니다. 각 나라의 언어적 특성에 기인하여 라틴어계 언어들은 Corea로, 독일어계 언어들은 Korea로 표기했습니다. 영화를 뜻하는 키네마(kinena)와 시네마(cinema) 또한 이러한 특성이 반영된 말입니다.

올림픽 개회식 때 한국 선수단의 입장순서는 알파벳 순서(alphabetical order)에 따라 꼭 일본(Japan) 뒤에 나오게 됩니다. 한국의 공식 명칭이 Corea에서 Korea로 바뀐 것은 식민지 통치기간에 일본인들이 Korea를 Japan보다 뒤로 보내기 위한 것이었다는 속설이 있습니다. 이를 바로잡기 위해 지금도 잃어버린 우리의 국호 Corea를 되살리자는 주장이 있습니다.

2002년 한일 월드컵부터 축구 국가대표팀 서포터 붉은 악마(Red Devils)는 한국을 영문으로 Corea라고 표기해오고 있기도 합니다. 하지만 이 이론은 학술적으로 근거 없는 내용이라고 합니다. 일본은 1945년 해방될 때까지 우리나라를 국가로 인정하지 않았으며, 굳이 지칭할 때는 조선(Chosen)이라는 명칭을 주로 썼기 때문입니다.

- **This theory has no academic value at all and is considered to be groundless by scholars.** 이 이론은 학술 가치도 없고, 학자들로부터 근거 없는 이야기로 받아들여지고 있다.

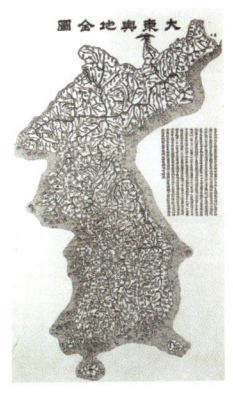
Korea를 제일 먼저 사용한 나라는 미국입니다. 1882년 조미수호통상조약 체결 후 미국은 과거와 마찬가지로 Corea를 사용하다가 1884년부터 아무런 설명 없이 국가 명을 Korea로 쓰기 시작했습니다. 19세기까지 영어에서는 C와 K가 완전히 분화되지 못하고 혼용되었기 때문에 이와 같은 변화가 일어난 듯합니다. 영어는 원래 북유럽의 게르만어 계통이지만, 라틴어와 프랑스어가 많이 포함되어 있습니다. 우리의 국호는 라틴계열의 국가를 거쳐 영어로 유입되면서, 영어에서는 Corea와 Korea가 혼동된 것으로 보입니다. 이러한 변화의 원인에 대해 당시의 언어습관이나 발음상의 문제 등 다양한 의견이 제시되었지만 분명한 것은 일본 때문은 아니라는 사실입니다.

스페인의 유명 재즈 뮤지션 중에 칙 코리아(Chick Corea)라는 사람이 있는데, 혹시 한국인의 후손일까요? 이것은 우연히 철자가 일치한 것일 뿐, 그는 한국인과는 관련이 없습니다. Corea이라는 성은 스페인의 카스티야 지역의 후손들로부터 나온 것이라고 합니다.

WORDS

Korea 한국 China 중국. (c-) 도자기 Japan 일본. (j-) 일본제 도자기

24 카리스마

카리스마(charisma)는 사람들을 감복시키는 특별한 '매력, 자질, 권위, 비범한 통솔력' 등의 뜻으로 쓰이는 말입니다. charisma는 돌봄(care)을 뜻하는 'char'와 이념(doctrine)을 뜻하는 'ism'에 접미사 'a'가 결합된 말입니다. 그리스어 charism은 하느님에 대한 믿음이 있는 자를 보호(care)하려고 내린 '은총(grace), 총애(favor), 재능'을 뜻합니다. 신이 인간에게 베푸는 '은총의 선물, 신으로부터 특별히 부여받은 재능'이라는 뜻입니다.

카리스마(charisma)는 신이 어떤 특정한 사람에게 내린 초자연적인 능력을 가리키는데, 쉽게 말하면 예언이나 병을 낫게 하는 기적 따위를 말합니다. 카리스마를 받은 사람은 인간 세상을 이롭게 하면서, 성령이 실제로 존재한다는 걸 증명하는 데 그 능력을 사용해야 했습니다.

본래는 종교적인 배경에서 만들어졌지만, 오늘날에는 정치적인 의미로 확대되어 쓰이고 있습니다. 카리스마를 가진 지도자는 놀라운 속도와 힘으로 청중이나 사람을 끌어당겨서 대중이 따르도록 하는 힘을 가집니다. 카리스마는 일반 대중의 지지나 후원을 끌어내는 지도자의 비범한 정신력, 자질, 권위를 말합니다.

카리스마는 '지도자의 외모와 내성, 품성, 성격과 행동에서 나오는 마력적인 힘' 또는 '사람을 강하게 끌어당기는 인격적인 특성'을 말합니다.

- Be a true living magnet by developing your **charisma** and allow the magic of attracting opportunities into your life!
  당신의 카리스마를 개발하고, 사람을 끌어당기는 기회의 마법을 당신의 삶에 허락함으로써 진정 살아있는 (사람들을 끌어당기는) 자석이 되라.

- Discover the secrets that you naturally possess, from your body language, smile, and voice, to how you present yourself is key to being **charismatic**.
  당신의 바디랭귀지, 미소, 목소리로부터 당신이 선천적으로 가지고 있는 비밀을 발견하라. 당신이 자신을 표현하는 방법은 카리스마 있는 사람이 되는 열쇠이다.

카리스마라는 말을 지금과 같이 일상적인 개념으로 처음 사용한 사람은 독일의 사회학자 막스 베버 (Weber Max, 1864~1920)입니다. 그는 관습에 따른 지배(전통적 지배), 법률에 따른 지배(합리적 지배) 그리고 카리스마적 지배 등 세 가지 지배의 유형을 제시했습니다. 그는 카리스마를 대중의 상상력을 사로잡아 그들로부터 변하지 않는 충성심과 헌신을 이끌어내는 리더의 자질로 표현하였습니다. 지도자의 카리스마는 힘으로 제압하는 권위라기보다, 대중들 스스로 따르고 만들어내는 권위라고 할 수가 있습니다.

- Genghis Khan was not only the greatest conqueror of all times but he was also a very smart and **charismatic** leader.
  칭기즈칸은 모든 시대를 통틀어서 가장 위대한 정복자일 뿐만 아니라 매우 영리하고 카리스마 있는 지도자였다.

카리스마적 지배는 초인간적인 자질을 지닌 지도자를 중심으로 맺어지는 지배와 추종자의 복종을 뜻하는 말입니다. 지배자의 권위에 절대적으로 따르기 때문에 그의 말이 곧 진리요 법인 경우가 많습니다. 예수나 나폴레옹, 간디, 처칠, 대처와 같은 경우가 대표적인 사례라고 할 수 있습니다. 그런데 히틀러의 경우를 보면 독재자의 강력한 지도력이 오히려 큰 재앙을 몰고 오기도 함을 알 수 있습니다.

WORDS

charisma 카리스마. 사람을 강하게 끌어당기는 매력

25 쪽발이와 양키

일본사람을 '쪽발이'라고 하는 것은 일본사람들이 신는 나막신인 '게다'를 신은 발을 비꼬아 부른 데서 유래합니다. 게다는 슬리퍼같이 생겼지만 보통 우리가 보는 슬리퍼랑은 다르게 끈이 3개입니다. 쪽발이는 원래 발통이 두 조각으로 이루어진 물건을 이르는 말입니다. 게다를 신으면 엄지발가락과 검지발가락 사이로 발가락이 두 쪽으로 갈려 '쪽발'모양이 됩니다. 일본인들이 게다를 신고 다니는 모습을 보고 경멸과 비하의 뜻을 담아 쪽발이라는 말이 탄생한 것입니다.

일본사람을 '쪽발이'라고 비꼬아 부르듯이, 미국 사람을 얕잡아 이르는 말이 '양키(Yankee)'입니다. '양키'는 미국 독립전쟁 때는 영국 본국 사람들이 미국인 전체를 얕잡아 이르는 말로 썼습니다. 남북전쟁 당시에는 남부 상류사회 사람들이 북부 군인들을 경멸하는 의미로 부르기도 한 말입니다. 그 후로는 미국 이외의 국가에서 미국인 전반에 대한 별칭으로 쓰이고 있습니다.

이 말은 네델란드에서 이민 온 뉴욕 사람들이 뉴잉글랜드 지방의 코네티컷(Connecticut)에 이민 온 영국 사람들을 Jenkins라고 부른 데서 나왔습니다. Jenkins는 영국과 스페인전쟁에서 승리를 이끈 영국의 선장 이름입니다. John과 '친척'의 뜻인 kin의 합성어로 'John 가의 사람들'이라는 뜻입니다. 존(John)이란 이름에 해당하는 네델란드 이름 '얀(Jan)'의 애칭이 '양케(Janke)'인데, 여기서 Yankee라는 말이 유래했다고 합니다. 뉴욕 양키스(New York Yankees)는 뉴욕을 연고지로 하는 미국 프로야구 메이저리그의 최고 명문 구단입니다.

kin은 라틴어의 '태어남'을 뜻하는 gen과 같은 어원입니다. '태생'이라는 뜻에서 '친척, 동류, 가문' 등의 뜻으로 쓰입니다. 서양인의 성 중에서 kins로 끝나는 것을 흔히 볼 수 있습니다. Dawkins, Dickens, Hopkins, Jenkins, Harkins, Perkins, Wilkins 이름 뒤에 붙어 있는 kin은 '친척'의 뜻을 가집니다. Dawkins는 'Daw의 친족들'이고, Jenkins는 'John 가의 사람들'이란 의미에서 만들어진 이름입니다.

찰스 디킨스(Charles Dickens)는 19세기의 영국을 대표하는 소설가입니다. '올리버 트위스트, 위대한 유산, 크리스마스 캐럴'과 같은 대표작으로 셰익스피어 못지않은 명성을 누리고 있습니다. 안소니 홉킨스(Anthony Hopkins)는 '양들의 침묵(The Silence Of The Lambs)'이라는 영화에서 명연기를 보여준 배우입니다. 이 영화는 제64회 미국 아카데미 시상식에서, 감독상, 남우주연상, 여우주연상, 작품상을 휩쓸었습니다. '이기적 유전자(The Selfish Gene)'의 저자인 영국 옥스퍼드대 리처드 도킨스(Richard Dawkins) 박사는 유명한 진화생물학자입니다.

'마네킹(manikin)'은 의류를 파는 가게에서 선전하기 위하여 옷을 입혀 세워 놓은 인체 모형을 말합니다. 오늘날 마네킹하면 의상용 인형을 떠올리지만, 의술용 모델 인형, 미술용 모델 인형 등 다양한 형태의 마네킹들이 있습니다. 마네킹(manikin)은 '조그마한 사람'이란 뜻의 이탈리아어 마니키노(manichino)에서 유래했습니다. manikin은 man(사람)에 kin(혈족)이 붙어, '사람의 친척' 즉, '사람을 닮은 것'을 뜻합니다. 마네킹의 철자는 manikin 또는 mannequin으로도 쓰입니다.

'호박'을 뜻하는 pumpkin은 그리스어의 '멜론'을 뜻하는 pepo에서 나온 말입니다. 멜론과 같은 종류라는 뜻으로 kin이 붙어서 만들어진 말입니다. Hi, pumpkin! 미국인이 이렇게 인사를 건네면 웃어야 할까요, 울어야 할까요? 한국에서는 흔히 못생긴 여자

를 보고 '호박'이라고 하는데, 미국 문화권에서 호박은 흔히 귀여운 사람을 지칭할 때 쓰입니다. pumpkin 이외에 애인이나 친한 친구를 부르는 애칭으로는 Honey, Sweetie, Pumpkin Pie, Cutie Pie, Cookie 등이 있습니다.

'친척, 혈연' 등의 뜻인 kin에 '상태나 결과'를 나타내는 접미사 d가 합해지면 '종류, 부류, 유형'을 뜻하는 kind가 만들어집니다. mankind는 '인류'라는 뜻입니다. kind는 '종류, (동물이나 식물의) 종족'이라는 뜻 이외에도 '친절한, 다정한'이라는 뜻도 있습니다. 같은 종족, 친족 사이에서는 서로 전쟁을 하지 않고 친절하므로 '상냥한, 인정 있는, 고분고분한'이라는 뜻을 가지게 됩니다.

- We distinguish **mankind** into races. 우리는 인류를 인종으로 분류한다.
- Would you be **kind** enough the open the window?
  창문을 좀 열어주시겠어요? (창문을 열어주는 친절을 베푸시겠어요?)

Christmas에서 보듯이 ch가 k로 발음되는 경우가 있습니다. k가 ch로 변형되어 '아이'라는 뜻의 kind에서 child로, kinder는 children이 되었습니다. 구어체에서 kid는 child에 비해 친근한 느낌이 듭니다. 특별히 예의를 갖출 필요가 없는 사이에는 kid라는 말을 씁니다.

손윗사람에게 자녀가 몇이나 되느냐고 할 때 'Have many kids do you have?'라는 말을 써서는 안 됩니다. 'How many children do you have?'라고 해야 옳은 말입니다. 원래 kid라는 말은 아이라는 의미 외에도 '새끼 염소'나 '새끼 짐승'을 뜻하기도 합니다.

king을 사전에서 찾아보면 '왕, 거물, 큰 세력가, ~에 군림하다'라는 뜻으로 나와 있습니다. 신과 같이 커다란 존재여서 주로 국민 위에서 '군림하거나 통치하는 존재'로 이해되기 쉽습니다. 그런데 왕(king)은 권력을 가진 '지배자'가 아니라 같은 종족을 잘 이끌어가는 '지도자'라는 뜻에서 만들어진 말입니다.

아무나 왕(king)이 될 수 있는 것이 아니라 왕은 태어날 때부터 정해져 있습니다. king은 바로 '태생, 가문' 등의 뜻인 kin과 '이끌다'라는 뜻인 접미사 'g'가 합쳐져서 만들어진 말입니다. 옛날에 생존 자체가 매우 중요한 문제였을 때, '같은 종족을 잘 이끌어 가는 사람'이라는 뜻에서 나온 말이 바로 king입니다. queen은 원래 '왕비' 즉, '왕의 아내(king's wife)'의 뜻이었으나, '여왕(woman ruling in her own right)'의 뜻으로 의미가 변화하였습니다.

WORDS

kin 친족, 친척, 가문　　manikin 마네킹, 인체모형 (일본인들을 비하하는 말)　　Yankee 양키, 미국인을 비하하는 말
pumpkin 호박(구어체에서 귀여운 사람 혹은 애칭)　　mankind 인류, 인간, 친절한, 상냥한　　king 왕　　queen 여왕

26 collapse와 catastrophe

collapse는 '완전히(col) 떨어져 나가다(lapse)'의 결합에서 '어떤 것이 아래로 내려앉는, 밑으로 깔리는'이라는 의미를 가집니다. collapse는 '붕괴하다, 무너지다'라는 뜻으로 미국의 쌍둥이 빌딩이 무너질 때나 자연재해로 인해 다리가 끊어질 때도 사용합니다.

- So many buildings **collapsed** in the earthquake. 지진으로 많은 건물들이 무너졌어.
- When the tsunami struck, some bridges and buildings **collapsed**.
  쓰나미가 덮쳤을 때 몇몇 교량과 건물이 붕괴되었다.

사람한테 collapse를 사용하면, '의식을 잃고 쓰러지다, 실신하다, 기운이 빠져 주저앉다'라는 의미가 됩니다.

- He was taken to hospital after he **collapsed** at work.
  그는 회사에서 쓰러진 후 병원에 옮겨졌다.
- Why did your father **collapse** all of a sudden?
  왜 네 아버지가 갑자기 쓰러지셨니?

물리적인 물체뿐만이 아니라 '정권의 붕괴, 문명의 붕괴, 교섭의 결렬, 계획의 좌절'과 같은 의미를 나타낼 때도 사용합니다.

- After the Soviet Union **collapsed**, the United States became the sole superpower.
  소련이 붕괴한 후, 미국은 유일한 초강대국이 되었다.
- His business was in danger of **collapse**.
  그의 사업은 실패할 위험에 처했었다.

'aster, astro'라는 어근은 인도유럽어의 'ster'에서 유래 되었으며, 하늘에 펼쳐져 있는 별(star)을 뜻합니다. catastrophe는 '별(astrope)이 위에서 아래로(cata)'라는 의미에서 '큰 재앙, 대이변, 파국, 대단원'이라는 뜻을 가집니다.

- Losing job was a personal **catastrophe**. 실직은 개인의 재앙이다.
- Climate **catastrophes** are claimed to be the result of global warming.
  기후와 관련된 대재앙들은 지구온난화의 결과라고 여겨진다.

'재앙'을 뜻하는 disaster라는 말은 '별'의 뜻인 aster에 '좋지 않음'을 뜻하는 dis-가 붙어 만들어진 말입니다. 점성술에서 별이 떨어지거나 별자리가 나쁘면 재앙이 닥친다고 믿었습니다. disaster는 '별(aster)이 하늘에서 떨어지다(dis=apart)'라는 의미에서, '재해, 재난, 큰 불행'이란 뜻이 되었습니다.

- A falling star in astrology signifies the death of a great man or a **disastrous** event. 점성술에서 떨어지는 별은 큰 인물이 죽거나 재난이 있을 징조를 나타낸다.
- Man is helpless in front of natural **disasters**. 사람은 천재지변 앞에서 속수무책이다.
- a railway **disaster** 철도 사고
- a man-made **disaster** 인재

WORDS

collapse 무너지다, 좌절되다, 쇠약해지다, 폭락하다   catastrophe 대참사, 큰 재앙, 파국, 불행   disaster 재해, 재앙, 대참사, 불행

레콩키스타와 무적함대

quest는 '구하다, 묻다'의 뜻을 가진 어근으로 변형(變形)에는 quire, quir, quisit, quer 등이 있습니다. quest는 '탐색, 탐구, 추구' 등의 뜻이고, question은 '질문, 질의'를 뜻합니다. query는 '질문, 의심, 의문' 등의 뜻이고, inquiry는 '조사, 연구, 문의'를 뜻합니다.

conquer의 유래는 라틴어 conquirere에서 시작된 것으로 con은 '완전히'라는 뜻이고 quaerere는 '구하다, 찾다'라는 뜻이 있습니다. 전투에서 승리하고 싶다면 먼저 적을 '찾고 탐색한' 후에, 목표를 이루기 위해 경쟁합니다. 그러한 싸움 속에 승리하게 되면 당연히 원하는 바를 쟁취하게 되는데 거기서 '얻다, 획득하다, 정복하다'는 의미가 생겨났습니다. 명사형 conquest는 '완전히(con) 찾다(quest)'라는 의미에서 '정복, 획득, 극복'의 의미가 나오게 됩니다.

718년 에스파냐는 이슬람교도들인 무어족(Moors)의 침략을 받은 후 약 7세기 반에 걸쳐 이슬람의 지배를 받았습니다. 1492년은 에스파냐에는 기념비적인 한 해였습니다. 이베리아 반도에서 이슬람 세력을 몰아내고, 에스파냐 여왕이 콜럼버스(Columbus)를 시켜 신대륙을 발견한 해입니다. 또한, 아라곤의 페르난도 2세와 카스티야의 이사벨 1세의 에스파냐 연합왕국이 마지막 남은 이슬람 점령지인 그라나다를 정복하여 영토를 회복하였습니다.

이베리아 반도 북부의 로마 가톨릭 왕국들이 이베리아 반도 남부의 이슬람 국가를 축출하는 역사적인 과정을 '레콘키스타(Reconquista)'라고 합니다. 에스파냐어로 Reconquista는 '재정복(re-conquest)'을 뜻하며 한국어로는 '국토 회복 운동'으로 번역합니다. 이후로 에스파냐는 아메리카를 식민지로 삼는 최고의 융성기를 맞이하게 됩니다.

- **The empire ended in 1532 when the Inca were conquered by the Spanish.**
  잉카 제국은 1532년 에스파냐인들에 의해 정복되면서 역사에서 사라지게 되었다.

16세기 바다를 장악하고 있던 나라는 에스파냐였는데, 천하무적을 자랑하던 에스파냐의 함대를 '무적함대(Invincible Armada)'라고 했습니다. 에스파냐의 펠리페 2세는 1517년 레판토 해전에서 투르크를 격파하고, 포르투갈까지 병합하여 유럽의 최대 강국이 되었습니다. 1588년 영국과 대제국 에스파냐 사이에서 칼레 해전이 벌어집니다. 작은 섬나라 영국은 당시 유럽 최강이던 에스파냐의 무적함대를 격파하여 일류 국가가 될 토대를 닦았습니다.

arm은 '팔'이란 뜻이지만, 무기(weapon)라는 뜻도 있습니다. army는 '군대, 육군' 등의 뜻이고, armor는 싸울 때 입는 '갑옷'을 말합니다. armada는 바로 '무장된 해군 함대'를 가리킵니다. 스페인의 국가대표 축구팀에 대한 애칭도 에스파냐 함대를 따서 Invincible Armada(무적함대)라고 합니다. invincible은 '이길 수(vincible) 없는(in=not)'이란 의미에서 '정복할 수 없는, 무적의, 극복할 수 없는'의 뜻을 가집니다.

WORDS

quest 탐색, 탐구, 추구   question 물음, 질문, 문제, 의문, 질문하다   query 질문, 의문, 의혹, 물음표, 의문나는 곳에 붙이는 기호   inquiry 연구, 조사, 질문, 문의, 탐구   conquer 정복하다, 공략하다, 이기다, 극복하다, 억누르다   conquest 정복, 승리, 극복, 획득   Reconquista 레콘키스타, 국토회복운동   armada 무적 함대, 함대, 대편제 부대   arm 팔, 무기   invincible 정복할 수 없는, 무적의, 불굴의, 극복할 수 없는, 완강한

28 칠성사이다와 코카콜라

정제한 물에 인공적으로 이산화탄소를 주입하여 만든 것이 소다수(soda water)입니다. 소다수에는 소다가 직접 함유되어 있지 않으며, 이산화탄소를 만드는 데 소다를 쓰기 때문에 소다수라고 합니다. 소다(soda)는 나트륨 화합물들을 총칭하는 말인데, 대표적인 것으로 탄산나트륨, 수산화나트륨, 탄산수소나트륨 등이 있습니다. 이 소다수에 여러 가지 향신료나 감미료를 첨가하여 레모네이드나 사이다, 콜라 같은 탄산음료를 만듭니다. 이런 이유로 탄산음료를 소다(soda) 혹은 소다팝(soda pop)이라고 하는 것입니다.

'사이다(cider)'라는 명칭은 원래 사과로 만든 술을 일컫는 말입니다. 한 일본인이 사과 향을 섞은 소다수를 '사이다'라는 이름으로 상품화했는데, 이후 그 이름이 무색 탄산 음료의 대명사로 되어 버렸습니다. '칠성사이다'는 1950년 서울 갈월동에 동방청량음료합명회사를 세우면서 생산을 시작합니다. 공장에서 일했던 기술자, 지주 등 7명이 함께 회사를 만들었는데, 7명이 모였다는 의미에서 '칠성'이라는 브랜드를 정했다고 합니다.

sprite는 주로 숲이나 강에 살며 장난을 좋아하는 요정입니다. 몸집은 인간보다 훨씬 작고 날개가 달려 있습니다. 마법을 쓸 수도 있지만 강력하지는 않습니다. 신데렐라(Cinderella)에게 유리구두를 만들어 준 요정이나 피터팬(Peter Pan)에 나오는 팅커벨(Tinker Bell)이 sprite에 속합니다.

톡톡 쏘는 탄산음료 스프라이트(Sprite)의 이름은 이 요정의 이름을 따서 지었다고 합니다.

- In fairy stories and legends, a **sprite** is a small, magic creature which lives near water. 동화와 전설에서 sprite는 물가에 사는 작은 마법 생명체입니다.

- **Sprite** is a transparent, lemon-lime flavored. Sprite는 투명하고, 레몬 라임향이 납니다.

세계적으로 인기 있는 청량 음료수인 코카콜라(Coca Cola)는 어떻게 만들어졌을까요? 남아메리카 안데스산맥에 위치한 페루 등지에는 작은 관목인 코카나무(coca)가 많이 자생했습니다. 원주민들은 코카 잎을 갈아서 그 즙으로 통증이나 상처를 치료하였습니다. 코카나무 잎을 말려서 채취한 것이 바로 코카인(cocaine)인데, 예전에는 마취제로도 사용되었지만, 지금은 '마약(drug)'으로 분류되어 있습니다.

1886년에 미국 애틀랜타의 팸버튼이라는 약제사는 코카나무의 잎과 열매를 섞어서 갈색 시럽을 만들어 만병통치약으로 판매합니다. 코카나무의 잎으로부터 코카인을, 열매에서 카페인을 추출한 후 혼합하여 만든 자양강장제였습니다. 음료수로 마시는 콜라는 처음에는 '박카스'와 같은 약으로 판매되었던 것입니다. 그런데 사는 사람이 거의 없자, 이 약은 잎에서 뽑은 코카인 엑기스와 소다수를 섞어서 마시는 음료수로 탈바꿈합니다. 이때 내건 캐치프레이즈(catch phrase)는 '뇌를 자극하는 지적인 음료수'였습니다.

코카콜라는 잘록한 허리의 특이한 병 모양으로 유명합니다. 병의 디자인을 개발한 사람은 병 제조 공장에서 일하던 한 청년이었습니다. 그는 여자친구가 입은 통이 좁고 긴 주름치마(pleated skirt)를 보고 힌트를 얻어 디자인(design)을 구상해냈고, 이를 코카콜라사에 600만 달러에 팔았습니다.

코카콜라는 매력적인 실루엣(silhouette)을 자랑하는 병 디자인으로 1915년에 특허(patent)를 얻어냅니다. 병에 담긴 코카콜라는 1894년부터 판매되기 시작합니다. 팸버튼 회사의 경리 사원 한 명이 코카콜라의 이름을 필기체로 날려 쓴 것이 오늘날 코카콜라 상표가 되었습니다.

전 세계 브랜드의 자산 가치 중 최고의 자리를 차지해온 코카콜라가 시장을 석권하게 된 계기는 바로 1941년 2차 대전 덕분이었습니다. 회사 측은 미군이 배치된 모든 전장에 무료에 가까운 가격으로 코카콜라를 무제한 공급합니다. 역사가 짧고 애국심을 고취할 만한 구심점이 없던 미군에게 코카콜라는 전장에서 하나의 상징물이 되었습니다. 2차 대전 후 미국이 초강대국이 되면서 코카콜라는 미국의 음료이자 세계의 음료로 발돋움하게 됩니다.

1903년부터는 코카잎은 더 이상 코카콜라를 만드는데 사용되지 않습니다. 코카콜라는 전 세계인이 사랑하는 음료로 자리 잡았으나 그 제조법은 철저히 비밀에 부쳐져 있고, 원액은 본사에서 제조해 공급합니다. 지금까지 설탕, 탄산수, 캐러멜, 인산, 카페인, 과일 향료 등 코카콜라의 원료 중 99% 이상은 밝혀졌지만, 가장 중요한 성분의 정체는 드러나지 않았다고 합니다. 미지의 성분이 무엇인지를 알아내려고 경쟁자들이 오랫동안 노력했으나 헛수고였습니다. 코카콜라를 만드는 데 들어가는 재료의 정확한 양 또한 알 수 없습니다. 진짜 제조법이 담긴 문서는 애틀랜타에 있는 코카콜라 박물관 비밀 금고에 안전하게 보관되어 있습니다.

코카콜라를 처음 만들었던 팸버튼이 살았던 도시 애틀랜타에는 코카콜라 공장이 자리하고 있는데, 유명 관광코스입니다. 코카콜라 Coca Cola를 줄여서 coke라고도 말합니다. 중국어에서는 코카콜라의 발음을 음차하여 가구가락(피口可樂)으로 표현하고 있습니다. 북한에서도 판매되는 코카콜라는 맥도날드 햄버거와 함께 미국 문화의 상징으로 손꼽힙니다.

크리스마스(Christmas) 때 가장 바쁜 인물인 산타클로스(Santa Claus)를 떠올려 봅시다. 뚱뚱한 몸집에 맘씨 좋게 생긴 얼굴, 새하얀 수염, 빨간 외투와 모자, 굵은 가죽 벨트. 산타클로스의 전형적인 모습은 1931년 미국의 코카콜라사가 처음으로 만들어 낸 것입니다. 겨울철 콜라의 판매량이 격감하자, 이를 타개하기 위한 홍보 전략의 일환으로 산타클로스를 탄생시켰습니다. 코카콜라는 잡지 광고 및 포스터 그리고 입간판에 산타클로스를 대대적으로 내세웠고, 마침내 그는 크리스마스를 대표하는 유명 캐릭터가 되었습니다.

WORDS

soda water (soda pop) 소다수, 탄산수 soda 나트륨 화합물, 탄산음료 cider 사과주, 사이다 sprite 요정, 탄산음료의 종류 중 하나 coca 코카나무 cocaine 코카나무에서 추출되는 물질, 코카인 patent 특허, 특허권

29 남자(male)가 철(fe)이 들면 여자(female)가 된다

미의 여신 아프로디테(Aphrodite)는 전쟁의 신 아레스(Ares)와 몰래 사랑을 나누었습니다. 아프로디테는 대장장이 신 헤파이스토스(Hephaistos)의 아내였지만, 그의 동생인 아레스(Ares)와 사랑에 빠진 것입니다. 미의 여신 아프로디테는 로마에서 비너스(Venus)로 불리며, 금성(Venus)을 상징합니다. 전쟁의 신 아레스는 로마에서 마르스(Mars)라고 하는데, 화성(Mars)을 상징합니다.

여성스러운 미의 여신과 남자다운 전쟁의 신은 각각 여성과 남성을 상징하는 기호의 유래가 되었습니다. 여성을 상징하는 기호 ♀는 '아프로디테'의 손거울을 본뜬 것입니다. 남성을 뜻하는 기호 ♂는 '아레스'의 창과 방패(spear and shield)를 본뜬 것입니다.

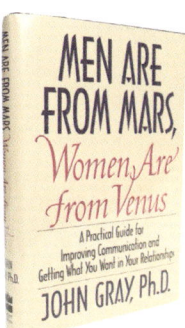

베스트셀러 중에 '화성에서 온 남자 금성에서 온 여자 (Men Are from Mars, Women Are from Venus)'라는 책이 있습니다. 이 책은 여자와 남자가 생각하고 행동하는 것들이 왜 다른지를 설명해 줍니다. '여자는 금성(Venus)에서, 남자는 화성(Mars)에서 출발하여 지구로 와서 같이 살고 있다. 남녀의 차이는 화성과 금성의 거리 차이만큼이나 멀고도 다르다는 것을 기억해야 한다. 상대를 나에게 맞도록 변화시키려고 애쓰거나 맞서려고 하는 대신 그 차이를 편하게 받아들이고 이해하게 되면, 서로 잘 지낼 수 있다.'라고 작가는 말합니다. 차이를 받아들이고 이해하라, 이 구절은 인간관계 전반에 적용되는 멋진 문구입니다.

남성(male)은 '남자의, 남자다운, 힘센, 용맹한' 등의 뜻인 masculine에서 온 말입니다. 마초(macho)는 스페인어로 남자나 사내를 뜻하는 말로 같은 어원입니다. 폭력적인 남성적 형태, 남성우월주의, 거칠게 남자다움을 과시하는 모습을 '마초이즘(machoism)'이라고 합니다.

- I like a man who is dark and real **masculine**. 나는 피부가 검고 진정 남자다운 남자를 좋아해요.

여성을 뜻하는 female은 male과 우연히 유사한 형태를 가졌지만, 어원적으로는 연관성이 없습니다. 갓 태어난 '포유동물의 태아'를 fetus라고 합니다. fe는 '~에게 젖을 먹이다, 양육하다'라는 개념으로 'suckle'이란 단어에 해당합니다. 즉 female은 여성의 가장 큰 역할인 출산과 양육이라는 기본적인 개념에서 만들어진 단어입니다.

female의 라틴어 형태인 feminine과 '주의, 학설'을 나타내는 접미사 ism이 합쳐져서 feminism이란 단어가 만들어졌습니다. 페미니즘(feminism)은 사회적 약자인 여성을 중심으로 생각한다는 뜻에서 '여권 신장 운동'을 의미하게 됩니다. 여성억압의 원인을 제거하고 여성해방을 궁극적인 목적으로 하는 운동이나 이론을 가리키는 말입니다.

남성은 m, 여성은 f로 표시합니다. 남성(male)은 '힘(power)을 써서 일하는 존재'라는 뜻에서 나온 단어입니다. 여성(female)은 '젖을 먹여 자식을 키우는 존재'라는 뜻에서 나온 단어입니다. Fe는 화학기호로 '철'을 나타냅니다. 여기서 착안하여 male과 female을 이용한 재미있는 말장난이 있습니다. '남자(male)가 철(fe)이 들면 여자(female)가 된다.'

- The female mantis has the habit of eating the male after mating.
  암컷 사마귀는 짝짓기 이후에 수컷을 잡아먹는 습성이 있다.

WORDS

Venus 금성 Mars 화성 male 남자, 수컷 macho 마초, 남자 machoism 마초이즘, 남자다움을 과시하는
female 여자, 암컷 fetus 태아 suckle 젖을 먹이다, 빨다 feminism 페미니즘, 남녀평등주의

30 시리얼(cereal)과 sincere

미국인들은 출근 시간에 쫓겨서 또는 다이어트를 위해서 일부러 아침을 거르는 사람들이 많습니다. 아침을 챙겨 먹는 경우라도 영국이나 유럽의 다른 나라에 비해 간단히 먹는 것이 보통입니다. 대개 coffee와 toast 또는 doughnut 등으로 해결하는 경우가 많습니다. 시리얼(cereal) 또는 콘플레이크(corn flake)에 우유를 넣어 먹거나 bacon and scrambled egg를 먹기도 합니다.

시리얼(cereal)은 아침식사용으로 너무나도 익숙한 먹거리입니다. 여러 가지 곡물을 갈아서 말린 가공식품으로 우유나 주스를 부어서 바로 먹을 수 있습니다. cereal은 원래 '곡류, 곡물' 등의 뜻인 말로, 로마 신화의 곡물과 수확의 여신인 '케레스(Ceres)'에서 유래한 말입니다. 그리스 신화 속에서는 '데메테르(Demeter)'에 해당합니다.

플레이크(flake)는 다른 큰 것에서 떨어져 나온 얇은 조각, 파편, 단편(fragment)을 말합니다. '콘플레이크(corn flake)'는 옥수수 가루로 얇게 만든 들어 우유를 넣어 먹는 가공식품입니다. 원래 '콘플레이크'는 '옥수수 낟알'을 뜻하는 말입니다.

겨울에 눈이 올 때 눈송이 하나 하나를 snowflake라고 합니다. 빗물은 빗방울이라 하듯이 눈 알갱이 개별 단위를 눈송이라고 합니다. 함박눈(big snowflakes)은 다수의 눈 결정이 서로 달라 붙어 눈송이를 형성하여 내리는 눈을 말합니다. 기온이 그리 낮지 않은 포근한 날에 따뜻한 지역에서 많이 내립니다.

increase는 '늘리다', decrease는 '감소시키다', create는 '창조하다'의 뜻입니다. 이들 단어의 어원이 되는 라틴어 creare는 무엇을 '만들고(make) 생산하고(produce) 커지다(grow)'라는 뜻입니다. 로마신화의 곡물의 신인 'Ceres'에서 나온 말입니다.

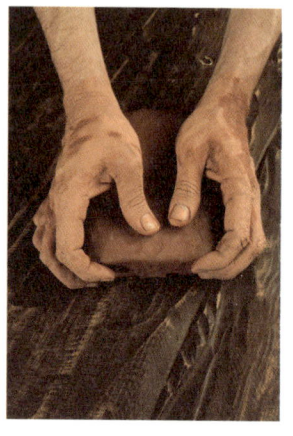

sincere는 '진실된, 진정한, 진심 어린, 솔직한, 성실한, 참된'이라는 뜻입니다. sincere는 '깨끗한, 순수한'의 뜻을 가진 라틴어 'sincerus'에서 유래되었습니다. sincerus의 sin은 'one'이란 뜻이고, cerus는 'grow'라는 의미가 있는데, 곡물의 신인 'Ceres'와 같은 어원입니다. 우리말에 '농심(農心)은 천심(天心)'이라는 말이 있듯이, 자연을 대하는 농부의 마음을 sincere라고 할 수 있습니다.

- **sincere** regret 진심 어린 후회
- a **sincere** attempt to resolve the problem 그 문제를 풀기 위한 진실한 시도

WORDS

cereal 곡식, 곡류(식품), 곡초, 시리얼   flake 한 조각, 얇은 조각, 박편, 파편   increase 늘다, 늘리다, 증가(하다), 불어나다   decrease 줄다, 감소하다, 내리다, 축소되다   sincere 성실한, 참된, 진실의, 정직한, 거짓 없는

A

a drug addict	55, 56
a mood for	224
A.M.	135, 136
above	213
absorb	186-188
absorbed	186-188
absorbing	187, 188
absurd	291, 292
accelerate	183, 185
acceleration	183, 185
accident	79-81
accidentally	80, 81
account	142, 144
account for	142, 144
accusation	271, 272
Achilles heel	29, 30
actuate	267
Adam	44-46
adamant	23, 24
addict	55, 56
addictive	55, 56
adequate	34, 36
admonish	169, 170
aegis	268, 269
Aesop's Fables	280, 281
affect	132, 134
affection	132, 134
affectionate	132, 134
afternoon	135, 136
aggression	152, 153
aim	192, 193
alcohol	54, 56
allergy	49, 50
alpha	299, 300
amateur	75-77
amber	289, 290
amen	116, 117
amenity	77
Americano	99, 101
amiable	77
amicable	77
amusement	288, 290
anchor	302, 303
angle	301-303
ankle	302, 303
announce	296, 297
announcement	296, 297
announcer	296, 297
antibiotics	78, 255
apprehend	145, 147
apprentice	315, 316
arena	285-287
arm	128, 346
armada	346
arrange	270, 272
art	126-129, 311
artery	18, 21
artifact	127, 129
artificial	127, 129
artillery	129
artisan	127, 129
artist	129
assassin	96, 97
associate	164, 167
astronaut	248, 250
asymmetry	138, 140
Atlantic Ocean, the	53
atlas	51-53
atmosphere	223, 224
attack	204, 205
attendant	217, 218
attorney	259, 261
attribute	215
attribution	215
award	130, 131

B

Baccalaureate	316
bachelor	311-316
bachelor party	315, 316
bachelor's degree	311, 313
bacteria	255
balance	16, 17

banana	278, 279
bandage	20, 21
baptism	171-173
Baptist Church	173, 174
bar	260-263
bar association	259, 261
bar code	262, 263
bar exam	259, 261
barbershop	20, 21
barista	263
barometer	137, 140
barrel	259-261
barricade	260, 261
barrier	259-261
bartender	263
bath	173, 174, 242-244
bathroom	246, 247
bathtub	243, 244
be put behind bars	259, 261
behind bars	259, 261
bent	259, 261
Big Apple	90-92
big shot	200
black tea	63-65
blood	18, 21
blood vessel	18, 21
blue ocean strategy	325
booze	54, 56
borough	87, 89
Boston Tea Party, the	61, 62
bottled beer	258
bottoms up	200
bourgeois	89
box office	332, 333
boycott	234, 235
brand	189, 191
brand-name	190, 191
brand-new	190, 191
brandy	191
burglar	89

C

cafeteria	98, 101
caffeine	100, 101
calculus	184, 185
call off	161
camera obscura	217, 218
cancel	160, 161
cappuccino	100, 101
castle	88, 89
catastrophe	344
cereal	353, 354
chamber	216, 218
chamber music	217, 218
charisma	336-338
China	334, 335
Christianity	115, 117
Christmas	299, 300
CIA	71, 72
cider	347, 350
cinema complex	332, 333
circulatory organ	47, 50
cite	25, 28
clean	121-123
cleanse	123
clear	121-123
clew	182
closet	246, 247
clue	181, 182
coca	348-350
cocaine	348, 350
coffee	98-101
coffee break	98, 101
collapse	343, 344
collect	201-203
collect call	203
collect rents	203
collection	201-203
collector	201, 203
college	315, 316
comic	295
Coming Soon	332, 333
compute	141, 144

computer	141, 144
comrade	218
con artist	129
concise	79, 81
configure	239, 241
Confucius	40, 42
conquer	345, 346
conquest	345, 346
conscience	176, 177
conscienceless	176, 177
conscientious	176, 177
conscious	176, 177
contact	207, 208
contact lens	207, 208
contagion	210, 211
contagious	210, 211
contagious disease	210, 211
contribute	214, 215
contribution	214, 215
cosmetics	250
count	141, 144
countdown	141, 144
counter	141, 144
crafts	128, 129
cricket	166, 167
Crusades, the	97
cutlet	118, 120
cyborg	49, 50
cynic	309, 310
cynical	310

D

dachshund	158, 159
decaf	100, 101
decide	79, 81
decrease	354
define	163
definition	163
demon	151, 153
demonstrate	170
describe	222
develop	229, 230

diameter	137, 140
diamond	23, 24
Diogenes	309, 310
disaster	344
discount	141, 144
distribute	214, 215
doctor	312, 313
doctor's degree	312, 313
dome	273, 274
domestic	273, 274
domestic affairs	273, 274
domestic animals	274
domestic factory	273, 274
domestic goods	273, 274
domestic violence	273, 274
domesticate	274
draft	257, 258
draft beer	257, 258
draft notice	257, 258
drag	256-258
draw	64, 65, 256-258
draw tea	64, 65
drawer	256, 258
driving range	271, 272
drop	85, 86, 257, 258
droplet	118, 120
dump	320, 321
dumping	321
dumping ground	320, 321

E

Ecuador	35, 36
effect	133, 134
embargo	260, 261
embarrass	261
emotion	304, 305
emotional labor	305
Empire State Building	94, 95, 222, 231
endogenous	236, 237
endorphin	236, 237
energy	47, 50, 323, 333
England	301, 303

enroll	110, 113
ensemble	28
entangle	210, 211
envelop	229, 230
envelope	229, 230
epilogue	252
equal	37, 39
equality	37, 39
equalize	34, 36
equation	34-37
equator	35, 36
equinox	36
eraser	225-227
espresso	99, 101
evolution	228, 230
evolve	228, 230
excite	26-28
export	296, 297
exterior	178, 179
extinct	329, 330
extinguish	329, 330
extinguisher	329, 330
extreme	178, 179
extreme sports	178, 179
eye contact	207, 208
eyesore	105, 107

F

fable	280, 281
fabulous	280, 281
facelift	124, 125
factory	127, 132, 134, 238
fatal	280, 281
fate	280, 281
FBI	71, 72
female	352
feminism	352
femme fatale	280, 281
fermentation	63, 174
fetus	352
fiction	238, 241
FIFA	164-167
figure	238-241
figure out	239, 241
filament	57, 59
file	57-59
film	58, 59
fine art	128, 129
flake	353, 354
flimsy	58, 59
flooding	150
football	164, 167
forethought	251, 252
forum	264, 265
frequency	34, 36
from scratch	221, 222
fruit	278, 279

G

gala	241
gas bar	183, 263
gas pedal	183-185
gas stove	270, 272
genre	333
gentry	76, 77
geocentric theory	226, 227
geometry	138, 140
give it a shot	199, 200
gladiator	285, 287
gladiolus	285, 287
goalpost	164, 167
goat	151, 153
godfather	155, 156, 171
godmother	155, 156, 171
golden ratio	15-17
gossip	154-156
gravity	183, 185
green tea	63-65
guardian	171, 172
gymnasium	283, 284
gymnastics	283, 284

H

hamburger	119, 120

happy accident	80, 81
harmony	16, 17
hashish	96, 97
hat trick	166, 167
heart	18, 21
Hebrew (Jew)	114, 117, 298
heel	29, 30
heliocentric theory	226, 227
hemoglobin	19, 21
hill	30
hindsight	251, 252
history	33
Holocaust, the	153, 291
Home Secretary, the	323
homme fatale	281
hot dog	157-159
hunting	288, 290

I

immersion	188
import	296, 297
Impressionism	17
imprison	259, 261
in a mood	224
in camera	217, 218
in one's birthday suit	67, 69
incident	81
incite	26, 28
increase	354
Independence Day	62
indomitable	166, 167
inquiry	345, 346
insecticide	79, 81
instinct	329, 330
intact	206, 208
intangible	205
interior	178, 179
internalizing	41, 43
intoxication	56
invest	70-72
investigate	71, 72
invincible	346

involve	228, 230
IRA	235
Ireland	231-235
Irish	232
Islam	114, 117

J

Japan	335
Jesus	115, 117, 299
Jesus Christ	299, 300
John	247
Judah	114, 117
Judaism	114, 117
justice	162, 163

K

kid	326-328, 341
kidnap	326, 328
kidney	327, 328
kidult	327, 328
kin	340-342
kind	326, 328, 341
kindergarten	326, 328
kinetic art	331, 333
kinetic energy	331, 333
king	342
Koran	115, 117
Korea	334, 335

L

labyrinth	180, 182
lager	258
lava	246, 247
lavation	246, 247
lavatory	246, 247
lavish	246, 247
law of gravity, the	184, 185
lawsuit	68, 69
learn	42, 43
leukemia	20, 21
lever	124, 125
lift	124, 125

light	124, 125
loft	125
lofty	125
logic	252
logue	252
lung	19, 21

M

macho	352
machoism	352
male	352
Manhattan	93, 95, 222
mania	293, 295
manikin	340, 342
mankind	341, 342
marriage	22, 24
marrow	20, 21
Mars	351, 352
master	311, 313
master's degree	311, 313
meantime	135, 136
meanwhile	135, 136
Medusa	268, 269
meridian	135, 136
mess	48, 50
Messiah	115, 117, 298-300
metronome	138, 140
microwave (oven)	271, 272
midday	135, 136
Ministry of Justice	162, 163
monition	169, 170
monitor	168-170
monitoring	168, 170
monster	168-170
monument	169, 170
mood	224
moody	224
morphine	236, 237
motion picture	331, 333
Murphy's Law	82-84
myth	33

N

nap	326, 328
nautical	249, 250
navigator	249, 250
New York	90, 93, 95
nickname	90, 92
nonfiction	238, 241
noon	135, 136
November	136
Now Showing	331, 332
NSC	72

O

object	192-195
objectify	192, 193
objective	192, 193
objectivism	17
objector	193
obscure	216, 218
off the record	260, 261
Olympus	282, 284
omega	299, 300
oolong tea	63-65
organ	47, 50
organ transplant	47, 50
organic	48, 50
organization	48, 50
organize	48, 50
oven	271, 272
over	212, 213

P

P.M.	135, 136
pacific	306-308
pacification	306, 308
pacifier	306, 308
pacify	306, 308
pact	306, 308
paint	256, 258
Palestine	116, 117
pamphlet	118, 120
park	288-290

partition	259, 261
patent	349, 350
Pax Romana	307, 308
pay	306, 308
peace	306-308
Pegasus	269
penicillin	80, 255
philosophy	312, 313
pineapple	278, 279
pipe organ	47, 50
pork	118, 120
port	296, 297
post	254, 255
Potato Famine	234, 235
powder	245, 247
powder room	245, 247
praise	130, 131
precious	130, 131
prison	145, 147
prize	130, 131
profile	58, 59
profiler	58, 59
prologue	252
Promethean	251, 252
Protestant	173, 174
psyche	102-104
psychedelic	103, 104
psycho	103, 104
psychopath	104
pumpkin	340-342
puppet	78, 81
pursue	68, 69

Q

quadrangle	301, 303
qualifier	38, 39
qualify	37, 39
quality	37-39
quantity	38, 39
quantum	38, 39
quantum theory	38, 39
queen	342

query	345, 346
quest	345, 346
question	345, 346
quota	39
quota system	39

R

range	270, 272
ranger	272
rank	270, 272
rate	14, 17, 332, 333
ratio	14, 17
rational	14, 17
rational number	14, 17
raze	226, 227
razor	226, 227
realizing	41, 43
reason	14, 17, 219
reasonable	14, 17
recital	26, 28
recite	26, 28
Reconquista	346
rectangle	301, 303
red ocean	325
reel	110, 113
release	145, 147
report	297
reportage	297
reporter	297
resonance	271, 272
respiratory organ	47, 50
restroom	246, 247
revolution	228, 230
revolve	228, 230
revolver	228, 230
rim	23, 24
ring	22-24
ring a bell	24
rink	23, 24
role	112, 113
role play	112, 113
roll	110-113, 228, 230

roll book	110, 113
roller-coaster	110, 113
room	216, 218
rub	225, 227
rubber	225, 227
rubbish	225, 227
rumor	155, 156
Runners' High	236, 237

S

Sally's Law	84
Satan	44-46
sauna	246
sausage	157, 159
scandal	156
scapegoat	151, 153
science	175-177
scissor	79, 81
scramble	221, 222
scrap	221, 222
scrape	221, 222
scratch	220-222, 228, 230
scribe	222
scroll	221, 222, 228, 230
scrub	220, 222
seat	266, 267
secret	322, 323
secretary	322, 323
Secretary of Defense, the	323
Secretary of State, the	323
Secretary of the Treasury, the	323
secrete	323
selective memory	83, 84
sense	304, 305
sequel	68, 69
serendipity	253-255
sheep	151, 153
shock absorber	187, 188
shoot	198-200
shooting	198, 200
shooting star	198, 200
shot	199, 200

shower	243, 244
sibling	154, 156
side effect	134
sincere	354
sit	266, 267
sitcom	267
site	266, 267
situate	267
situation	267
skyscraper	94, 95, 222
slapstick	295
snapshot	199, 200
snare	156
soak	173, 174, 186, 188, 244
social	68, 69, 164, 167
society	164, 167
soda	347, 350
soda water	347, 350
solicit	27, 28
solicitation	27, 28
solicitor	27, 28, 259, 261
sorb	186, 188
sore	105-107
sore spot	105, 107
sorrow	106, 107
sorry	106, 107
sour	107
sour grapes	107
sphere	223, 224
spider	317, 319
spin	317, 319
spindle	317, 319
spinning	317, 319
spinster	315-319
sprite	347-350
stadium	283, 284
Stamp Act, the	60, 62
stand-up comedy	295
statue	62
Statue of Liberty, the	62
steam bath	244
sting	329, 330

363

Stonehenge	301
stove	270, 272
strategy	324, 325
study	42, 43
stumble	74
stumbling block	156
subconscious	176, 177
subject	193-195
subjection	194, 195
subjectivism	17
suckle	352
sue	68, 69
suicide	79, 81
suit	67, 69
suit yourself	69
suitable	69
suitcase	67, 69
suite	66-69
suite room	66, 69
summon	168
sweeper	167
swordsman	285, 287
symmetry	16, 17, 138, 140
synergy	49, 50

T

tack	204, 205
tackle	204, 205
tact	206, 208
tactic	206, 208
tactical	206, 208
tactics	206, 208
tactile	206, 208
tag	209, 211
tame	274
tangent	205
tangible	205
tangible assets	205
tangle	210, 211
tango	210, 211
taste	209, 211
tea	60-65
tea time	98, 101
tendon	29, 30
theater	332, 333
theory	38, 39, 224, 225
thread	181, 182
thumbtack	204, 205
Times Square	95
tissue	247
titanic	51, 53
toilet	245-247
toilet paper	247
touch	209, 211
toxic	56
trademark	189-191
tragedy	294, 295
transplant	21
transport	296, 297
trap	156
triangle	301, 303
tribe	214, 215
tribute	214, 215
trick	167
triumph	293, 295
Trojan horse	32, 33
tropical fruits	279
tumble	73, 74*
tumbler	73, 74
tumbling	73, 74

U

UFO	192, 193
unconscious	176, 177
understanding	41, 43
United Kingdom of Great Britain and Northern Ireland, the	231, 235
university	315, 316
urge	50
urgent	50

V

valet	290
vector	183, 185

vein	18, 21
velocity	183, 185
Venus	351, 352
vest	70, 72
vestige	71, 72
volume	228, 230
volve	228-230

W.C.	246, 247
wagon	158, 159
Wall Street	94, 95
wash basin	243, 244
Watergate Affair	156
weave	317-319
well-being	48, 50
White House, the	265
witch	148-150
witch-hunt	148-150
work	43

Yahweh	114, 117
Yankee	339, 342

zebra	274

저절로 이해되고, 오래 기억할 수 있는
리도보카
LEEDOVOCA

- 『보카 콘서트』의 김정균 저자가 자신 있게 제안하는 영단어 학습 파워 솔루션
- 고화질 이미지, 영상 등 감각을 자극하는 다양한 컨텐츠를 통해 단어의 의미를 상상하며 천천히 깊고 완전하게 학습
- 학습자의 실력을 꾸준히 체크해주고 스스로 변화하는 시스템으로 특허 획득
- 2013년 이러닝 우수기업 콘테스트 대상(교육부 장관상) 수상으로 콘텐츠 우수성 입증

어휘력향상 과정
초등, 중등, 고등, 성인과정에서 선정된 단어를 본인의 수준에 맞게 단계별로 학습

교과내신 과정
국내 검정교과서를 분석하여 단원별 주요 단어를 학습

시험대비 과정
수능, 토익, 토플, 공무원 시험 등 각 시험에 가장 많이 출제된 단어를 빈도수 기준으로 정렬하여 학습

리도보카에서는 어떤 화면을 보며 학습하게 될까요?
고퀄리티 사진과 애니메이션으로 눈이 즐거워지는 리도보카!

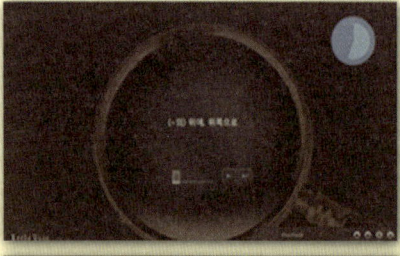

리도보카와 김정균 대표 인터뷰 기사!

…6년 연구개발 끝에 리도보카라는 새로운 어학교육 시스템을 개발했다. 이 시스템은 인터넷을 통해 초등학생부터 성인까지 영어 단어를 쉽게, 체계적으로 배우도록 도와준다… 리도보카는 영어 단어에 해당하는 우리말 단어를 단순하게 연결시키는 데 그치지 않는다. 사진, 동영상, 애니메이션 등을 통해 공감각적으로 이해, 학습할수 있도록 고안됐다… 시스템이 학습자의 특성과 학습 단계를 파악해 학습 방법을 스스로 변화시킬 수 있도록 구성돼 있다…

(중앙일보 2013년 4월 21일)

리도보카 학습 후기

- 이 프로그램 한번 하고 정말 대~~~박이다 느꼈어요!
- 초등부터 수능준비를 위한 고등까지 레벨이 나뉘어 있다니! 놀랍습니다
- 영어 처음 접할 때 기초가 단어외우기인데, 기억에 잘 남고 재미있고 더 공부하고싶네요!
- 아이도 좋아하고 당분간 즐거움을 누릴 수 있겠어요!
- 리도보카로 어휘력을 잡으니 영어가 무척 쉬워졌어요. 자신있게 추천해요!
- 시간이 가는줄 몰랐습니다. 베이직, 디퍼 과정에서 test를 보는데 무척 잘만드신거 같아요!
- 리도보카는 장면을 보여주고 단어를 유추하는 시간을 준 다음 정확한 소리와 문장을 통해 암기할 수 있도록 해주네요.

『보카 콘서트』 구매자께 드리는 Leedovoca 수강 쿠폰 이용방법

1. www.leedovoca.com에 접속합니다.
2. 간단한 회원 가입 후 로그인해 주세요.
3. 내 공부방 페이지에서 쿠폰/구매내역으로 이동, 하단의 쿠폰 번호를 입력하세요.
4. 쿠폰을 입력하시면 결제 가능한 캐시 10,000원이 즉시 지급됩니다.
5. 원하시는 학습과정(어휘력향상, 교과내신, 시험대비)을 선택하시고 '바로 결제하기'를 눌러 캐시로 결제하시면 학습선택이 완료되며 바로 학습을 시작할 수 있습니다.

쿠폰 번호: dDyQv1yK3Z
쿠폰유효기간: 2015년 4월 30일까지

LeedoVoca 세상을 알려주는 단어학습
www.LEEDOVOCA.com　070.4353.0064